Alle Angaben in diesem Buch beruhen auf dem neuesten Stand von Wissenschaft und Forschung. Grundsätzlich sollten jedoch alle Befindlichkeitsstörungen mit einem Arzt besprochen werden, ehe eine Selbstbehandlung vorgenommen wird. Insbesondere muss geklärt werden, dass die Beschwerden nicht Symptome von Krankheiten sind, die dringender ärztlicher Hilfe bedürfen. Für den Erfolg bzw. die Richtigkeit der Anwendungen in jedem Einzelfall können Autoren und Verlag keinerlei Gewähr übernehmen.

Felice Dunas · Philip Goldberg

Chinesische
Liebesgeheimnisse

*Alte Weisheiten
für Glück und Gesundheit*

Aus dem Amerikanischen von
RENATE SCHILLING

WILHELM HEYNE VERLAG
MÜNCHEN

HEYNE RATGEBER
08/5330

Umwelthinweis:
Dieses Buch wurde auf chlor- und
säurefreiem Papier gedruckt.

Deutsche Erstausgabe 8/2000
Copyright © 1997 by Felice Dunas Ph. D. and Philip Goldberg
Die Originalausgabe erschien unter dem Titel
PASSION PLAY im Verlag Riverhead Books,
a member of Penguin Putnam Inc., New York
Copyright © der deutschsprachigen Ausgabe 2000
by Wilhelm Heyne Verlag GmbH & Co. KG, München
http://www.heyne.de
Printed in Germany 2000
Redaktion: Gisela Klemt/lüra
Umschlaggestaltung: Eisele Grafik-Design, München
Satz: Schaber, Satz- und Datentechnik, Wels
Druck und Bindung: Pressedruck, Augsburg

ISBN 3-453-17130-6

Inhalt

    Einführung 9

1. Medizin in unseren Lenden 15
   Die therapeutische Kraft der Sexualität

2. Das erste und älteste Ritual 37
   Die Vereinigung von Männlichem und Weiblichem

3. Die Tempeltür öffnet sich 77
   Energie, Anziehungskraft und Verlangen

4. Der Weg zu den Sternen 109
   Das vollkommene Vorspiel

5. Im Innern der Jadekammer 155
   Die Kunst des Liebesspiels beherrschen

6. Den Himmel auf die Erde bringen 207
   Wie das Liebesspiel göttlich wird

7. Stolpersteine auf unserem Weg 245
   Hindernisse für leidenschaftliche Liebe

8. Ein einzelnes Boot auf dem Fluss 279
   Das Leben als Single

9. Bis die Sonne untergeht 305
   Ein Leben der Leidenschaft führen

    Eine Vision des Möglichen 343
    Danksagung 347
    Weitere Informationen 349

Dem Andenken an meinen Vater gewidmet, Edwin C. Dunas. Seine schwere Krankheit und sein früher Tod in meiner Kindheit lehrten mich, wie wertvoll Heilen durch Freude ist.

In Erinnerung an meinen Stiefvater, Dr. Raymond Marcus, dessen persönliche Frustration über die Grenzen seines Berufs mich inspirierte, neue Welten der Heilung zu erforschen.

Und für meine Mutter, Avis Dunas, die mich in meiner unkonventionellen Laufbahn stets unterstützte und von der ich meine Neugier und meine Abenteuerlust erbte.

Sexualität enthält alles, Körper, Seele,
Bedeutung, Reinheit, Zartheit,
Ergebnisse, Verkündigungen, Beweise,
Lieder, Befehle, Gesundheit, Stolz,
das mütterliche Mysterium, die Milch des Samens,
alle Hoffnungen, Wohltaten und Geschenke,
alle Leidenschaften, Schönheiten und Wunder der Erde.

WALT WHITMAN

Einführung

MEIN STUDIUM der Traditionellen Chinesischen Medizin begann, als ich vierzehn Jahre alt war. Mein Stiefvater war Internist an einem großen Krankenhaus in Los Angeles. Als Kind schon konnte ich seinen Schmerz wahrnehmen, wenn es ihm nicht möglich war, einem Patienten zu helfen. Mit acht Jahren beschloss ich dann, einen Weg zu finden, damit er allen helfen könne. Als ich achtzehn war, hatte ich bereits eine Lehrzeit bei erfahrenen Therapeuten hinter mir und behandelte Patienten mit Akupunktur und chinesischer Kräutermedizin.

In den darauf folgenden Jahren schloss ich meine Ausbildung ab und nahm mehr und mehr selbst Patienten an. Und dabei beobachtete ich ein faszinierendes Phänomen: Menschen, die mich aus rein medizinischen Gründen aufgesucht hatten, berichteten von ungewöhnlichen Nebeneffekten der Behandlung. Während sich ihre körperliche Gesundheit besserte, wurden auch ihre Beziehungen harmonischer, ihre Gefühle waren ausgeglichener, Konflikte nahmen ab und sie konnten Probleme in der Familie in einem ganz neuen Licht sehen.

Und außerdem gewann auch ihr Sexualleben. Viele meiner Patienten hatten jahrelang Probleme mit ihrer Sexualität und ihren Beziehungen gehabt. Nun hatte sich einiges verändert – einfach als Begleiteffekt einer Gesundheit, die durch Akupunktur, Kräuter und Veränderungen des Lebensstils erreicht worden war.

Deshalb begann ich schließlich die uralten Lehren von der Sexualität zu erforschen, die über die Jahrhunderte hinweg als Teil der Traditionellen Chinesischen Medizin überliefert worden sind.

Eine Tradition lustvollen Liebens

Im alten China war das Schlafzimmer gewissermaßen ein Laboratorium, wo Gelehrte, Ärzte, Philosophen, Könige und Adlige eine Vielzahl von sexuellen Experimenten durchführten. Aus diesen Bemühungen erwuchsen ein immenses Wissen und ein Repertoire an Techniken, deren Wert im Laufe von fünftausend Jahren immer wieder bestätigt wurde.

Die ersten chinesischen Schriften über die Sexualität werden *Huang-di* zugeschrieben, dem Gelben Kaiser, der von 2697 bis 2598 v. Chr. regiert haben soll. Er war ein legendärer Herrscher, der das riesige chinesische Reich vereinigte und auch die Grundlagen für die medizinische Tradition Chinas legte. Im *Huang-di Nei-jing,* dem »Inneren Klassiker des Gelben Kaisers«, uralten Texten, die seinen Namen tragen, befindet sich der Herrscher im Dialog mit verschiedenen Ratgebern. Für seine Forschungen zum Thema Sexualität hatte er drei weibliche Lehrerinnen. Die bekannteste unter ihnen war *Su Nu* (»Einfache Frau«, wobei »einfach« hier nur eine sehr unzureichende Übersetzung für das chinesische Wort ist, das eine Mischung von Unschuld und göttlicher Weisheit beschreibt). Die Schrift, die aus den Gesprächen zwischen Huang-di und Su Nu entstand, wird als die erste Abhandlung über die Sexualität in der gesamten menschlichen Kulturgeschichte betrachtet.

Obwohl die Kultur jener Zeit aus heutiger Sicht äußerst sexistisch und patriarchal war, betrachtete doch diese frühe Vorläuferin unserer Sexexpertinnen die Geschlechter als grundsätzlich gleichberechtigt, ohne die wesentlichen Unterschiede zwischen ihnen zu verleugnen. Su Nu sah Männer und Frauen im größeren Zusammenhang des männlichen und weiblichen Prinzips in der Natur und lehrte, dass Sexualität ein Ausdruck des Göttlichen sei. Sexuelle Harmonie mit dem Partner war für sie die Voraussetzung dafür, dass beide Geschlechter in ihrer eigenen Identität erblühen und ein fruchtbares, schöpferisches Leben in Familie und Gemeinschaft führen können.

Die alten Chinesen schätzten die Freuden der Sexualität. Ihre Poesie und ihre Kunst waren mindestens genauso erotisch, romantisch und ordinär wie das, was heutzutage in Hollywood produziert wird. Und ihre Techniken brachten ekstatische Zuständen hervor, die das, was wir heute »guten Sex« nennen, ziemlich mager erscheinen lassen. Sie erkannten außerdem, dass die Sexualität heilende und transformierende Kräfte besitzt. Nach der Traditionellen Chinesischen Medizin gibt es drei Formen der Heilung: Durch Schmerz, wie zum Beispiel bei Operationen, durch Leiden, wie zum Beispiel bei einer Chemotherapie (oder durch Kummer im psychologischen Sinne), und durch Freude und Lust, wie man sie zum Beispiel beim Liebesspiel empfindet.

Altes Wissen für moderne Menschen

Ich fing an, diese Techniken und Lehren an einzelne Patienten weiterzugeben, wie zum Beispiel an die Paare, die Sie in diesem Buch kennen lernen werden (Namen und Einzelheiten wurden geändert). Dabei stellte ich immer wieder fest, dass diese alten Weisheiten für moderne Menschen genauso hilfreich sind wie für die alten Kaiser. Hier war nun die andere Seite der Medaille: Ein gesunder Körper führt nicht nur zu besserem Sex, sondern besserer Sex führt auch zu mehr Gesundheit an Körper und Seele. Seither habe ich mit großem Erfolg viele wichtige Erkenntnisse aus diesem uralten Weisheitserbe an Patienten und Seminarteilnehmer weitergegeben. Körperliche Symptome, von erhöhtem Blutdruck über Rückenschmerzen bis hin zu gynäkologischen Problemen lassen sich lindern, chronische Spannungen lassen nach, allgemeine Energie und Vitalität nehmen zu, die sexuelle Leistungsfähigkeit und Befriedigung steigert sich und nicht zuletzt verändern sich auch die emotionalen Beziehungen zum Guten: Intimität, Harmonie und Liebe nehmen zu.

Eine Umfrage zum Thema Sexualität in Amerika ergab, dass etwa 60% der verheirateten Paare »einige Male pro Monat« oder noch seltener Sex haben. Überraschenderweise sind die meisten von ihnen mit dieser Situation zufrieden. Ich bin natürlich froh, dass sie nicht unglücklich darüber sind, doch ich muss dazu sagen: Sie wissen nicht, was ihnen entgeht. Manche mögen vielleicht argumentieren, dass diese Partner öfter Sex hätten, wenn die Ehe befriedigender wäre, doch die alten Chinesen würden dem entgegenhalten, dass das Gegenteil ebenfalls zutrifft: Die befragten Paare könnten glücklicher sein, wenn sie öfter befriedigenden Sex hätten. Im alten China wurde die Ehe als Weg zur Heiligkeit betrachtet und sexuelle Intimität als ein Mittel, Gesundheit, Harmonie, ein langes Leben und die Vereinigung mit dem Göttlichen zu erzielen.

Die Anleitungen in diesem Buch gelten natürlich auch für eine gelegentliche Beziehung oder für eine einzige Nacht. Ihre wahre Kraft entfalten sie jedoch erst in einer dauerhaften, monogamen Verbindung. Denn nur da können die Paare die Techniken mit Liebe, Respekt, Geduld und gegenseitiger Unterstützung erforschen und die langfristigen Ergebnisse genießen. Ich empfehle Ihnen und Ihrem Partner, dieses Buch in diesem Bewusstsein zu lesen. Und wenn Sie außerhalb einer festen Beziehung mit diesen Vorschlägen experimentieren wollen, rate ich Ihnen dringend, unbedingt alle Richtlinien für Safersex zu befolgen.

Im letzten Jahrzehnt ist das Ansehen der chinesischen und der östlichen Medizin im Allgemeinen im Westen sehr gestiegen (siehe auch Anhang). Ich bin stolz darauf, dass ich bei dieser Entwicklung eine Rolle gespielt habe und tausenden von Menschen mit diesen besonderen Methoden helfen konnte. In diesem Buch möchte ich nun die sexuellen Aspekte der chinesischen Weisheit stärker in den Vordergrund rücken. Eine fünftausendjährige Geschichte steht hinter jeder einzelnen Seite dieses Buches. Und das erwartet Sie:

- Erkenntnisse über die grundlegenden Unterschiede zwischen Mann und Frau,
- praktische Anleitungen für eine ausgeglichenere emotionale Dynamik in der Partnerschaft mithilfe der Sexualität,
- Techniken und Übungen zur Steigerung der sexuellen Befriedigung, zur Vertiefung der Intimität und zur Transformation von Lust in Ekstase,
- Hinweise, wie Sie mit Sexualität gesünder leben und ein aktives Sexualleben bis ins hohe Alter haben können,
- Anleitungen für eine Lebensweise, die besseren Sex und gesündere Beziehungen unterstützt.

Mit den Anweisungen der folgenden Kapitel können Sie Ihr Schlafzimmer in einen heiligen, magischen Ort verwandeln. Sie werden lernen, Sex von einer Freizeitbeschäftigung in eine Kunstform zu verwandeln. Und mit der Zeit wird die Sexualität dann Ihr ganzes Leben verändern.

> **Wichtiger Hinweis:** Die Empfehlungen dieses Buches sind kein Ersatz für eine angemessene medizinische Behandlung bei gesundheitlichen Störungen. Bitte wenden Sie sich in jedem Fall an einen qualifizierten Arzt, wenn Sie medizinischen Rat benötigen.

I.
Medizin in unseren Lenden
Die therapeutische Kraft der Sexualität

*Die Bedeutung des Geschlechtsakts für die
Gesundheit und die Tugend von Männern und Frauen
zu ignorieren ist der grundlegende Irrtum unserer
medizinischen und moralischen Philosophie.*
GEORGE DRYSDALE, The Elements of Social Science (1854)

*Wer um die Natur der Sexualität weiß, kann
seine Lebenskraft steigern und sein Leben verlängern.
Wer ihre Prinzipien dagegen vernachlässigt,
verletzt seinen eigenen Geist und verkürzt sein Leben.*
TUNG HSUAN TZU, ca. 5.–7. Jahrhundert

NACHDEM die Prinzessin von einer bösen Fee verflucht worden war, fiel sie in einen tiefen, dunklen Schlaf. Bäume, Schlingpflanzen und dornige Sträucher wuchsen um das Schloss und hüllten alles bis auf die höchsten Türme ein. Hundert Jahre waren vergangen, als ein Prinz auf der Jagd die Schlosstürme bemerkte. Man sagte ihm, dass Hexen darin wohnen, dass Geister in ihm spuken, dass schreckliche Riesen jeden auffressen, der sich zu nähern wagt. Doch ein sehr sehr alter Mann erzählte dem Prinzen, dass im Innern des Schlosses eine wunderschöne Prinzessin schliefe, die nur ein edler Prinz erwecken könne. Das war ausreichender Ansporn für einen Helden. Der Prinz überwand seine Ängste und kämpfte sich einen Weg durch das Dickicht. Als er sich dem Schloss näherte, öffnete sich ihm auf magische Weise ein Weg. Er trat ein und fand den Weg zu einem goldenen Raum, wo er sich dem lieblichsten Anblick gegenüber sah, den er sich je erträumt hatte. Er kniete nieder und küsste die schlafende Prinzessin. Mit angehaltenem Atem wartete er ab, was geschehen würde. Sie erwachte ganz langsam. »Bist du es, mein Prinz?«, flüsterte sie. Als er ihre Stimme hörte, schmolz sein Herz dahin und er schwor ihr ewige Liebe.

Das Märchen von Dornröschen mag in unserer aufgeklärten, gleichberechtigten Zeit altmodisch klingen, aber es rührt doch etwas in unseren Herzen an. In seiner Einfachheit beschreibt es ein grundlegendes Verhaltensmuster zwischen Mann und Frau. Das essenzielle weibliche und männliche Prinzip, in der alten chinesischen Philosophie als Yin und Yang bezeichnet, spiegelt sich in diesem Märchenpaar wider.

Natürlich spricht das Märchen nicht über ihr Sexualleben, aber in einer Sache bin ich mir ganz sicher: Wenn Dornröschen und ihr Prinz in ihrem königlichen Schlafzimmer die Techniken anwandten, die in diesem Buch beschrieben sind, dann lebten sie bestimmt glücklich und gesund bis ans Ende ihrer Tage.

Bei meiner Arbeit begegne ich häufig Paaren, die absolut keine märchenhafte Beziehung haben. Ich helfe ihnen dann, körperlich, emotional und sexuell neue Wege zu finden.

Jenny und Jack waren dreizehn Jahre verheiratet, als sie wegen einer Akupunkturbehandlung zu mir kamen. Jack war von einer Leiter gefallen und hatte sich dabei an der Schulter verletzt. Seither litt er unter chronischen Verspannungen im Nacken und gelegentlichem Tinnitus (Ohrgeräuschen). Jenny litt unter Migräneanfällen, schweren krampfartigen Menstruationsbeschwerden und einer chronischen Candida-Infektion. Sie waren zu mir gekommen, um sich die körperlichen Symptome behandeln zu lassen, doch im Laufe der Behandlung stellten sich auch in ganz anderen Bereichen Verbesserungen ein.

Als sie zum ersten Mal zu mir kamen, wurde ich Zeugin ihrer ehelichen Unstimmigkeiten. Jenny kritisierte ihren Mann dafür, dass sie seinetwegen zu spät gekommen waren, und gab während unseres Gesprächs immer wieder bissige Kommentare über ihn ab. Jack schwieg dazu. Als sie sich kennen gelernt hatten, so erfuhr ich später, hatte sich Jenny vor allem von Jacks lockerer und ruhiger Art angezogen gefühlt. Jack dagegen hatte Jennys extrovertierten Charakter und ihre Selbstsicherheit bewundert. Im Anfang ergänzten sie sich gut: Jack vermittelte Jenny Ruhe und sie ermutigte und inspirierte ihn dazu, seine Ziele zu erreichen. Im Laufe der Jahre wurden jedoch ihre gegenseitigen Stärken zu Schwächen. Jenny war es leid, ständig das Gefühl zu haben, dass alles von ihr abhing, doch sie befürchtete, dass die Strukturen ihres gemeinsamen Lebens zusammenbrechen würden, wenn sie nicht ständig die Kontrolle übernahm. Sie fühlte sich im Stich gelassen und zweifelte an Jacks Männlichkeit.

Obwohl er wütend und frustriert war, schluckte Jack seinen Ärger hinunter und versteckte sich seinerseits hinter einer Mauer aus Gleichgültigkeit. Auch sexuell zog er sich zurück und wies Jennys Annäherungsversuche häufig ab. Wenn sie tatsächlich Sex miteinander hatten, bemühte sich Jenny sehr, zu einem Orgasmus zu gelangen, doch meist gelang es ihr nicht. Sie fühlte sich einsam und sexuell frustriert, wodurch sie nur noch zickiger wurde. Sie ahnte nicht, dass Jacks sexuelles Verlangen durchaus nicht verschwunden war. Er masturbierte täglich, da er festgestellt hatte, dass er sich selbst leichter befriedigen konnte als seine Frau.

Als sie zu mir kamen, hatten sie in ihrer Beziehung einen absoluten Stillstand erreicht. Jenny musste sich dringend ihrer weichen, weiblichen Seite öffnen und auch sexuell empfänglicher werden, Jack seine Stärke mehr zeigen. Und Jacks männliche Kraft hätte mehr entwickelt sein müssen, doch dafür benötigte er von Jenny Respekt, Vertrauen und Ermutigung. Nach Jahren der Belastung waren die Unterschiede zwischen ihnen, die sich ursprünglich so hervorragend ergänzt hatten, zu einem Faktor geworden, der ihre Ehe zu zerstören drohte.

Ich behandelte sie mit Akupunktur, Kräutern und Ernährungsanweisungen. Nach etwa vier Monaten tauchten Jennys Migräneanfälle weniger häufig auf und Jacks Schulterschmerzen waren verschwunden. Außerdem erlebten die beiden zu ihrer Überraschung noch andere Veränderungen. Die unlösbaren Konflikte, die ihre Beziehung bedrohten, schienen plötzlich nicht mehr so gravierend zu sein. Jenny verhielt sich weniger zickig und Jack wurde selbstbewusster. Und umso selbstbewusster Jack wurde, desto aufgeschlossener verhielt sich Jenny. Als Jenny mir mitteilte, dass sie wieder so guten Sex wie in ihren Flitterwochen hatten, wusste ich, dass sich etwas verändert hatte. Jack besaß wieder genügend Selbstvertrauen, um sexuell die Initiative zu ergreifen. Bei einem ihrer Besuche bei mir turtelte Jenny mit ihm, als wäre sie frisch verliebt.

Also begann ich ihnen einige der sexuellen Techniken zu erklären, die Sie in diesem Buch finden, und sagte ihnen, dass sie damit nicht nur ihre Lust erhöhen, sondern möglicherweise auch emotionale Heilung finden und ihre übrigen Krankheitssymptome zum Verschwinden bringen könnten. Meine Vermutung war dabei, dass Jennys Krämpfe und ihre vaginalen Infektionen vielleicht auf ihre sexuelle Frustration zurückzuführen waren. Was Jacks Tinnitus betraf, so sagt die chinesische Medizin, dass dieses Symptom möglicherweise auf eine Schwäche im System der sexuellen Energie zurückzuführen ist.

Ich zeigte Jenny, wie sie sich beim Sex mehr entspannen und ihre Empfänglichkeit erhöhen konnte. Ich empfahl beiden, sich zusätzliche Zeit für das Vorspiel zu nehmen und ihm durch Abwechslung noch mehr Würze zu geben. So konnten sie ihre neu gefundene Intimität vertiefen und Jenny blieb dadurch mehr Zeit dazu, sich zu öffnen und warm zu werden. Bald fand sie zu einem natürlichen Gefühl für ihre Sexualität und hatte ohne große Anstrengung regelmäßig einen Orgasmus. Ihre Krämpfe wurden schwächer und die Infektionen traten weniger häufig auf.

Da Jack nun in der Lage war, seine Frau zu befriedigen, nahm sein Selbstvertrauen weiter zu. Er hörte auf zu masturbieren. Auch wenn er nun seltener einen Orgasmus hatte, war seine Befriedigung größer. Die störenden Ohrgeräusche verschwanden langsam und die Verspannung in seinem Nacken löste sich in gleichem Maße wie die Spannungen zwischen ihm und seiner Frau nachließen.

Ellen und Bob hatten ein anders gelagertes Problem. Ellen kam zu mir, weil sie Abhilfe gegen eine chronisch verstopfte Nase, einen ständigen leichten Husten und Schlaflosigkeit suchte. Bob litt unter einer schweren Psoriasis (Schuppenflechte) und neigte zu Muskelzerrungen und Bänderdehnungen.

Die beiden waren miteinander verlobt, doch Ellen hatte zu jener Zeit starke Zweifel. »Als wir uns kennen lernten, war Bob sensibel, geduldig und nett«, meinte sie. »Aber er ist härter geworden. Er hört mir einfach nicht mehr zu.« Ellen fühlte sich einsam und verängstigt in ihrer Beziehung. »In letzter Zeit wird Bob oft wütend«, fügte sie hinzu. »Er hat mich noch nie geschlagen, aber er schikaniert mich auf seine Weise, und ich habe Angst, dass er irgendwann die Kontrolle verliert.«

Bob hatte natürlich ebenfalls Probleme. »Ich weiß nicht, was mit Jenny los ist«, beklagte er sich. »Ich habe ihre Spontaneität und Abenteuerlust immer so gemocht. Aber jetzt ist sie dauernd müde. Sie will, dass ich mich um alles kümmere.«

Als Bildhauerin mit glänzenden Karriereaussichten arbeitete Ellen viele Stunden am Tag, die sie körperlich und geistig beanspruchten. Auch Bob setzte seine Kraft und Vitalität bei der Arbeit ein. Als Personalleiter seiner Firma verbrachte er viel Zeit mit Zuhören und Mitfühlen. Wenn sie zusammen waren, hatte Ellen Schwierigkeiten, sich auszudrücken, und Bob hatte nicht die Geduld, ihr zuzuhören. Ellen fühlte sich zurückgewiesen, er fühlte sich verlassen. Sie zog sich heimlich zurück, während er seinen Schmerz in Form von Ärger ausdrückte.

Ellens sexuelles Verlangen war komplett verschwunden, während Bob vor aggressiver Lust fast zu platzen schien. Er wollte häufig Sex und er wollte ihn immer neu und aufregend. Wenn er es tatsächlich einmal schaffte, Ellen ins Bett zu bekommen, verhielt sie sich in der Regel still und nachgiebig, reagierte aber auf alles Ungewöhnliche und Neue mit strikter Ablehnung. Es dauerte länger als früher, bis sie erregt war, und sie brauchte ungewöhnlich viel Streicheln und Zärtlichkeiten. Ganz anders als ihr Geliebter, denn dieser war bereits auf Hundertachtzig, sobald er nur das Schlafzimmer betrat, und kam schnell zur Ejakulation – manchmal so schnell, dass es ihm peinlich war, was ihn aber nur noch nervöser machte. Frustriert durch Ellens scheinbares sexuelles Desinteresse schrie er sie dann manchmal an oder verließ das Zimmer. Das führte natürlich nur dazu, dass sie noch mehr Bedenken hatte, ihm nahe zu kommen.

Während ich ihre körperlichen Symptome behandelte, schlug ich ihnen vor, einige der Techniken auszuprobieren, die schon vor Jahrhunderten entwickelt worden waren, um Harmonie zwischen Mann und Frau zu schaffen. Bob setzte Sex ein, um seine Spannungen abzubauen. Ellens Lustlosigkeit ließ ihn nur noch angespannter werden, selbst wenn er einen Orgasmus hatte. Und die Spannungen zwischen ihnen verschlimmerten seine Psoriasis. Wenn Ellen sich für eine sexuelle Begegnung zwischen ihnen öffnete, verschlimmerte das ihre körperlichen Symptome ebenfalls. Jedes Mal empfand sie gerade erst eine erste Erregung, wenn Bob bereits seinen Höhepunkt erreicht hatte, und sie blieb erregt und traurig zurück – und Traurigkeit kann nach den Regeln der chinesischen Medizin zu Störungen im Atembereich führen, also zu genau den Problemen, wegen denen sie mich konsultiert hatte.

Ich erklärte Bob, wie wichtig es für ihn sei, den Orgasmus hinauszuzögern, nicht nur seiner Partnerin zuliebe, sondern auch für sein eigenes Wohlergehen, und beschrieb ihm Techniken dafür (Sie finden sie in Kapitel 6). Durch diese Techniken lernte er, sich beim Geschlechtsverkehr besser zu entspannen und seine Ejakulationsimpulse besser zu kontrollieren. Nun konnte sich Ellen wieder auf ihr Zusammensein freuen, statt sich davor zu fürchten. Bobs übermäßige Aggressivität verschwand zusammen mit seinen körperlichen Symptomen – und ebenso Ellens Traurigkeit und ihre Ängste, die ihre Lunge geschwächt und sie nachts wach gehalten hatten.

Medizin der himmlischen Lust

Henry Miller sagte einmal: »Für manche führt Sex zur Heiligkeit; für andere ist es der Weg zur Hölle.«

Wie bei allen großen Kräften kann die Energie der Sexualität verwendet werden, um Gutes wie auch Böses zu bewirken. Viele Kulturen, unsere eigene eingeschlossen, warnen vor den potenziellen Gefahren sexueller Zügellosigkeit – Krankheiten, Missbrauch, ungewollte Schwangerschaften, zerrüttete Familien, Vergewaltigung, Inzest und Pädophilie. Um uns vor den dunklen Seiten der Sexualität zu schützen, haben wir Sicherheitsvorkehrungen entwickelt, wie bei der Kernenergie oder anderen Energiequellen, die uns nützen, aber auch schaden können. Diese Maßnahmen haben die Form von Gesetzen und Traditionen, die den sexuellen Ausdruck unterdrücken.

Die alten Chinesen erkannten ebenfalls die zweischneidige Natur der Sexualität. Aus ihrer Sicht führten Konflikte im Schlafzimmer zu Krankheiten, Ehe- und Familienproblemen und sogar zu einem Zusammenbruch der gesellschaftlichen Ordnung. Doch die weisen Chinesen, deren Ansichten über Sexualität die Basis dieses Buches bilden, erkannten eine wichtige Tatsache: Sexualität kann im gleichen Maße Freude und Segen schenken, wie sie zu Leid führen kann. Sie waren der Ansicht, dass wir uns als Individuen stärker entfalten und gleichzeitig mehr Harmonie in der Familie und in der Gesellschaft insgesamt schaffen können, wenn wir unser Potenzial als sexuelle Wesen bestmöglich entwickeln.

Hier im Westen sind wir noch einen großen Schritt von solch einer Haltung entfernt. Trotz sexueller Revolution, engagierter Sexualforschung und einer nie zuvor da gewesenen Offenheit und Freizügigkeit bezüglich Sexualität wird der sexuelle Akt selbst nach wie vor zu wenig gewürdigt. Zwar haben wir bereits einige Fortschritte zu verzeichnen, im Vergleich zu den Zeiten, als erotische Lust ein dunkles Geheimnis war und Sexualität nur der Fortpflanzung zu dienen hatte. Doch wir sind noch weit davon entfernt, das wahre Potenzial dieses wichtigen Aspekts unserer selbst zu erkennen.

Denken Sie einmal an Ihre eigenen Erfahrungen. Ist das Leben nicht leichter, wenn Sie guten Sex haben? Wird Ihr Gang nicht leichter und Ihr Kopf klarer? Sind die alltäglichen Ärgernisse nicht plötzlich weniger schwerwiegend? Sind Sie denn nicht zufriedener mit sich selbst, optimistischer, glücklicher mit Ihrem Schicksal? Zweifellos fühlen Sie sich auch gesünder – vitaler und stärker, körperlich wie auch emotional. Ihre Beziehungen – zu allen Menschen, besonders aber zu dem oder der Geliebten – sind harmonischer. Sie fühlen sich dankbar, voller Freude, stärker mit den natürlichen Kräften verbunden, die Ihrem Leben Richtung geben. Falls Sie diesen Feststellungen nicht zustimmen können, hatten Sie wahrscheinlich noch nie regelmäßig und für längere Zeit guten Sex.

Mit Sex ist es wie mit körperlicher Bewegung. Wenn Sie sich nicht regelmäßig sportlich betätigen, vernachlässigen Sie Ihre Gesundheit, und auf die Dauer werden Sie sich selbst damit schaden. Wenn Sie sich sportlich überfordern, können Sie sich verletzen oder erschöpfen. Doch angemessene Bewegung verbessert Ihre Gesundheit und Ihr Wohlbefinden und verlangsamt das Altern. Wenn Sie möchten, können Sie sogar die ausgezeichnete Fitness eines Athleten erreichen. Genau so verhält es sich auch mit Sex. Wer sich enthält, verliert eine mögliche Quelle lebensspendender Kraft und wird möglicherweise anfällig für gesundheitliche Störungen, und wer seine sexuellen Kräfte missbraucht oder verschwendet, kann möglicherweise körperliche und emotionale Probleme bekommen. Wer aber seine Sexualität annimmt und sie angemessen zusammen mit einem liebenden und unterstützenden

Partner einsetzt, kann in ihr eine Quelle der Kraft und Lebensfreude finden. Und wenn Sie die Techniken aus diesem Buch verwenden, um die energetischen Aspekte noch stärker zu betonen, kann sich diese Wirkung erheblich verstärken.

Bei allen Aspekten unserer Sexualität gibt es ein Kontinuum:

- Auf der Ebene der Lust kann Sex im negativen Bereich Schmerz, Ablehnung und Bedauern verursachen, im mittleren Bereich zu Vergnügen, Befriedigung und Sinnlichkeit führen und im positiven Bereich ekstatische Seligkeit schenken.
- Auf der Ebene der emotionalen Verbundenheit kann Sex die Partner voneinander entfremden oder aber ein stärkeres Empfinden von Nähe erzeugen, das in dem Gefühl spiritueller Einheit seinen Höhepunkt erreicht.
- Auf der Ebene der Gesundheit kann Sex traumatisch, erschöpfend und kräftezehrend wirken. Er kann aber auch Schwung, Vitalität und Lebensfreude schenken, ein Strahlen in den Augen und ein Pulsieren im Blut; und im positiven Bereich kann Sexualität sogar ein Werkzeug zur Vorbeugung und Heilung von Krankheiten sowie zur Verlängerung des Lebens sein.

Die Techniken, die in diesem Buch vorgestellt werden, können auf allen diesen Ebenen ein Stück in die positive Richtung führen, gleichgültig, von welchem Punkt aus Sie starten. Wenn Sie sexuelle Probleme haben, können diese Hinweise hilfreich für Sie sein. Wenn Sie sexuell erfahren sind, können Ihnen die Techniken mehr Kreativität und Leistungsfähigkeit schenken. Und wenn Sie bereits ein guter Liebhaber sind, können Sie damit die wahre Meisterschaft eines großen Künstlers erreichen.

Viele Gründe sprechen für guten Sex

Im Folgenden wollen wir uns einmal einige der unzähligen Vorteile betrachten, die ein erfülltes Sexleben mit sich bringt.

Gesunder Sex, gesunder Körper

Der menschliche Körper ist ein äußerst komplizierter Mechanismus, der angemessen genutzt werden muss, um bestmöglich zu funktionieren. Zahlreiche medizinische Studien haben gezeigt, dass der optimale Einsatz der verschiedenen Organe und Systeme das Gesundheitsrisiko insgesamt verringert. Aerobictraining zum Beispiel stärkt das Herz-Kreislauf-System. Die Übungen mit Gewichten verbessern den Muskeltonus und die Knochenstruktur. Bei Frauen, die ihre Kinder stillen, sinkt die Wahrscheinlichkeit von Brustkrebs.

Und für unsere Geschlechtsorgane gilt dasselbe wie für jeden anderen Körperteil: Je sinnvoller wir sie nutzen, desto gesünder sind sie. Die chinesische Medizin ist der Ansicht, dass die beste Vorbeugung gegen sexuelle und gynäkologische Probleme in häufigem Geschlechtsverkehr liegt, wobei Techniken verwendet werden sollen, die zu einer Zunahme statt einer Abnahme an vitaler Energie führen.

Die westliche Medizin scheint diese These zu bestätigen. Beispielsweise raten Urologen Männern mit Erektionsproblemen zu mehr sexueller Aktivität, da sexuelle Erregung zu einer stärkeren Durchblutung des Gewebes führt und damit die Erektion unterstützt. Auch für Männer mit bestimmten Prostata- und Blasenproblemen soll manchmal eine höhere sexuelle Aktivität hilfreich sein. Ein aktives Sexualleben führt zur Produktion von mehr Testosteron, was wiederum den sexuellen Trieb verstärkt. Einige medizinische Studien haben gezeigt, dass regelmäßige sexuelle Aktivität bei Frauen eine unregelmäßige Periode stabilisieren kann. Während der weiblichen Menopause vermindert sexuelle Betätigung die auftretenden Hitzewallungen und setzt die Wahrscheinlichkeit von vaginalen Gewebsveränderungen herab.

Die Vorteile eines aktiven Sexuallebens gehen aber weit über die Bereiche hinaus, die wir gewöhnlich mit Sexualität assoziieren. Zum Beispiel zeigen bestimmte Forschungsergebnisse, dass regelmäßiger Sex bei Frauen zur Aufrechterhaltung eines angemessenen Östrogenspiegels beiträgt. Und hohe Östrogengehalte im Blut können wiederum mit einem starken Herz-Kreislauf-System, emotionalem Gleichgewicht, verringertem Osteoporoserisiko und anderen gesundheitlichen Vorteilen zusammenhängen. Manche Wissenschaftler sind sogar der Meinung, dass Sex in gewissem Umfang Aerobicübungen ersetzen kann, da er Kreislauf, Herz und Lunge fordert und das Immunsystem stärkt. Außerdem führt Sex zur Ausschüttung von Endorphinen, körpereigenen opiumähnlichen Stoffen, die Schmerzgefühle reduzieren und Euphorie und Wohlbefinden hervorrufen. Sex kann auch, wie wir alle wissen, Spannungsgefühle und Stress reduzieren.

Wenn dies bereits für ganz normalen, gewöhnlichen Sex gilt, wie viel stärker muss dann außergewöhnlich guter, höherer Sex wirken!

Durch die alte chinesische Medizin erfährt unsere Anschauung von der Sexualität und ihren Wirkungen nochmals eine Erweiterung. Wie wir in Kapitel 3 genauer erfahren werden, wird die sexuelle Energie dort mit der Lebenskraft Qi gleichgesetzt. Wenn sie durch die richtigen sexuellen Techniken angeregt wird, kann sie sich wie ein heilsames Tonikum durch den ganzen Körper verteilen, alle Organe stärken und heilend auf alle Krankheiten wirken. Vor allem Störungen, die auf Spannungen oder Ermüdung zurückgehen, Muskelschmerzen, sexuelle Störungen wie auch Durchblutungsstörungen (besonders im Beckenbereich) können durch guten Sex geheilt werden. Je besser Sie die Techniken in den nachfolgenden Kapiteln meistern, desto eher werden Sie von der heilenden Wirkung der Sexualität profitieren. Um spezifische Krankheiten mit sexueller Energie zu heilen, braucht es allerdings mehr Wissen, Erfahrung und Verständnis, als dieses Buch vermitteln kann. Doch eine Steigerung der Lebensenergie Qi, die wie ein heilsames Elixier auf den ganzen Körper wirkt, wird oft schon bei den ersten Übungen wahrgenommen. Und es ist auch nicht ungewöhnlich, dass selbst Anfänger, wie zum Beispiel die eben beschriebenen Paare, sehr bald erste Heilerfolge bei ihren spezifischen Leiden bemerken.

Noch wichtiger jedoch ist, dass die Traditionelle Chinesische Medizin Sexualität als die effektivste und beste Methode vorbeugender Medizin betrachtet. Als langfristige Strategie ist solch eine Form der Sexualität, regelmäßig gepflegt, wirksamer als gesunde Ernährung, regelmäßige körperliche Betätigung oder sonstige Maßnahmen einer gesunden Lebensweise. Als natürliches Mittel gegen vorzeitiges Altern kann guter Sex den Körper und das Immunsystem jung und fit erhalten.

Zu wenig davon wie auch falsch eingesetzte Sexualität können dagegen möglicherweise zu Krankheiten beitragen. Was meine ich mit falsch eingesetzter Sexualität? Nun, natürlich alle missbräuchlichen, gewaltsamen oder gewalttätigen sexuellen Handlungen, aber auch Sexualität, die nur dem Abbau von Spannungen dient, die emotional bedeutungslos, leer und deprimierend oder körperlich frustrierend und unbefriedigend ist; Sex, der ausschließlich auf den Orgasmus abzielt, zu hektisch, zu monoton oder langweilig ist, aber auch physisch zu anstrengend und erschöpfend; Sex mit dem falschen Partner oder zur falschen Zeit (zum Beispiel bei Erschöpfung oder nach einer schweren Mahlzeit). Selbst sexuelle Erfahrungen, die viele Menschen als »guten Sex« verbuchen würden, können durchaus ambivalent sein und nicht nur zu Lust und Spannungsabbau führen, sondern auch negative Nebenwirkungen haben. Auf lange Sicht können diese Nebenwirkungen möglicherweise zu physischen und psychischen Problemen führen, die wir später überhaupt nicht mit der Sexualität in Zusammenhang bringen würden.

Gemäß der Traditionellen Chinesischen Medizin kann guter Sex, zusammen mit einer gesunden Lebensweise, wie sie in Kapitel 9 beschrieben ist, bei vielen gesundheitlichen Problemen im Bereich der Geschlechtsorgane vorbeugend wirken. Bei Frauen kann er zum Beispiel wirken gegen Unfruchtbarkeit, prämenstruelles Syndrom, Orgasmusstörungen, vaginale Infektionen, trockene Vagina, Polypen, Tumore (gutartige wie bösartige) und Endometriose; bei Männern gegen Erektionsprobleme, niedrige Spermienzahl, Hypersexualität, vorzeitigen Samenerguss oder Ejakulationsstörungen sowie gegen Prostataprobleme (Vergrößerung, Infektionen und Tumore). Bei beiden Geschlechtern kann angemessene Sexualität gegen Erschöpfung, kalte Hände und Füße, Schlaflosigkeit, Nierenstörungen, Rücken- und Knieschmerzen, Migräne, schlechtes Seh- und Hörvermögen, nachlassendes Gedächtnis, Panikattacken, Blähungen, Sodbrennen und Ohrgeräusche helfen.

Sex als Jungbrunnen

In einer kürzlich veröffentlichten Autobiographie schilderte der persönliche Leibarzt Mao Tse Tungs, dass der Große Vorsitzende häufig sexuellen Verkehr mit jungen Frauen hatte.

Dies entsprang dem Wunsch, sein Leben zu verlängern. Er nutzte hier ein Recht, das privilegierte Männer in China schon immer für sich in Anspruch genommen haben.

Im Westen glauben wir, dass die sexuelle Aktivität mit dem Alter abnimmt. Wir wissen, dass die Testosteronproduktion bei Männern ab Mitte zwanzig langsam und stetig zurückgeht und dass die Östrogenproduktion bei Frauen in den Wechseljahren stark abfällt. Im Großen und Ganzen akzeptieren wir ein schwächer werdendes sexuelles Interesse als normales Resultat körperlicher Veränderungen. Wir versuchen, dem mit Hormonersatztherapien entgegenzuwirken, wobei synthetische oder aus Tierkörpern gewonnene Substanzen dazu dienen sollen, den zur Neige gehenden Vorrat aufzufüllen. Die Chinesen dagegen entwickelten natürliche Methoden, um Jugendlichkeit und sexuelle Kraft zu erhalten. Dazu zählen die Übungen und Vorschläge, die dieses Buch Ihnen vorstellt, sowie regelmäßig guter Sex.

Westliche Sexualwissenschaftler haben wie die Chinesen entdeckt, dass regelmäßiger Sex den natürlichen Abbauerscheinungen entgegenwirkt: Studien zeigen beispielsweise, dass sexuelle Erregung – selbst wenn sie nur durch einen erotischen Film verursacht wird – auch bei älteren Menschen die Produktion von Sexualhormonen anregt.

Einer der Nebeneffekte von normalem Sex, selbst wenn er befriedigend ist, ist das Nachlassen der sexuellen Spannkraft. Dagegen sorgen die Techniken in diesem Buch für eine Zunahme der Energie. Betrachten Sie deshalb diese Art von Sexualität als eine Investition. So wie wir alle für unsere alten Tagen finanziell vorsorgen, so können wir auch unsere sexuelle Energie so einsetzen, dass wir im Alter noch genügend Energie für Lust und Leidenschaft haben. Und im Gegensatz zu langfristigen finanziellen Investitionen können wir dabei unsere Ressourcen gleichzeitig in der Gegenwart genießen und sie für die Zukunft vergrößern. Sie bringen eine hohe Rendite und werfen regelmäßige Dividenden ab, die unserer Lust und Leidenschaft wie auch der Harmonie in unseren Beziehungen zugute kommen. Dadurch haben Sie bereits in der Gegenwart mehr sexuelle Kraft, ohne befürchten zu müssen, dass ihre sexuelle Energie im Alter abnimmt.

Liebe führt zu noch mehr Liebe

Sexuelle Leidenschaft verstärkt das emotionale Band zwischen Partnern. In jeder länger dauernden Beziehung gibt es Charakterzüge eines Partners, die den anderen stören. Selten lassen sich diese verändern. Deshalb ist es gut, wenn es etwas Positives gibt, worauf man sich konzentrieren kann, sobald diese Störfaktoren auftauchen. Sexuelle Verbundenheit erleichtert diesen Prozess. Sexuelle Aktivität verändert die Chemie des Gehirns und damit auf subtile Weise die Wahrnehmung. Der Blick wendet sich von den störenden Faktoren ab und richtet sich auf alles, was gut und positiv in der Beziehung ist. Sex verringert Angst und Ärger, gestaltet die rauen Seiten des Lebens erträglicher und verleiht selbst der harten Realität von Konflikten und Meinungsverschiedenheiten sanftere Konturen. Statt sich nur auf seine Sturheit oder ihre Selbstbezogenheit zu konzentrieren, fällt es leichter, die einzigartigen Eigenschaften zu sehen, die das Paar zusammengebracht haben und auch zusammenhalten.

Auch Erotik ist ein sanftes Beruhigungsmittel, wenn die Dinge ungemütlich werden. Sie verstärkt das emotionale Band und die Intimität zwischen Partnern, wenn die äußeren Umstände schwierig sind. Betrachtet man eine Beziehung als Sicherheitsnetz, so ist es die erotische und sexuelle Liebe, die ihre Nähte verstärkt und zusätzliche Fäden einzieht.

Natürlich ist mir bewusst, dass Sexualität nicht *immer* automatisch dafür sorgt, dass man den anderen mehr liebt. Manchmal fühlt man sich auch verletzt, verärgert oder gedemütigt. Doch wenn Sie sich mit den Vorschlägen in den folgenden Kapiteln auseinander setzen, werden Sie feststellen, dass diese Art von Sexualität Ihnen und Ihrem Partner oder Ihrer Partnerin tatsächlich mehr Liebe schenken kann.

Sexualität ist eine der Hauptursachen für Eheprobleme. Mit der Zeit fangen wir einfach an, uns miteinander zu langweilen. Sexuell aufgeladene Ehemänner beklagen sich über Ehefrauen, die ständig »Kopfweh« haben. Sexuell frustrierte Ehefrauen ärgern sich über ihre Männer, die sich in den Sportseiten oder in ihrer Arbeit vergraben. Ist das zwangsläufig so? Muss Leidenschaft mit der Zeit abkühlen? Hat der Schriftsteller Peter De Vries etwa Recht, wenn er die Sexualität in der Ehe scherzhaft mit einem Arzneimittel vergleicht: »Dreimal täglich während der ersten Woche, einmal täglich während der folgenden Woche, und schließlich einmal alle drei oder vier Tage, bis sich der Zustand gebessert hat«? Nein, das muss nicht sein. Gegen sexuelle Langeweile lässt sich durchaus etwas machen, wenn sie mit Phantasie und Wissen behandelt wird.

Wie die Chinesen bereits vor Jahrhunderten festgestellt haben, wird die Energie der Liebe durch Abwechslung, Kreativität und Überraschung am Leben erhalten. In den folgenden Kapiteln finden Sie genügend Informationen, um Sie für Jahre zu beschäftigen, und außerdem zahlreiche Techniken, die das Gefühl, das Verlangen und die Leidenschaft füreinander dauerhaft erhalten.

Sexualität ist gut für die Seele

Unser Körper ist geschaffen worden, um Sexualität zu genießen und sich durch sie energetisch aufladen zu lassen.

Wenn man sich ihr mit Liebe und Hingabe widmet, kann sie Ängste und Depressionen sowie Gefühle von Einsamkeit und Verzweiflung auflösen. Sie öffnet uns für Freude, fördert unsere Fähigkeit, Gefühle zu empfinden, und macht das Leben rund.

Ein Paar, das sich die hier vorgestellten Techniken aneignet, wird feststellen, dass sich die sexuellen Erfahrungen von bloßem Vergnügen bis hin zur Ekstase steigern können. Die Verbindung zwischen den Partnern wird enger, die individuellen Grenzen lösen sich auf und eine Erfahrung tiefsten Einsseins entsteht. Daraus kann dann auch ein größeres Bewusstsein für die eigene Verbindung mit der gesamten Schöpfung erwachsen.

Sex, zur Kunstform erhoben, kann uns helfen, uns über unsere niedere, tierische Natur zu erheben und uns dem Göttlichen in uns anzunähern. Aus diesem Grund betrachteten die alten Chinesen die Sexualität als eine Form von Gebet oder Meditation, eine spirituelle Technik, die den Einzelnen mit der universellen Lebenskraft verbinden kann. Möglicherweise ist das mehr, als Sie erwartet haben, als Sie zu diesem Buch griffen. Doch wenn Sie für eine spirituelle Entwicklung offen sind, werden Ihnen die Techniken in diesem Buch helfen, die sexuelle Liebe in ein heiliges Ritual zu verwandeln.

Ganzheitliche Sexualität

In den letzten Jahren hat sich die wissenschaftliche Forschung in der westlichen Medizin mehr und mehr einem Grundprinzip der Traditionellen Chinesischen Medizin angenähert: Der Tatsache, dass Körper, Geist und Gefühl untrennbar miteinander verbunden sind. Die Traditionelle Chinesische Medizin geht davon aus, dass eine Verbesserung der körperlichen Gesundheit auch dem geistigen und emotionalen Wohlergehen dient. In dieser Hinsicht haben die alten Chinesen um Jahrtausende die moderne Revolution der Biopsychologie vorweggenommen. Dazugekommen ist auch das ganz neue Feld der Psychoneuroimmunologie, das die Auswirkungen der Psyche auf das Immunsystem untersucht.

Betrachtet man alle Aspekte unseres Lebens in dieser grundlegenden Einheit, so haben unsere körperliche Gesundheit wie auch unsere Gedanken und Gefühle Einfluss auf unsere Sexualität. Umgekehrt hat auch die Sexualität starke und tiefe Auswirkungen auf unseren Körper, unseren Geist, unsere Gefühle und unsere Beziehungen.

Zur Verdeutlichung können Sie sich einen Tisch mit vier Beinen vorstellen. Ein Bein repräsentiert die Sexualität, die übrigen den Körper, den Geist und die Gefühle. Stößt man eines dieser Beine an, bewegt sich der ganze Tisch. Denn keines dieser Beine kann seine Position verändern, ohne dass sich die anderen ebenfalls bewegen. Mit dieser Betrachtungsweise berührt jedes sexuelle Erlebnis auch alle anderen Aspekte des Individuums.

Stellen Sie sich nun vor, dass ein zweiter Tisch an diesem ersten Tisch befestigt ist. Dieser symbolisiert den Partner oder die Partnerin. Eine Veränderung der Position von einem einzelnen Bein wird sich nun auf *beide* Tische auswirken. Was dem einen Partner zustößt, wird auch die Sexualität, den Körper, den Geist und die Gefühle des anderen betreffen. Wenn Sie verheiratet sind oder in einer längerfristigen Beziehung leben, wissen Sie vermutlich, dass dies tatsächlich so sein kann.

Die sexuellen Lehren der Chinesen tragen diesen ganzheitlichen Aspekten Rechnung. Und dieses Buch soll Ihnen helfen, sie für sich selbst anzuwenden.

Übung:
Zehn Sekunden für einen erfolgreichen Tag

Sind Sie nun bereit, den ersten kleinen Schritt in Richtung eines besseren Sexuallebens zu gehen? Sind zehn Sekunden am Tag zu viel für solch ein erstrebenswertes Ziel? Hier ist ein ganz einfacher Vorschlag: Wenn Sie von nun an Ihren Partner oder Ihre Partnerin nach einem langen Arbeitstag oder einer sonstigen Abwesenheit wieder sehen, begrüßen Sie ihn oder sie mit einem Kuss, der mindestens zehn Sekunden dauert.

Erscheint Ihnen das zu einfach? Unsinnig? Unnötig? Fragen Sie sich Folgendes: Wann haben Sie zuletzt mit Ihrem Partner im Stehen einen Kuss ausgetauscht, der tatsächlich ganze zehn Sekunden gedauert hat? Wenn Sie sich an keinen einzigen Kuss erinnern können, dann haben Sie bisher etwas ganz Wundervolles verpasst. Wenn Sie sich an einen solchen Kuss erinnern können, wird Ihnen dabei sicher innerlich warm werden. Dieser Kuss hat Ihnen bestimmt die Knie weich und das Gesicht heiß werden lassen. Vermutlich hat er Ihren ganzen Tag zum Strahlen gebracht.

Wenn ich meine Patienten frage, wen sie als Erstes umarmen oder küssen, wenn sie am Ende des Tages nach Hause kommen, lautet die Antwort vieler meist: Sohn oder Tochter. Außer sie haben einen Hund; in diesem Fall ist es meist das Tier, das als Erstes etwas zärtliche Zuwendung bekommt. Der Partner oder die Partnerin kommt in der Regel als Letztes an die Reihe, wenn überhaupt. Und was bekommen sie? Eine Umarmung und einen dicken Schmatz wie die Kinder? Eine spielerische Zärtlichkeit wie der Hund? Nein. Meist ist es nur ein kurzer Kuss auf die Wange oder eine schnelle Umarmung. Falls es Ihnen auch so erging, dann sorgen Sie dafür, dass gestern der letzte Tag war, an dem dies passieren konnte.

Ich garantiere Ihnen, wenn Sie Ihren Partner oder Ihre Partnerin jeden Tag mit einem liebevollen Zehn-Sekunden-Kuss begrüßen, werden Sie bald über die Ergebnisse staunen. Dieses kleine Ritual ist eine wundervolle Methode, den Fluss der Liebe anzuzapfen, der unter den alltäglichen Problemen und Sorgen des Alltags fließt. Es erinnert Sie täglich daran, warum Sie eigentlich zusammen sind, und es ist ein guter Anfang für einen schönen Abend.

Es darf ruhig ein voller, feuchter Kuss sein. Die alten Chinesen waren der Ansicht, dass der Speichel ein Elixier der Liebe ist. Und wenn Sie schon dabei sind, dann verbinden Sie den Kuss auch mit einer engen, liebevollen Umarmung. Das fühlt sich nicht nur gut an, es ist auch gut für Ihre Kinder: Indem sie Ihrer Umarmung zusehen, lernen sie, dass romantische Liebe ein wichtiger Teil Ihres Lebens ist und auch für sie eines Tages wichtig sein wird.

Ein Wort der Warnung: Übertreiben Sie es nicht. Einige Monate, nachdem ich diesen Vorschlag bei einem Seminar gemacht hatte, traf ich zufällig einen der Teilnehmer. Er erzählte mir, dass seine Frau und er diese Übung ausprobiert hätten, doch sie seien bereits nach vier Tagen völlig ausgebrannt gewesen. Anscheinend hatte er verstanden, dass der Kuss zehn *Minuten* dauern sollte.

Nachdem ich das Missverständnis aufgeklärt hatte, meinte er: »Kein Wunder!«, und lief mit gespitzten Lippen nach Hause zu seiner Frau.

2.
Das erste und älteste Ritual

Die Vereinigung von Männlichem und Weiblichem

*Wer das Tao von Yin und Yang kennt,
kann die fünf Vergnügen miteinander verbinden.
Wer es nicht kennt, wird möglicherweise
eines vorzeitigen Todes sterben. Wie wird es ihm
möglich, jemals das sexuelle Vergnügen zu genießen?*
Su Nu Ching, 1. Jahrhundert

*Verfolgung und Verführung sind die Essenz
der Sexualität. Sie sind Teil des knisternden Spiels.*
Camille Paglia

Um das sexuelle Ritual von Mann und Frau zu verstehen, wollen wir uns nun einer der ältesten Philosophien der Welt zuwenden, der alten chinesischen Theorie von Yin und Yang. Nach dieser 5000 Jahre alten Weisheit kann alles im Universum wie ein Kontinuum betrachtet werden, in dessen Mitte das perfekte Gleichgewicht liegt. Auf der einen Seite der Mitte befindet sich Yin, auf der anderen Yang. Jeder Gegenstand und jedes Phänomen enthält beide Aspekte, doch in unterschiedlichem und sich ständig veränderndem Maße.

Die beiden Prinzipien ergänzen sich vollkommen, sind voneinander abhängig und unterstützen sich gegenseitig. Keines von beiden kann allein existieren; jedes der beiden ist eine notwendige Bedingung für die Existenz des anderen.

Durch das Zusammenspiel von Yin und Yang (wörtlich übersetzt: *Die schattige und die sonnige Seite des Berges*) entfaltet sich das Leben in seinen unendlichen Ausdrucksformen. Das bezieht sich natürlich auch auf das menschliche Verhalten. Die Theorie von Yin und Yang erklärt die Funktion unseres Körpers und unseres Verstandes ebenso klar und einfach wie die Rhythmen eines Waldes. Wie wir noch im Detail sehen werden, sind Frauen überwiegend Yin, Männer überwiegend Yang, doch beide Geschlechter enthalten sowohl Yin- wie auch Yang-Energie. Hier folgt erst einmal eine kurze Aufzählung von Eigenschaften, die diese beiden Prinzipien kennzeichnen:

Yin	Yang
weiblich	männlich
unten	oben
kalt	heiß
empfänglich	schöpferisch
ausdauernd	flüchtig
Transformation	Initiation
nass	trocken
verborgen	offenbar
dunkel	hell
Nacht	Tag
einschließend	ausschließend
langsam	schnell
Ruhe	Aktivität
Wasser	Feuer
Mond	Sonne
Erde	Himmel

Yin ist geheimnisvoll und verborgen, kühl, tröstend, beruhigend und geduldig. Es bewegt sich langsam und braucht viel Zeit zur Entwicklung. Es zieht Dinge an und verändert sie ruhig und langsam. Wie Wasser bewegt es sich immer zum tiefsten Punkt und wirkt auf alles, was ihm begegnet, langsam und subtil, aber mit dauerhaftem Effekt.

Im Gegensatz dazu ist Yang schnell, aggressiv, direkt und zielgerichtet. Wie Feuer ist es heiß, bewegt sich nach oben und nach außen und beeinflusst andere Dinge rasch und einschneidend.

Die menschliche Natur

Das menschliche Verhalten lässt sich ebenfalls auf einem Kontinuum von Yin und Yang abbilden. Hier folgen einige Beispiele dafür, die in diesem Buch immer wiederkehren werden. (Auch wenn Yin und Yang das Weibliche und das Männliche repräsentieren, so meinen sie doch nicht einfach Frau und Mann; beide Geschlechter enthalten sowohl Yin- wie auch Yang-Qualitäten, wenn auch in unterschiedlichen Proportionen.)

Yin-Verhalten	Yang-Verhalten
Nährt das, was vorhanden ist	Erschafft Neues
introvertiert	extrovertiert
hält Gedanken, Gefühle und Informationen zurück	drückt sich offen aus
häuslich	Abenteuer liebend
handlungsschwach, inaktiv	handlungsstark, aktiv
ganzheitlich, nicht unterscheidend	analytisch, unterscheidend
unorganisiert	organisiert

Yin-Verhalten	Yang-Verhalten
hört zu	spricht
reaktiv	aktiv
sterben	geboren werden
beruhigen	motivieren
versöhnen	streiten
innere Motivation	äußere Motivation

Dornröschen ist die ultimative Verkörperung der Yin-Energie. Als Symbol weiblichen Wesens verbringt sie ein Jahrhundert vollkommen inaktiv, verborgen vor dem Licht. Sie braucht nur diesen Zustand von natürlichem Magnetismus aufrechtzuerhalten, um den Prinzen anzuziehen. Dieser wiederum ist das Sinnbild der Yang-Energie. Unwiderstehlich zum Weiblichen hingezogen, handelt er ohne Zögern, durchdringt die Dunkelheit und riskiert dabei ohne weiteres eine Niederlage (oder Abweisung), um die Erfüllung seiner Sehnsucht zu finden. Man kann mit ziemlicher Sicherheit davon ausgehen, dass er nicht so schnell aufgegeben hätte, selbst wenn Dornröschen nicht sofort auf ihn reagiert hätte. Er hätte sicher mit aller Leidenschaft versucht, sie zu erwecken, so wie Männer immer versucht haben, die Liebe der von ihnen angebeteten Frau zu gewinnen.

Primäre und sekundäre Merkmale

Wenn Sie die Liste der Yin- und Yang-Attribute betrachten, werden Sie vermutlich feststellen, dass Sie von beidem etwas haben. Männer haben oft Yin-Züge wie Empfänglichkeit und Nähren und Frauen zeigen Yang-Eigenschaften wie zum Beispiel Kreativität und Aggressivität. Frauen sind oft aktiv und Männer reaktiv; Frauen können sich expressiv ausdrücken und Männer können passiv und geduldig reagieren. Frauen können kühn und abenteuerlustig sein, während manche Männer lieber ruhig zu Hause sitzen. Das liegt daran, dass Frauen auch Yang und Männer ebenso Yin haben, wie es das bekannte T'ai-Qi T'u-Symbol zeigt, bei dem die dunkle Fläche Yin und die helle Fläche Yang repräsentiert. Die kleinen Punkte auf jeder Fläche symbolisieren Yin im Yang und Yang im Yin.

Abb. 1   Yin / Yang

In einem männlichen Körper ist Yang die vorherrschende Energie, während Yin sekundär ist. Im weiblichen Körper ist es umgekehrt. Dies entspricht auch den physiologischen Gegebenheiten: Testosteron (das primäre männliche Sexualhormon) ist im weiblichen Körper ein sekundäres Hormon, während Östrogen (das primäre weibliche Sexualhormon) beim Mann sekundär ist.

Die Vorherrschaft von Yin bei der Frau und Yang beim Mann erklärt viele der offensichtlichen Unterschiede zwischen den Geschlechtern. Zum Beispiel können Frauen oft besser zuhören als Männer, da Yin von Natur aus empfänglich ist, während Yang sich eher gebend verhält und Männer daher meist zu jedermanns Problem ihre Ratschläge beitragen. Auf sexuellem Gebiet waren Männer immer schon die

Aktiveren, da Yang die Initiative ergreift und handelt, während Frauen mit ihrer empfänglichen Yin-Qualität in der Regel warten – auf Anträge, Annäherungsversuche oder, wie Dornröschen, auf den ersten Kuss. So wie Yang schnell ist und Yin langsam, sind Männer meist schnell sexuell erregt, während Frauen Zeit brauchen, um warm zu werden. Tatsächlich entspricht der Einfluss der Yin- und Yang-Kräfte auf das sexuelle Verhalten in etwa den Auswirkungen von Östrogen und Testosteron: Ob nun männlich oder weiblich, Menschen mit hohem Testosteronspiegel verhalten sich eher sexuell aggressiv, während Östrogen sexuell empfänglicher macht. Wenn weiblichen Tieren Testosteron gegeben wird, werden sie sexuell ebenso aggressiv wie die entsprechenden Männchen ihrer Art.

Das Fortpflanzungsmodell für das männlich-weibliche Verhalten

Der Vorgang der Fortpflanzung ist das ideale Modell für männliches und weibliches Verhalten in Interaktion. Die Zeugung von Kindern ist schließlich der letztendliche Zweck der Sexualität und daher auch der beste Vergleich, um die natürliche Dynamik von Männlichem und Weiblichem zu verstehen. Bei der Zeugung gibt der Mann, dann wartet er und schließlich empfängt er. Die Frau dagegen empfängt, transformiert das Empfangene und gibt dann. Wir wollen dieses grundlegende Muster nun noch etwas genauer betrachten:

- Die Yang-Energie (von einem der beiden Partner) initiiert das Liebesspiel.
- Die Yin-Energie (vom anderen Partner) nimmt den Reiz auf und verwandelt ihn in gemeinsames Handeln.

- Der Mann trägt seine Erektion bei (Yang).
- Die Frau empfängt die Erektion, nimmt sie in ihren Körper auf und wandelt diese Gabe in den gemeinsamen Liebesakt um (Yin).
- Er gibt seinen Samen (Yang).
- Sie empfängt den Samen, verschmilzt ihn mit dem Ei und wandelt ihn in neues Leben um (Yin). (Transformation ist ein kreatives Geschehen und Kreativität ist eine Yang-Eigenschaft; somit ist dies ein Beispiel für Yang in Yin.)
- Er wartet (Yin).
- Sie trägt das Kind aus und bringt es zur Welt (Yang).
- Er empfängt das Kind und ihr gemeinsames Leben wird verwandelt (Yin).

In der Geschichte von Dornröschen initiiert der Prinz das Geschehen, indem er das Schloss betritt, wo Dornröschen auf ihn wartet. Er gibt seinen Kuss. Sie empfängt ihn. Während er wartet, wird sie tief und stark berührt, sie erwacht. Sie antwortet auf sein Zeichen der Zuneigung und gibt ihm zurück, was sie empfangen hat, transformiert durch ihre Liebe. Der Prinz empfängt ihre Antwort. Ihre Liebe schenkt beiden neues Leben. Und nicht nur der Prinz und die Prinzessin sind unwiderruflich verändert, sondern mit ihnen auch das gesamte Reich. Die Liebenden leben glücklich bis an ihr Lebensende und alle im Schloss erwachen.

Nach der Traditionellen Chinesischen Medizin wird Fortschritt in einer Beziehung wie auch in der Gesellschaft im Allgemeinen ermöglicht, indem der Mann einen Impuls gibt und die Frau ihn empfängt und das Empfangene (Samen, Informationen, Gewohnheiten, Konflikte, Kinder, Geld etc.) in etwas Neues verwandelt. Wenn ich meine Patienten betrachte, stelle ich immer wieder fest, dass Menschen, die in ihren Mustern von Geben und Empfangen mit diesen geschlechtlichen Unterschieden übereinstimmen, allgemein gesünder sind und harmonischere Beziehungen haben. Patienten mit schweren Erkrankungen und gestörten Beziehungen leben meist nicht im Einklang mit diesen Prinzipien. Wie ein alter chinesischer Weiser es einmal formulierte: »Jede Schwäche beim Menschen ist auf Probleme bei der Verschmelzung von Yin und Yang zurückzuführen.« Wie wir sehen werden, lassen sich diese grundlegenden Muster auf alle Lebensbereiche übertragen, in denen Männer und Frauen interagieren, von der Arbeitswelt bis hin zum Schlafzimmer.

Yin und Yang treu sein

Es ist sehr wichtig für Männer und Frauen, dass sie die Fähigkeiten beherrschen, die zu ihren primären Energiequalitäten zählen. Eine Frau, die ihre Yin-Energie lebt, erlaubt es dem Mann, ihr sexuell, emotional und materiell etwas zu geben. Was sie empfängt, verarbeitet sie und lässt ihn dann an dem teilhaben, was sie denkt und fühlt. Auf diese Weise transformiert sie nicht nur das, was der Mann ihr gegeben hat, sondern den Mann selbst. Der Einfluss von Yin ist tief und dauerhaft wie Wasser, das die Konturen eines Flusstals prägt.

Wenn sie dagegen ihre Yin-Qualitäten nicht lebt, wird sie weniger empfänglich und kann kein angemessenes Feedback mehr geben. Sie kann möglicherweise keine tiefe Intimität mit anderen erleben und schwächt so nicht nur sich selbst als Frau, sondern auch ihre Beziehungen. Denn die Stärke einer Liebesbeziehung hängt mehr von den Yin- als von den Yang-Qualitäten ab. Yang entfacht die Leidenschaft und sorgt dafür, dass die Paare zueinander finden. Yin dagegen pflegt und nährt die Beziehung, sie ist die starke, ruhige Grundlage, auf die ein langfristiges Wachstum aufbauen kann. Diese subtile Kraft des Yin verleiht Frauen große Stärke. Ohne Empfänglichkeit kann nichts mitgeteilt werden – weder Gedanken und Gefühle noch Liebe oder sonst etwas von Bedeutung. Abraham Maslow, ein Pionier der humanistischen Psychologie, hat beobachtet, dass psychologisch gesunde Menschen ausgeglichener und daher stärker fähig sind, Liebe zu empfangen. Dadurch sind sie auch in der Lage, wahrhaft zu geben.

Um wahrhaft die Yang-Energie zu verkörpern, bedarf es der Fähigkeit, schöpferisch tätig zu sein und *in angemessener Weise* zu den Bedürfnissen anderer beizutragen. Das heißt, das zu geben, was der andere braucht, will und empfangen kann. Es bedeutet auch, offen zu sein für Feedback und es zu verwenden, um zukünftig noch angemessener zu geben. Nach der Yin-Yang-Philosophie ist nur derjenige ein Mann im wahrsten Sinne des Wortes, der sich von Selbstsucht befreit hat und wahren Altruismus lebt. Indem er angemessen von sich gibt, unterstützt er seine Frau in ihren Sehnsüchten und gewinnt seinerseits große Kraft aus ihrer liebevollen und großzügigen Antwort.

Ein Mann dagegen, dem es an Yang-Qualitäten fehlt, ist schwächlich oder feige. Ihm fehlt eine Vision, er hat keine Kraft, seine Ziele zu verfolgen, und lässt möglicherweise zu, dass andere – seine Partnerin eingeschlossen – ihn ausbeuten. Wenn ein Mann *in unangemessener Weise* gibt und nur das schenkt, was er geben will, nicht, was die Frau braucht, dann trennt er sich möglicherweise selbst von seiner inneren Stärke ab. Keiner der beiden Partner wird so Erfüllung finden können.

Das feine Wechselspiel von Yin und Yang hat eine sich gegenseitig verstärkende Wirkung: Eine Frau, die gut empfangen und transformieren kann, stärkt die Fähigkeit des Mannes, zu geben; ein Mann, der spürt, dass seine Frau sich von ihm befruchten lässt, wird dazu motiviert, noch mehr zu geben. Und wenn ein Mann viel gibt, fühlt sich die Frau sicher und kann sich offener und verletzlicher zeigen.

Die sekundäre Energie nutzen

Auch wenn es sehr wichtig ist, dass man in Übereinstimmung mit der eigenen primären Energie lebt, sollte die Bedeutung der sekundären Energie dennoch nicht unterschätzt werden. Eine Frau, die ihre Yang-Qualitäten gut nutzt, kann ihren Mann darin bestärken, seine Sehnsucht zu erfüllen, ohne unterwürfig zu werden oder ihre eigenen Bedürfnisse zu unterdrücken. Wenn sie ihre Yang-Energie nicht nutzen kann, wird sie nicht genügend Selbstsicherheit besitzen, um das zu bekommen, was sie sich wünscht – vom Leben wie auch von ihrem Partner. Sie wird sich zu leicht dominieren und kontrollieren lassen.

Ein Mann, der in Harmonie mit seinen Yin-Qualitäten lebt, kann locker und flexibel und dabei doch stark sein. Er gibt jedem Druck von außen nach und verwendet dabei alles zu seinem Vorteil. Solch ein Mann ist ein einfühlsamer Zuhörer, der seine Beziehungen sanft in die Richtung steuert, die beiden Partnern die meiste Erfüllung schenkt. Wenn ein Mann jedoch seine sekundären Yin-Energien nicht einsetzen kann, ist er ein schlechter Zuhörer. Er wird möglicherweise ohne Mitgefühl und stark dominierend handeln. Tatsächlich können wir in den sozialen Schwachstellen in unserer Gesellschaft die Wirkung von Yang-Energie sehen, die nicht durch Yin ausgeglichen wird. Die Folgen sind Gewalt, Missbrauch, Engstirnigkeit und Ähnliches.

Wenn Yin und Yang nicht im Gleichgewicht sind

Wie das Verhältnis von Licht und Dunkelheit, so verändert sich auch das Verhältnis zwischen Yin und Yang ständig. Wenn Ausgeglichenheit herrscht, ist der Körper stark und ausdauernd und die Persönlichkeit harmonisch. Das Wechselspiel von männlich und weiblich spiegelt das kosmische Spiel von Yin und Yang: Es erschafft und erhält das Leben – nicht nur im Sinne der Fortpflanzung, sondern im Sinne eines tieferen und umfassenderen Lebens für beide Partner.

Aber die ewig wechselnde Natur der Yin- und Yang-Kräfte bewirkt, dass hin und wieder einmal Ungleichgewicht auftritt. Im vorliegenden Buch werden Sie durchgehend Hinweise auf einen Überschuss oder einen Mangel an Yin und Yang finden. Ein Ungleichgewicht entsteht durch die unzähligen Faktoren, die unseren Körper beeinflussen – Ernährung, Stress, emotionale Bedingungen, Umwelt usw. – und wirkt sich auf unsere Organe, unser Wohlbefinden, unser Verhalten, unsere Sexualität und unsere Beziehungen aus. Bei Paaren können sich individuelle Disharmonien gegenseitig verstärken.

Eines der häufigsten Muster, denen ich in meiner Praxis immer wieder begegne, ist das von mir so bezeichnete Kratzbürste-Pantoffelheld-Syndrom. Nach den Lehren der chinesischen Medizin wird unsere primäre Qualität durch Stress und Altern abgebaut. Frauen neigen dazu, einen Mangel an Yin aufzuweisen, Männer einen Mangel an Yang. Wenn das in einer Partnerschaft geschieht, verlagert sich das Gleichgewicht. Der Mann handelt weniger aus seiner männlichen Stärke heraus und die Frau fühlt sich nicht mehr sicher genug, um ihre weiblichen Eigenschaften zum Ausdruck zu bringen. (Jenny und Jack in Kapitel 1 waren ein gutes Beispiel für dieses Syndrom.)

Die beiden Mangelsituationen münden zusammen in einen Teufelskreis. Wenn eine Frau ihre Yin-Fähigkeiten der Empfänglichkeit und Flexibilität eingebüßt hat, wird sie entweder stark kontrollierend oder übermäßig gebend. Dadurch fühlt sich ihr Partner oftmals überwältigt, zurückgewiesen oder minderwertig. Wenn er seine schöpferischen, leitenden und gebenden Fähigkeiten schwinden sieht, wird er anfangen, sich auf seine eigenen Bedürfnisse zu konzentrieren. Dadurch fühlt sich die Frau im Stich gelassen, enttäuscht und allein. In einem verzweifelten Versuch, seine Yang-Qualitäten wieder zu finden, stürzt sich der Mann vielleicht auf seine Karriere oder wird zum Wochenendkämpfer. In extremen Fällen beginnt er vielleicht sogar, sich gegen seine Frau und seine Kinder zu wenden. Die Frau versucht möglicherweise, ihre Yin-Qualitäten wiederzugewinnen, indem sie sich unverhältnismäßig stark um ihre Kinder oder um bedürftige Freunde kümmert. Möglicherweise wird sie sogar krank, was sie dann dazu zwingt, sich ganz auf ihre empfangende Seite zu konzentrieren.

Das Ungleichgewicht wird schließlich zur Folge haben, dass das Verlangen zwischen den Partnern erlischt. Einer oder beide beginnen möglicherweise eine Affäre. Die Traditionelle Chinesische Medizin betrachtet solch eine Untreue nicht nur als ein rein psychologisches Phänomen; manchmal ist es tatsächlich der *Körper*, der danach hungert, mit einem neuen Partner das Gleichgewicht von Yin und Yang wiederherzustellen. Eine Frau, deren Mann ihr aufgrund seines Yang-Mangels nicht genügend geben kann, sehnt sich möglicherweise nach einer Verbindung mit männlicher Energie; und ein Mann, dessen Frau zu wenig Yin-Qualitäten hat und wenig empfänglich ist, fühlt sich vielleicht zu einer weicheren, feminineren Partnerin hingezogen.

Ein anderes Ungleichgewichtsmuster, das Macho-Opfer-

Syndrom, entsteht, wenn die sekundären Aspekte der Partner zu wenig ausgeprägt sind. Dadurch werden die primären Qualitäten in ungesundem Maße verstärkt – Yin bei der Frau, Yang beim Mann. (Ein gutes Beispiel sind Ellen und Bob aus Kapitel 1.) Er wird ungeduldig, unsensibel und gefühllos. Die Frau dagegen ist unfähig, ihre Bedürfnisse zu äußern und dafür zu sorgen, dass sie befriedigt werden, und zieht sich in Yin-haftes Schweigen zurück. Sexuell geht in diesem Zustand überhaupt nichts mehr. Ohne ausreichend Yang-Energie ist die sexuelle Begierde der Frau so tief vergraben wie ein verborgener Schatz, während ihr Partner ohne die beruhigende Wirkung von Yin einen Wirbelwind an sexueller Energie in sich trägt. Er will es oft und er will es jetzt. Sie hat selten Verlangen nach Sex, und wenn sie doch zustimmt, dann verhält sie sich passiv und agiert reaktionsschwach. Wenn sie sich zu anderen Männern hingezogen fühlt, dann zu solchen, die genügend Yin-Energie besitzen, um ihr verständnisvollen Trost und sichere, sanfte Liebe zu bieten. Er dagegen sehnt sich nach einer Frau, die genügend Yang-Qualitäten besitzt, um sexuell anregend und aufreizend zu sein.

Ob jemand versucht, ein Ungleichgewicht durch eine Affäre zu beseitigen, hängt ebenfalls vom Verhältnis von Yin und Yang ab. Die Yin-Strategie besteht darin, das Bestehende langsam und beständig zu verändern. Die rastlose Yang-Energie dagegen versucht, eine völlig neue Situation herzustellen. Ein frustrierter Mann wird sich daher eher nach einem neuen Objekt der Begierde umsehen als eine frustrierte Frau. Männer, die trotz Schwierigkeiten ihrer Beziehung treu bleiben, zeigen darin einen Einfluss von Yin. Eine der Aufgaben der Yin-Energie ist es, Yang zu halten und seine Exzesse zu mäßigen. Wenn sich eine günstige Gelegenheit für eine Eskapade ergibt, wird Yang sich sofort darauf stürzen, während die Yin-Seite dazu rät, die bestehende Situation zu verbessern.

Die gleiche Dynamik gilt natürlich auch für Frauen. Wenn eine Frau eine Affäre beginnt, zeigt sich darin ihr sekundärer Yang-Aspekt. Anfangs wird ihr Yin sie dazu drängen, die bestehende Beziehung zu verbessern, doch wenn ihr Partner nicht darauf reagiert, dann wird sie womöglich ihre Yang-Energie einsetzen, um das Problem zu lösen. Wenn eine Frau Möglichkeiten sieht, ihre Yin-Bedürfnisse zu befriedigen, kann sie durchaus ein sehr starkes Yang-Verhalten an den Tag legen, um das zu bekommen, was sie will und braucht.

Glücklicherweise kennt die Traditionelle Chinesische Medizin bestimmte Wege, um das Ungleichgewicht zwischen Yin und Yang auszugleichen, und sexuelle Techniken, die sowohl Yangs Lust auf Abwechslung und Abenteuer wie auch Yins Bedürfnis nach einem sicheren Nest befriedigen.

Die Kunst der Verführung erlernen

Anfangs hatten Julie und ihr Mann Dan fantastischen Sex. Aber nach ein paar Jahren Ehe begann Julie das Interesse zu verlieren. Dadurch war sie verwirrt und fühlte sich schuldig. Schließlich hatte sie regelmäßig einen Orgasmus gehabt und war damit so viel besser dran als viele ihrer Freundinnen, sodass sie glaubte, sie hätte keinen Grund, sich zu beklagen.

Bei einem unserer Gespräche meinte Julie einmal scherzhaft: »Wenn Dan etwas von mir will, dann stößt er mich an und fragt: ›Na, wie wär's?‹ Das ist alles, was er unter Verführung versteht. Er denkt tatsächlich, dass mich das antörnt.« Offensichtlich war Dan durchaus in der Lage, sie körperlich zu befriedigen, doch ihre Sehnsucht nach Gefühl und Romantik blieb dabei ungestillt. Selbst wenn er nur zum Fischen ging, trieb er mehr Aufwand als für ihr gemeinsames Zusammensein. Julie hatte das Gefühl, allzu sehr als selbstverständlich angesehen zu werden. Ihre intimen Stunden miteinander waren ihr heilig, doch ihrem Mann schienen sie nicht allzu viel zu bedeuten.

Ich fragte Julie, ob Dan ein Lieblingsgericht habe. Sie erzählte mir, dass er am liebsten ihre Lasagne esse. »Und jetzt stellen Sie sich einmal vor, Sie würden sie jeden Abend zubereiten. Wäre sie ihm da nicht bald über?« Natürlich, gab sie zu. Darauf fragte ich sie noch: »Und was würde geschehen, wenn Sie einfach eine Lasagne aus der Tiefkühltruhe nähmen, sie in der Mikrowelle erhitzen und ihm auf den Tisch knallen würden? Ohne Wein, ohne Kerzen, ohne Vorspeisen, ohne Beilagen?« Julie war die Analogie sofort klar: Ihr Mann missachtete unbewusst etwas, was ihr sehr wertvoll war, indem er das Drumherum und die Atmosphäre vernachlässigte, die es zu etwas Besonderem machen würden.

Ich ermutigte Julie, mit Dan über ihre Wünsche und Bedürfnisse zu sprechen. Zuerst war er vollkommen perplex. So weit er es beurteilen konnte, hatte sein Vorgehen bisher doch immer wunderbar funktioniert. Warum sollte er ein Risiko eingehen, indem er etwas Neues ausprobierte? Glücklicherweise hörte er ihr trotzdem zu. Später meinte er zu mir: »Ich hatte immer gedacht: Solange nichts kaputt ist, mach besser nicht dran rum. Aber das gilt wohl nur für Maschinen, nicht für Sex.«

Seit mehr als zehn Jahren zitiere ich jetzt diese Worte von Dan. Ich sage den Männern, dass sie nicht überrascht sein sollten, dass ihre Frauen ständig Kopfweh haben, wenn sie immer nur dieselben alten Verführungsstrategien verwenden. Außerdem sage ich den Frauen, dass sie die Verführung nicht allein den Männern überlassen sollten. Die Yin-Energie des Mannes lässt sich gern von den Yang-Kräften einer Frau ins

Reich des erotischen Mysteriums locken. Tatsächlich beklagen sich viele meiner männlichen Patienten darüber, dass ihre Frauen sie nicht aktiv und phantasievoll verführen. Seltsamerweise ist es oft der Fall, dass Frauen, die bei der Arbeit selbstbewusst und kreativ sind, sich im Schlafzimmer so passiv wie ihre Großmütter benehmen.

Laborversuche mit Tieren liefern die Lösung für das Verständnis des Verführungstricks. Wenn ein männliches Tier mit einem paarungsbereiten weiblichen Tier in einen Käfig gesperrt wird, kommt es rasch zu einer Paarung. Nach der Ejakulation braucht das Männchen eine gewisse Pause, bevor es das Weibchen wieder besteigt. Diese Phase ist auch als Refraktionsperiode bekannt und variiert von Art zu Art. Doch gleichgültig, ob es sich nun um einen Hahn, eine Ratte oder einen Bock handelt, die Refraktionsperiode dauert nach jeder Ejakulation länger, bis das Männchen schließlich das Interesse vollständig verliert und die Lockreize des Weibchens ignoriert.

Doch wenn zu einem beliebigen Zeitpunkt das Weibchen durch ein neues ersetzt wird, wird das Männchen sehr rasch wieder aktiv. Dieses Phänomen bezeichnet man auch als den Coolidge-Effekt. Der Name geht auf folgende Anekdote zurück: Als Calvin Coolidge Präsident der Vereinigten Staaten war, besuchte er mit seiner Frau einmal eine Hühnerfarm. Mrs. Coolidge bemerkte die zahlreichen Küken und die tausende von Eiern und fragte, wie viele Hähne denn benötigt würden, um die Arbeit der Befruchtung zu leisten. Nicht so besonders viele, antwortete darauf der stolze Farmer. Jeder der Hähne kommt seiner Pflicht viele Male am Tag nach. »Das sollten Sie Mr. Coolidge erzählen«, meinte darauf die First Lady. Der Präsident revanchierte sich, indem er den Farmer fragte, ob die Hähne jeweils nur eine Henne hätten. Oh nein, war die Antwort des Farmers, sie hätten praktisch jeder einen ganzen Harem. »Das sollten Sie Mrs. Coolidge erzählen«, entgegnete darauf der Präsident.

Nun ist natürlich unter Menschen der Versuch meist nicht so angebracht, die sexuelle Monotonie durch regelmäßigen Austausch des Liebespartners aufzulockern. Aber es gibt einen Lichtblick: Die sexuelle Aktivität des Männchens kann auch angeregt werden, wenn sich das Aussehen oder der Duft seines Weibchens verändert. Nun brauchen Frauen keine Wissenschaftler, um zu wissen, was sie mit Parfüms, Reizwäsche oder einem neuen Haarstyling bewirken können. Das Entscheidende an dieser Entdeckung aber ist, dass Veränderungen überhaupt von Bedeutung sind.

Die alten Chinesen studierten die Menschen (nicht die Tiere) und kamen zum gleichen Ergebnis. Mitglieder des Palastpersonals waren angewiesen, genau zu beobachten, was in den Schlafzimmern der Kaiser und Adligen sowie ihrer Frauen und Konkubinen vor sich ging. Diese geschulten Beobachter zeichneten auf, welche Techniken funktionierten und welche nicht. Daraus entstand ein Schatz an Wissen über die Kunst der Verführung und des Liebesspiels, der heute noch Gültigkeit hat. Einer der wichtigsten Punkte darin ist die Bedeutung von Abwechslung und Neuheit.

Aber das versteht sich ja beinahe von selbst. Denn auch die ausgefallenste Wäsche und der verführerischste Duft verlieren bald ihren Reiz, wenn sie täglich verwendet werden. Selbst Liebesbriefe und Rosen werden langweilig, wenn man sie ständig bekommt. Und andererseits kann selbst Zähneputzen oder Duschen aufregend sein, wenn man es das erste Mal zusammen macht. Die erste Regel der Verführungskunst ist daher, kreativ mit Überraschungen umzugehen.

Yin und Yang in der Kunst der Verführung

Es ist der Yang-Aspekt von Mann oder Frau, der die Handlung initiiert. Eine genauere Beschreibung liefert auch hier wieder das Fortpflanzungsmodell (siehe Seite 42): Yang muss angemessen geben, das heißt etwas, was der oder die andere annehmen und verarbeiten kann. Nachdem der erste Schritt getan ist, verarbeitet der empfangende Teil das, was aufgenommen wurde (Yin), und gibt dann eine Antwort als Reaktion (Yang). War die Geste gut gewählt, erfolgte sie auf richtige Art und zur rechten Zeit, dann bekommt der Initiierende das, worauf er oder sie gehofft hat: ein heißes Liebesabenteuer.

Ironischerweise neigen Männer eher zu vorhersagbaren Handlungen als Frauen. Ironischerweise deshalb, weil Yang die Kraft ist, die Veränderung initiiert. Sie ist jedoch auch geordnet, strukturiert und zielgerichtet. Wenn manche Männer daher eine Methode finden, die zu funktionieren scheint, dann bleiben sie ihr treu. Das kann so weit gehen, dass sie überhaupt nichts anderes mehr ausprobieren.

Verführungsstrategien, die sich stärker an den Prinzipien von Yin und Yang ausrichten, sind nicht nur Erfolg versprechender, sie bereiten auch den Boden für ein harmonisches und inspiriertes Liebesspiel. Die meisten Menschen folgen beim Sex ihrem dominanten Wesenszug. Um also eine Frau zu verführen, muss der Mann die Yin-Kräfte in ihr ansprechen. Um einen Mann zu verführen, muss man seine Yang-Energie wecken. Natürlich sind das Verallgemeinerungen; jeder Mensch verhält sich auch gelegentlich seinem sekundären Wesenszug entsprechend.

Im Folgenden werfen wir einen kurzen Blick auf die gegensätzlichen Tendenzen von Yin und Yang und was sie uns über die Verführung von Männern und Frauen verraten können.

Oben oder unten

Wer behauptet, dass der Weg zum Herzen des Mannes durch den Magen gehe, hat den Schwerpunkt zu hoch angesetzt. Im Körper des Mannes bewegt sich die Energie vorwiegend in der Yang-Richtung, also von unten nach oben, da die männliche Sexualität stark Yang-geprägt ist. Die meisten Männer (und der Yang-Aspekt in Frauen) lassen sich daher durch die direkte Stimulierung der Genitalien reizen. Von hier aus bewegt sich die Energie nach oben und öffnet Herz und Kopf.

Wer einen Mann ins Bett bekommen möchte, kann ihn das also ziemlich direkt wissen lassen. Eine Frau kann einem Mann gegenüber durchaus Dinge sagen oder tun, die einer Frau gegenüber vulgär und unangebracht wären. »Ich will dich« – mit Worten oder mit subtiler Körpersprache kommuniziert – wirkt beim Mann Wunder. Und es kann nicht schaden, noch hinzuzufügen: »Und zwar jetzt!«

Yin bewegt sich abwärts wie Wasser, das von oben nach unten fließt. Darum müssen Frauen meist vom Kopf her inspiriert werden, um sich sexuell zu öffnen. Sie müssen die Gesellschaft des Mannes genießen, ihn schätzen und das Gefühl haben, dass er und die Situation für sie stimmen. Um die Sexualität einer Frau anzuregen (und den Yin-Aspekt eines Mannes), muss man bei ihr Herz und Kopf ansprechen, bevor die Energie dann zu den Genitalien hinabsinken kann. Wenn sich ihr Herz öffnet, öffnen sich auch ihre Beine.

Unter gewissen Umständen funktioniert auch eine direkte Stimulation der weiblichen Genitalien, doch erst wenn Kopf und Herz mit ins Spiel kommen, kann sich die weibliche Sexualität voll entfalten. Deshalb ist »Ich bete dich an« mehr zu empfehlen als »Ich will dich«. Frauen müssen außerdem oft erst ihre emotionalen Spannungen und Konflikte auflösen, bevor sie sich wohl genug fühlen, um sich auf Sex einzulassen.

Für Männer gilt auch hier wieder das Gegenteil: Sexuelle Erregung führt bei ihnen dazu, dass sie sich im Lot mit sich selbst und der Welt fühlen. Wenn also Ihr Mann unmittelbar nach einem Streit mit Ihnen ins Bett gehen möchte, sollten Sie verstehen, dass das im Grunde genommen ein Kompliment für Sie ist. Auch wenn es unzeitig und ungeschickt erscheint, bedeutet es doch, dass er bereit ist, sein Herz zu öffnen und wieder intim zu werden. Da sich die Yang-Energie von den Genitalien zum Herzen und zum Kopf bewegt, ist es für einen Mann leichter, sich emotional zu öffnen, wenn er sexuell stimuliert worden ist.

Natürlich sind auch das wieder Verallgemeinerungen. Frauen, die sehr Yang-orientiert sind, können spontanen Sex mit unbekannten Männern lustvoll finden. Yin-betonte Männer dagegen brauchen möglicherweise eine Frau, die sie respektieren und lieben, um sich angetörnt zu fühlen. Aber in den meisten Fällen entsprechen die alten Klischees eben doch der Wahrheit: Frauen brauchen einen Grund, Männer nur eine Gelegenheit. Frauen brauchen Liebe, bevor sie für Sex bereit sind; Männer brauchen Sex, bevor sie zur Liebe bereit sind. All das liegt daran, dass die Yin-Energie sich schrittweise dorthin bewegt, wo die Yang-Energie ihren Ausgang nimmt.

Langsam oder schnell

Yang ist wie Feuer und lässt sich rasch entzünden. Yin ist eher wie Wasser und es dauert lange, bis es zum Kochen kommt. Daher bekommt man von einem Mann sehr schnell ein Ja. Frauen benötigen normalerweise einen längeren Prozess der Verführung. Ein Abendessen bei Kerzenschein, ein

Spaziergang im Mondlicht, ein Tanz zu langsamer Musik, Blumen – all die bekannten romantischen Zutaten dienen dem Zweck, die weibliche Sexualität langsam anzuregen. Für einen ungeduldigen, Yang-getriebenen Mann mag das als reine Zeitverschwendung erscheinen. Doch der langsame Aufbau wird durch ein anderes Merkmal ausgeglichen: Wenn eine Frau erst einmal heiß geworden ist, bleibt sie es auch lange. Wieder passt der Vergleich von Feuer und Wasser: Der Unterschied ist derselbe wie zwischen dem Löschen eines Feuers und dem Abkühlen kochenden Wassers.

Entsprechend den sekundären Wesenszügen lässt sich der Yang-Aspekt der weiblichen Sexualität schnell entzünden und der Yin-Aspekt des Mannes benötigt entsprechend mehr Zeit. Frauen stellen oft fest, dass ihre Männer überraschend zögerlich reagieren, wenn sie selbst sexuell aggressiv werden. Das liegt daran, dass sie damit in die empfangende Yin-Position kommen, und Yin braucht länger zum Aufwärmen. Dies erklärt auch ein weiteres bekanntes Phänomen, warum ältere Männer mehr Stimulation brauchen. Beim Älterwerden geht mehr und mehr Yang-Kraft verloren, sodass der männliche Körper stärker Yin-orientiert wird.

Mit einem Wort: Wer einen typischen Mann verführen möchte, kann sich an ihn heranmachen, sobald er zur Tür hereinkommt; wer eine typische Frau verführen möchte, sollte früh damit anfangen und einige Zeit dafür einplanen.

Innen oder außen

Yang wird von äußeren Qualitäten stimuliert, Yin von inneren. Männer lassen sich von dem ansprechen, was unmittelbar sichtbar ist, wie ein schönes Gesicht und eine attraktive Figur. Die Form eines Pos und die Größe einer Brust sind ihnen wichtig, weil Yang auf alles achtet, was hervortritt.

Natürlich schauen sich auch Frauen gern gutgebaute Männerkörper an und so manche werden schwach beim Anblick muskulöser Arme und knackiger Hintern. Das ist auf ihren Yang-Aspekt zurückzuführen. Doch Männer besitzen in der Regel mehr Yang als Frauen, weshalb sich *Playboy* und *Penthouse* millionenfach verkaufen, während *Cosmopolitan* und *Vogue* dieselbe Auflagenhöhe ohne nackte Männerkörper erreichen.

Überwiegend Yin-geprägte Frauen lassen sich vor allem vom Verborgenen, Inneren anziehen. Es ist ihnen wichtig, wie ein Mann denkt und fühlt. Sie suchen Qualitäten, die Bestand haben, wie Stabilität, Loyalität und Integrität. Vielleicht könnte jetzt jemand einwenden, dass Frauen durchaus auch auf Äußerlichkeiten achten, wie zum Beispiel schicke Autos und andere Insignien des Reichtums. Aber das sind Symbole für langfristige Sicherheit und damit für eine typische Yin-Sehnsucht.

Mädchen lernen, wie sie die Aufmerksamkeit der Jungs auf sich lenken, Jungs lernen, sich wie Gentlemen zu benehmen. Mädchen kaufen Make-up und enge Röcke, Jungs denken sich Sätze zum Anbaggern aus. Frauen kaufen sexy Unterwäsche, Männer kaufen Blumen. Das sind nicht etwa willkürliche gesellschaftliche Muster, darin spiegeln sich vielmehr die Kräfte von Yin und Yang.

Die Sprache der Liebe

Könnten Sie sich bei Shakespeares berühmter Balkonszene vorstellen, dass Julia Romeo ihre Liebe erklärt? Würden wir Cyrano de Bergeracs Sehnsüchte mitfühlen, wenn es sich um eine Frau handeln würde, die einem Mann Liebesbriefe schreibt? Oder hätte Mae Wests berühmter Ausspruch »Come up and see me sometime« (»Komm doch mal hoch zu mir«) so viel Aufsehen erregt, wenn er von Cary Grant geäußert worden wäre?

In der Palette der Verführungskünste kommt Worten eine besondere Bedeutung zu. Aber es ist wichtig, sie richtig einzusetzen – nämlich im Hinblick auf den primären Wesenszug des Partners. Romantik – sei es nun in Liebesbriefen, Liedern, Gedichten oder Grußkarten – kommt bei Yin gut an, während Yang sich von großspurigen Sprüchen und schamlosem Anbaggern angesprochen fühlt.

Yin und Yang neigen auch zu unterschiedlichen Phantasievorstellungen – die ja ein wichtiges Element in der Kunst der Verführung sind. Das Verlangen beider Geschlechter lässt sich durch Worte durchaus wecken und steigern. Das oberflächliche, handlungsorientierte Yang reagiert dabei jedoch eher auf visuelle Reize wie zum Beispiel einen kurvenreichen Körper, abenteuerliche Szenen oder exotische Hintergründe. Yin dagegen bevorzugt romantische Phantasien, vor allem Liebesgeschichten mit Happyend. Schließlich: Wer liest Pornos und wer Liebesromane?

Worte für Sie und Ihn

Im Allgemeinen spielen Worte bei der Verführung von Frauen eine größere Rolle, denn Sprache wendet sich an den Kopf, von wo aus die Energie durch Yin ins Herz und in den Genitalbereich geleitet wird. Sprechen Sie also über etwas, das die weiblichen Ängste besänftigt – über Sie, die Umstände und die Zukunft. Verhelfen Sie Ihrer Partnerin zu glücklichen, fröhlichen und erregten Gefühlen in Bezug auf sich selbst und ihre Liebesaussichten, denn Freude öffnet das Herz. Regen Sie ihre Yin-Energien mit Phantasievorstellungen an. Erzählen Sie ihr zum Beispiel, wie sehr Sie sich darauf freuen, sie in ihrem neuen Kleid zu sehen. Oder malen

Sie ihr in den schönsten Farben die romantische Reise aus, die Sie zusammen unternehmen werden.

Sie können auch eindeutig sexuelle Bilder beschwören. Sagen Sie ihr ruhig, dass Sie mit ihr ins Bett gehen möchten, und fügen Sie erregende Andeutungen hinzu. Aber denken Sie daran: Sätze wie »Ich möchte dich bumsen bis zum Umfallen« funktionieren bei den meisten Frauen nicht besonders gut, es sei denn, sie wäre bereits ziemlich erregt. Yin möchte eher hören, dass Sie sie langsam und zärtlich am ganzen Körper küssen werden. Beginnen Sie den Verführungsprozess schon Stunden oder sogar Tage zuvor. Wenn Sie sie in ihrer Erwartung schmoren lassen, wird sie Ihnen schließlich wie eine reife Frucht in den Schoß fallen.

Da Yin das *Sein* verkörpert, möchten Frauen gerne dafür anerkannt werden, wer sie sind und welche natürlichen Gaben sie haben. Sagen Sie ihr Dinge wie: »Ich mag dich, weil du so lieb und natürlich bist.« – »Mein Leben wird so viel strahlender durch dich.« – »Allein schon der Gedanke an dich macht mich glücklich.« Und denken Sie daran, konkrete Beispiele anzuführen.

Männer dagegen reagieren stark auf sexuelle Wörter. Wenn die Yang-Energie erst einmal erweckt ist, bewegt sie sich hinauf zum Herzen und zum Kopf, und selbst schweigsame Typen neigen dann dazu, poetische Liebeserklärungen von sich zu geben.

Sagen Sie ihm, wie sehr Sie ihn als Liebhaber schätzen. Flüstern Sie ihm zu, dass Sie feucht werden, wenn Sie nur an das letzte Mal denken, und dass Sie schon ganz heiß auf das nächste Mal sind. Sie können auch noch ein paar konkrete Details hinzufügen, um seine Vorstellungskraft anzuregen. Sinnliche Phantasien stimulieren die Yang-Energie, also erzählen Sie ihm, wie Sie riechen und was – wenn überhaupt – Sie anhaben werden.

Weil Yang handlungsorientiert ist, hören Männer gern, dass ihr *Tun* bewundert wird. Zeigen Sie Ihrem Partner, dass Sie ihn für kompetent und fähig halten. Erkennen Sie seine Leistungen an und sagen Sie ihm, wie viel es ihnen bedeutet. »Ich staune, wie viel du heute Morgen geschafft hast.« – »Wow, das war einfach Klasse!« Sätze wie diese, mit leuchtenden Augen gesprochen, wirken bei Yang Wunder. Loben Sie ihn für seinen Mut. Bewundern Sie ihn dafür, wie er seinen Mann steht oder wie er in einer besonderen Krise reagiert hat. »Mein Held!« bringt in jedem Mann den Ritter in glänzender Rüstung zum Vorschein und weckt seine sexuelle männliche Kraft.

Vergessen Sie dabei jedoch nicht die sekundären Wesenszüge. Um in einer langfristigen Beziehung ein harmonisches Gleichgewicht zu erhalten, sollten Männer die Yang-Energien der Frau kräftigen, indem sie ihre Leistungen anerkennen, und Frauen die Yin-Energien des Mannes, indem sie schätzen, wer er ist.

Hier folgen nun einige Grundregeln für die Verführung, die auf den Merkmalen von Yin und Yang beruhen. Sie können dazu beitragen, dass Ihre sexuelle Beziehung stärker, intimer, dauerhafter und befriedigender wird.

Wie man eine Frau verführt

1. Lassen Sie Ihre Phantasie spielen. Sie geben Ihrer Frau ja auch nicht jedes Jahr dasselbe Geburtstagsgeschenk, warum also sollten Sie Ihr Liebesspiel jedes Mal auf dasselbe Muster, denselben Ort und dieselbe Zeit beschränken? Gestalten Sie Ihre Verführungen so einfallsreich wie Ihre Geburtstagsgeschenke – nur um einiges häufiger.

2. Beginnen Sie frühzeitig. Wenn Sie möchten, dass sie am Abend für eine sexuelle Begegnung bereit ist, dann rufen

Sie schon mittags bei ihr an. Sagen Sie ihr, wie sehr Sie sich auf sie freuen. Lassen Sie ihr Blumen schicken. Schicken Sie ihr einen Liebesbrief per E-Mail oder hinterlassen Sie ein romantisches Gedicht auf dem Anrufbeantworter.

3. Bereiten Sie romantische Abenteuer vor. Lassen Sie sich dabei von ihren Interessen leiten. Wenn sie Kunst mag, laden Sie sie zu einer Ausstellung ein. Wenn sie gerne spazieren geht, schlagen Sie ihr einen Mondspaziergang in einem ruhigen Park vor. Wenn sie gerne gut isst, führen Sie sie in ein Restaurant aus, das sie schon immer einmal besuchen wollte.

4. Beginnen Sie mit dem Kopf. Denken Sie daran, Yin bewegt sich von oben nach unten. Regen Sie ihre romantischen Phantasievorstellungen an. Überzeugen Sie ihren Verstand, dass Sie aufrichtig und zuverlässig sind. Öffnen Sie ihr Herz, indem Sie ihr sagen, wie viel sie Ihnen bedeutet. Wenn sie sich glücklich und sicher fühlt, kann sich die Yin-Kraft ungehindert entfalten.

5. Verwenden Sie Worte. Teilen Sie ihr auf immer neue Weise mit, wie sehr Sie das schätzen, was sie ist und was sie Ihnen gibt.

6. Lassen Sie sich Zeit. Frauen mögen es nicht, wenn sie das Gefühl haben, dass Sex von ihnen verlangt oder erwartet wird, bevor sie dazu bereit sind. Wenn Sie zu schnell vorgehen, kann ihr Yin-orientierter Körper möglicherweise nicht Schritt halten.

7. Lassen Sie sie warten. Machen Sie keine Avancen, wenn sie es eigentlich erwartet. Erwartung und Neugier können eine überaus köstliche Spannung erzeugen. Ziehen Sie sich zum Beispiel nach dem ersten Anlauf erst einmal wieder zurück, damit sie sich fragt, ob Sie jemals zur Sache kommen werden.

8. Schenken Sie ihr Dinge, die sie sich wünscht, nicht etwas, von denen Sie möchten, dass sie es besitzt.
9. Seien Sie ihr Held. Fragen Sie sich, was Sie ihr geben könnten, damit sie sich sicher, behütet und verzaubert fühlt. Was fehlt ihr, was ihr ein romantischer Prinz geben könnte? Auch wenn Sie sich nicht besonders heroisch vorkommen, tun Sie einfach so als ob. Seien Sie wenigstens ritterlich. Fehlt Ritterlichkeit in Ihrer Romanze? Erwecken Sie sie!
10. Zeigen Sie ihr Ihre Anerkennung. Achten Sie auch auf Kleinigkeiten – die Art, wie sie sich schön macht, wie sie mit den Kindern umgeht, wie sie Ihr Leben interessanter oder angenehmer gestaltet. Aber vermeiden Sie es, sie einfach nur mit Komplimenten zu überschütten, um sie ins Bett zu bekommen. Solche Taktiken wird sie schnell durchschauen. Machen Sie Ihre Wertschätzung ihr gegenüber immer wieder deutlich, auch wenn Sie gerade keine besonderen Absichten haben.
11. Seien Sie humorvoll. Lachen schenkt Geborgenheit und zerstreut Ängste – und Ängste hemmen sexuelle Gefühle.
12. Informieren Sie sich. Lesen Sie ein paar Liebesromane oder Frauenzeitschriften, die sie mag, und schauen Sie sich einige Filme an, die bei Frauen gut ankommen – oder zumindest bei Ihrer Partnerin und ihren Freundinnen. Achten Sie darauf, welche Taktiken die Männer darin anwenden.
13. Fragen Sie sie selbst, wie sie gerne verführt werden möchte. Frauen können komplizierte Wesen sein und sind manchmal nicht leicht zu durchschauen. Oft erfahren Sie durch eine offene Frage am meisten.

Wie man einen Mann verführt

1. Kommen Sie direkt zur Sache. Denken Sie daran, dass sich die Yang-Energie bei Männern von unten nach oben bewegt. Stimulieren Sie seine Sexualität und die Energie wird dann auch Herz und Kopf erwecken.
2. Zeigen Sie ihm Ihr sexuelles Interesse, während Sie noch in der Welt unterwegs sind. Es muss ja nicht gleich Sex zwischen Cocktail und Vorspeise sein, aber wenn Sie Andeutungen darüber machen, woran Sie gerade denken, wird er nicht nur entzückt sein, sondern sich auch schon mal überlegen, wie er Sie befriedigen kann, wenn Sie erst zu Hause sind.
3. Überraschen Sie ihn mit sexuellen Avancen. Legen Sie Ihre Hand auf seine Hüfte oder lehnen Sie sich an ihn, wenn er es am wenigsten erwartet – zum Beispiel während Sie in einer Schlange warten oder bei einem Geschäftsessen. Manche Männer törnt es auch an, wenn Sie ihnen in der Öffentlichkeit etwas Freches zuflüstern wie zum Beispiel: »Stell dir vor, ich habe kein Höschen an!« Oder fahren Sie noch ein stärkeres Geschütz auf: Reservieren Sie ein Hotelzimmer für die Mittagspause. Besuchen Sie ihn im Büro und ziehen Sie dort hinter verschlossener Tür einen kleinen Strip vor ihm ab. Oder ziehen Sie sich für einen Quickie ins Schlafzimmer zurück, während die Kinder ihre Hausaufgaben machen. Selbst wenn Sie die Überraschung schon Tage im Voraus planen, wird sie doch spontan und erregend wirken.
4. Weisen Sie seine Avancen nicht immer automatisch zurück. Wenn er Sie zu einer ungünstigen Zeit anmacht, sollten Sie nicht mit Ärger oder Kritik reagieren, sondern ganz im Sinne der Yin-Energie die Situation nach ihren Wünschen transformieren. Sagen Sie ihm zum Beispiel, dass Sie es toll finden, dass er etwas von Ihnen

will, und bitten Sie ihn, nur einen Augenblick zu warten, bis Sie diesen wichtigen Anruf erledigt oder die Kinder ins Bett gebracht haben. Dann werden Sie sich ihm ganz widmen – in diesem aufregenden Negligé, das er Ihnen zum letzten Geburtstag geschenkt hat.
5. Erschaffen Sie Rituale. Verführung muss nicht immer neu oder überraschend sein. Die sanften Gesten, mit denen langjährige Paare sich gegenseitig wissen lassen, dass sie zum Sex bereit sind, haben ebenfalls ihren Reiz. Diese ruhige, individuelle Form der Verführung ist stark Yin-orientiert, doch wenn man sie zur richtigen Zeit einsetzt, kann sie zu einer Yang-Explosion erotischer Liebe führen.
6. Auch Männer mögen es, verführt zu werden. Ihre Yin-Energie genießt den langsamen, genussvollen Verführungsprozess, wie Frauen ihn lieben.

Yin und Yang im Schlafzimmer

Sexualität im Einklang mit den Prinzipien von Yin und Yang schenkt dauerhaft Genuss, Befriedigung und Gesundheit. »Yin und Yang stimulieren und befruchten sich gegenseitig«, wussten bereits die Lehrer des Gelben Kaisers. »Yang ohne Yin ist ohne Freude, Yin ohne Yang ist ohne Kraft.«

Das ideale Muster sexueller Interaktion ist im Fortpflanzungsmodell enthalten und sieht in etwa so aus: Unabhängig davon, wer von beiden den sexuellen Akt initiiert (Yang-Funktion), ist es die Rolle des Mannes, großzügig zu geben; die Frau empfängt und transformiert seine Gaben im Prozess des gemeinsamen Liebesspiels. Wenn sie nicht empfänglich ist, geschieht nichts; doch wenn sie mit Leidenschaft auf ihn reagiert, facht sie die sexuelle Flamme an und sorgt so dafür, dass die Erfahrung für beide erfüllend wird. Sobald die Frau auf den Mann reagiert hat, nimmt er ihre Reaktion entgegen, verarbeitet sie innerlich und gibt ihr wiederum mit erhöhter Energie und Kreativität. Dieses Geben und Nehmen setzt sich fort, bis beide völlig befriedigt und gesättigt sind.

Idealerweise sollte sich jeder der Partner sowohl in der Yin- wie auch in der Yang-Rolle wohl fühlen. Entscheidend sind jedoch auf jeden Fall ihre primären Wesensqualitäten. Ein Mann, der mit seiner Yang-Energie vertraut ist, wird die Bedürfnisse seiner Frau erforschen und ihr liebevoll geben, was sie braucht. Wenn sie sich nach einem Orgasmus sehnt, findet er eine Möglichkeit, sie zu befriedigen. Wenn sie Zärtlichkeit, Kuscheln oder liebe Worte möchte, gibt er ihr genau das. Yin gibt immer, nachdem es empfangen hat. Wenn eine Frau das Gefühl hat, dass ihr reich gegeben wurde, wird sie überreich zurückgeben.

Ein Mann, der Yang-orientiert wirkt, sich dabei aber selbstzentriert verhält, wird seinem primären Wesenszug nicht wirklich gerecht. Wenn ein Mann nach einem anstrengenden Tag angetörnt nach Hause kommt, seine Frau ins Bett zieht und sie durchbumst, als müsste er ein Rennen gewinnen, ist er zwar aggressiv und kreativ, doch er gibt, was *er* will, nicht das, was seine Frau braucht oder verarbeiten kann. Vielleicht war sie sogar in der Stimmung für Sex. Möglicherweise hat sie sich den ganzen Tag über nach ihm gesehnt. Doch nun ist sie von seinem brutalen Vorgehen abgestoßen, und ihr Körper wird nicht auf ihn antworten. Selbst wenn er es schafft, sie zu einem Orgasmus zu bringen, wird diese Erfahrung insgesamt ihre Yin-Bedürfnisse nicht befriedigen. Statt sich ihm näher zu fühlen, ist sie wahrscheinlich ziemlich ernüchtert und fühlt sich nicht geschätzt.

Behandelt ein Mann seine Frau häufig auf diese Weise, wird sie vermutlich das Interesse an Sex völlig verlieren, da dies für sie emotional unbefriedigend ist. Der Mann hat dann oft das

Gefühl, dass seine Frau ihm nicht gibt, was er will. In Wahrheit liegt das Problem aber nicht darin, dass sie nicht geben kann oder will; vielmehr geht es darum, dass sie nicht in der Lage ist, das zu empfangen und zu verarbeiten, was *er ihr gibt*.

Eine Frau, die mit ihren Yin-Kräften verbunden ist, kann ihre Bedürfnisse erforschen und ihrem Partner helfen, sie zu erfüllen. Oberflächlich betrachtet wirkt ihre Empfänglichkeit dann vielleicht unterwürfig, als ob sie ihre Kraft aufgeben würde, indem sie sich sexuell dem Mann hingibt. Doch durch genau diesen Prozess des Öffnens und der Hingabe erfüllt eine Frau ihre weibliche Natur. Die transformierende Kraft von Yin kann selbst einen Schwächling in einen wahren Helden verwandeln: Es gibt für einen Mann kein stärkeres Aphrodisiakum als das Gefühl, von seiner Frau begehrt zu werden. Wenn er weiß, dass er auf sie wirkt, motiviert ihn das ungemein.

Lebt eine Frau ihre Yin-Energie nicht wahrhaft, kann sie im Bett nicht wirklich empfänglich sein und wird sich ihrem Mann einfach nur fügen. Oder sie wird sexuell aggressiv und bevorzugt kurze, auf einen Orgasmus abzielende Begegnungen. Oberflächlich gesehen ist dies für einen Mann reizvoll. Doch wenn sich dies zu lange fortsetzt, wird es ihn daran hindern, sich in Übereinstimmung mit seiner Männlichkeit zu verhalten, da ihm ein empfangender Gegenpol fehlt.

Für das Verständnis von Yin und Yang ist es wichtig zu wissen, dass Yin empfänglich ist, nicht etwa passiv. Es lässt die Dinge nicht einfach nur geschehen, ohne sich daran zu beteiligen. Im Gegenteil, es ist stets stark involviert, da es alles beeinflusst, mit dem es in Kontakt kommt. Gleichzeitig lässt es sich ebenso von allem beeinflussen, was es erfährt. Der viktorianische Rat an die Frauen, sich hinzulegen, die Augen zu schließen und an die Ehre Englands zu denken, war deshalb niemals ein Ausdruck wahrer Yin-Kraft.

Wichtige Regeln für Höheren Sex

Hier sind einige grundlegende – und überaus wirkungsvolle – Regeln, die auf den Prinzipien von Yin und Yang basieren. Sie werden dazu beitragen, Ihr Sexualleben leidenschaftlicher, liebevoller, gesünder und lebendiger zu machen.

Was Sie als Frau tun sollten

1. Lernen Sie, Ihren Körper und seine innere Bereitschaft zu respektieren. Achten Sie auf seinen Rhythmus und darauf, wie er auf Stimulation reagiert. Lassen Sie es beispielsweise Ihren Partner wissen, dass Sie mehr Zeit brauchen, wenn Sie noch nicht ausreichend erregt sind. Es ist weder hilfreich noch gesund, Ihren Körper und seine Erregungskurve zu ignorieren.
2. Seien Sie sich dessen bewusst, wenn Sie ein Bedürfnis nach emotionaler Sicherheit beim Sex haben. Wirkliche Empfänglichkeit setzt Vertrauen voraus. Dieses Vertrauen kann natürlich nur gemeinsam aufgebaut werden, doch Sie müssen selbst Verantwortung für diesen Prozess übernehmen.
3. Unterstützen Sie Ihren Partner. Es ist sehr wichtig, dass Sie ihn über Ihre Wünsche und Bedürfnisse informieren.
4. Lassen Sie es zu, wenn Ihr Partner Schwachstellen in Ihrem Sexleben »reparieren« möchte. Yang verbessert die Dinge gern. Geben Sie ihm Feedback, damit er Ihre Bedürfnisse besser kennen lernt. Wenn Sie Kritik äußern wollen, dann versuchen Sie, diese in positives Feedback einzubauen: »Ich mag es gern, wenn du…«, dann »Mir wäre lieber, wenn du…« und schließlich »Am stärksten reagiere ich, wenn…«
5. Öffnen Sie sich stets so weit wie im Augenblick möglich.

6. Übernehmen Sie auch einmal die Yang-Rolle (bestimmend und erforschend). Wenn Sie die Rollen und Verantwortlichkeiten tauschen, werden Sie mehr Einfühlungsvermögen für Ihren Partner entwickeln. Dies ist außerdem ein gutes Rezept für abwechslungsreichen und aufregenden Sex.
7. Lassen Sie Ihren Partner wissen, was Sie an ihm und seinem sexuellen Verhalten mögen.
8. Sagen Sie es ihm einfach, wenn Sie Lust auf Sex haben, auch wenn er gerade mit anderen Dingen beschäftigt ist. Es gibt keinen stärkeren sexuellen Anreiz für einen Mann als das Bewusstsein, dass seine Frau ihn begehrt.
9. Empfänglichkeit ist stets wirkungsvoller als Ablehnung. Es ist die Rolle der Yang-Energie, neues Territorium zu erobern. Wenn Ihr Partner ein neues Verhalten ausprobiert, das Ihnen unangenehm ist, versuchen Sie es möglichst anzunehmen und zu verändern, statt es sofort abzulehnen. Damit haben Sie mehr Optionen und können sich über einen gemeinsamen Kompromiss Gedanken machen.
10. Übernehmen Sie die Verantwortung für Ihren eigenen Orgasmus. Sagen oder zeigen Sie Ihrem Partner, was Sie möchten, oder tun Sie es selbst. Das nimmt Ihrem Partner die alleinige Last der Verantwortung und Sie werden sich stärker fühlen, da Sie die Kontrolle behalten.
11. Suchen Sie eine klärende Aussprache mit Ihrem Partner, falls er Intimität und Sex für längere Zeit vermeidet.

Was Sie als Frau nicht tun sollten

1. Lassen Sie Ihren Partner nicht in Sie eindringen, wenn Sie es nicht wirklich wollen. Nach der Traditionellen Chinesischen Medizin kann es auf lange Sicht zu einer

Reihe gynäkologischer Probleme führen, wenn Ihre Psyche negativ eingestellt ist, selbst wenn Ihr Körper positiv reagiert.

2. Verurteilen oder kritisieren Sie Ihren Partner nicht, wenn er etwas Neues ausprobiert und es nicht beim ersten (oder auch beim zweiten und dritten) Mal klappt. Denn grundsätzlich ist es seine Aufgabe (Yang), Ihr gemeinsames sexuelles Repertoire zu erweitern, und Ihre Aufgabe (Yin), ihn wissen zu lassen, was funktioniert und was nicht.

3. Seien Sie Ihrem Partner nicht zu Willen, wenn Sie nicht wirklich bereit dazu sind. Sie verdienen beide Achtung und Respekt, und durch ein solches Verhalten wird Ihr Interesse am Sex auf die Dauer eher nachlassen. Es gibt viele kreative Wege, wie Sie ihm behilflich sein können, damit er Befriedigung bekommt, zum Beispiel durch körperliche oder verbale Stimulation bei seiner Selbstbefriedigung. Offene Kommunikation und Flexibilität sind dabei sehr wichtig.

4. Sie sollten sich nicht beeilen, um zum Orgasmus zu kommen. Ein solches Verhalten ist eher typisch für Yang. Wirkliche Empfänglichkeit bedeutet, die Dinge geschehen zu lassen, ohne sie zu forcieren.

5. Lassen Sie es nicht zu, wenn Ihr Partner Sexualität nur als Ventil benutzt, denn dadurch verliert der sexuelle Akt seine Bedeutung. Wenn er mit Sex seine Spannungen abbauen möchte, dann versuchen Sie, den Akt in ein entspannendes intimes Abenteuer zu verwandeln. Nehmen Sie die Energie, die von ihm kommt, um daraus einen wirklichen Austausch zu entwickeln.

6. Auch Angst oder Ärger sollten Ihr Sexleben nicht für längere Zeit unterbrechen. Wenn Sie solche Gefühle haben, dann sollten Sie einen Weg suchen, um mit Ih-

rem Partner offen darüber zu sprechen. Ihre wahre Kraft liegt darin, offen, ehrlich und sexuell zu sein, nicht darin, Konflikte und Sex zu vermeiden.

Was Sie als Mann tun sollten

1. Respektieren Sie Ihre Sexualität. Nehmen Sie sich ausreichend Zeit für ein gutes, aktives Sexleben. Es ist nicht gerade das Beste, Sex nur spät nachts zu initiieren, wenn Sie und Ihre Partnerin bereits müde sind.
2. Widmen Sie sich der Erweiterung und Verbesserung Ihres sexuellen Repertoires, unabhängig davon wie gut oder erfahren Sie als Liebhaber bereits sind. Wie im Geschäftsleben ist es auch im Sexleben für den Erfolg sehr wichtig, innovativ und für Neues aufgeschlossen zu sein.
3. Beginnen Sie Ihre sexuellen Ouvertüren mit Worten und Gesten, bevor Sie auf die körperliche Ebene gehen. Ihre Partnerin wird auf diese Weise stärker erregt und eher bereit sein.
4. Ihre Partnerin hat Ihnen viel über Ihr sexuelles Miteinander zu sagen. Hören Sie ihr zu und helfen Sie ihr dabei, die Dinge so zu kommunizieren, dass Sie etwas damit anfangen können und damit Sie sich inspiriert und nicht kritisiert fühlen.
5. Gestatten Sie sich, gelegentlich die empfängliche Rolle zu übernehmen. Wenn Sie mit Ihrer Partnerin die Rollen tauschen, wird Ihnen dies helfen, mehr Einfühlungsvermögen für sie zu entwickeln. Möglicherweise werden Sie auch angenehm überrascht sein...
6. Nehmen Sie sich viel Zeit und bedenken Sie, dass der weibliche Körper oft langsamer reagiert als der männliche. Lassen Sie Ihrer Partnerin Zeit, sich in ihrem eigenen Rhythmus zu öffnen.

7. Teilen Sie Ihrer Partnerin mit, was Sie an ihr mögen, an ihrem Aussehen, ihrer Sexualität, ihrem Verhalten im Bett oder in anderen Bereichen Ihres gemeinsamen Lebens.
8. Suchen Sie eine Aussprache mit Ihrer Partnerin, wenn Sie das Gefühl haben, dass sie Sex und Intimitäten meidet.
9. Sagen Sie es Ihrer Partnerin offen, falls sie etwas getan oder nicht getan hat, was für Sie schmerzhaft war. Lassen Sie sich von ihr trösten und bemuttern. Geheimnisse jeder Art können das Liebesleben sabotieren.
10. Geben Sie Ihrer Partnerin, was sie will, nicht was Sie denken, dass sie wollen sollte. Wenn sie sagt oder andeutet, dass sie ein bestimmtes Verhalten genießt, sollten Sie es ihr glauben.
11. Seien Sie kreativ. Sehr kreativ. Überraschen Sie Ihre Frau im Bett immer wieder mit neuen Variationen.
12. Teilen Sie Ihrer Partnerin mit, was Sie sexuell bevorzugen. Wenn sie nicht weiß, wie sie Sie befriedigen kann, zeigen Sie es ihr. Wenn Sie sich damit nicht wohl fühlt, schlagen Sie ihr für den Anfang ganz kleine Schritte als Alternativen vor. Später wird sie dann möglicherweise auch zu mehr bereit sein.
13. Verhalten Sie sich wie der Mann, in den sie sich verliebt hat. Die Art und Weise, wie Sie sie anfangs erregten und verführten, wird auch später noch funktionieren.

Was Sie als Mann nicht tun sollten

1. Machen Sie es Ihrer Partnerin nicht zu schwer, Ihnen zu sagen, was sie braucht. Sie kann Sie dabei unterstützen, ein besserer Liebhaber für sie zu sein. Stellen Sie sich vor, wie befriedigend es für Sie sein wird, sie immer öfter rasend vor Leidenschaft zu erleben.

2. Bestehen Sie nicht auf »Alles oder Nichts«. Wenn Sie unter Sex nur Geschlechtsverkehr und Orgasmus verstehen, beschränken Sie Ihre kreativen Möglichkeiten.
3. Ignorieren Sie beim Sex niemals das Verhalten Ihrer Partnerin. Achten Sie genau auf ihre Reaktionen.
4. Lassen Sie Sex nicht zu einem rein körperlichen Akt werden, während Sie innerlich ganz woanders sind. Lassen Sie sich auf die Erfahrung innerlich ein und teilen Sie Ihrer Partnerin offen mit, wie weit sie sich im Moment beteiligen können. Auch Ihre Partnerin kann einmal die Verantwortung für ihre Sexualität übernehmen, wenn Sie sich zu irgendeinem Zeitpunkt nicht dazu in der Lage fühlen.
5. Verzichten Sie auf sexuelle Aktivitäten, wenn Sie erschöpft sind. Wenn Sie dabei gleichzeitig eine starke Begierde spüren, kann das ein Zeichen dafür sein, dass Sie Ihre sexuelle Kraft während des Tages völlig verausgabt haben. Beschränken Sie sich dann auf Kuscheln oder gehen Sie gleich schlafen.
6. Arbeit oder sonstige Verpflichtungen sollten niemals Ihr Sexualleben völlig in den Hintergrund drängen.
7. Sie sollten keinen Geschlechtsverkehr mit einer Frau haben, die es nicht wirklich will. Finden Sie heraus, wie weit sie gehen möchte, und lassen Sie es sich von diesem Punkt aus entwickeln, ohne etwas zu forcieren.
8. Sie sollten Ihrer Partnerin nicht die Kontrolle über Ihr Sexleben überlassen. Rollentausch kann aufregend sein, aber auf Dauer widerspricht er den natürlichen Tendenzen von Yin und Yang. Die Partnerin sollte nicht diejenige sein, die *alle* sexuellen Aktivitäten initiiert und bestimmt. Wenn sie darauf besteht, ist möglicherweise ein ernsthaftes Gespräch angesagt.

Eine Energieübung

Um Ihren primären energetischen Aspekt zu stärken, nehmen Sie sich mindestens einmal täglich ein bis drei Minuten Zeit für die folgende Übung. Sie gibt Ihnen die Gelegenheit, mehr über die Dualität von Yin und Yang zu erfahren und sich Ihrer eigenen Natur stärker bewusst zu werden.

Suchen Sie sich ein Bild von einem Menschen des anderen Geschlechts, den oder die Sie attraktiv finden und der oder die für Sie die entsprechenden Qualitäten verkörpert. Das kann jemand sein, den oder die Sie gut kennen, aber auch ein völlig fremder Mensch, ganz oder teilweise bekleidet oder völlig nackt. Es geht bei dieser Übung nicht um sexuelle Erregung, sondern um die Erfahrung tieferer Aspekte Ihrer sexuellen Identität.

Wählen Sie einen Zeitraum aus, in dem Sie nicht gestört werden. Wandern Sie mit Ihren Augen dann langsam über das gesamte Bild. Lassen Sie die Qualitäten des anderen Geschlechts auf sich wirken, das Funkeln der Augen, die Konturen des Körpers, die Farbe und Struktur der Haut. Genießen Sie bewusst die Unterschiede im Vergleich zu Ihrem eigenen Geschlecht.

Atmen Sie tief und entspannt. Lassen Sie es zu, dass die Person auf dem Foto Ihnen genau das gibt, was Sie benötigen, um sich erfüllt, genährt und warm zu fühlen.

Sie können das Foto gern gegen ein neues austauschen, wenn es Ihnen nach einiger Zeit nicht mehr zusagt.

Das mag nach einer sehr einfachen Übung aussehen, doch sie hat bereits bei hunderten meiner Patienten zu wirkungsvollen Resultaten geführt, sogar bei chronischen Krankheiten und sexuellen Störungen. Es ist sehr heilsam für alle Wesensaspekte des Menschen, Energie vom anderen Geschlecht aufzunehmen, und sei es auch nur von einem Foto.

Ein Zehn-Minuten-Stelldichein

Hier ist eine weitere Übung, die Wunder wirken kann. Nehmen Sie sich als Paar die ersten zehn Minuten des Tages Zeit, um sich sexuell zu begegnen. Wie wir im nächsten Kapitel sehen werden, herrscht die Sexualität über das Herz, nicht umgekehrt. Sexuelle Stimulation am Morgen öffnet daher das Herz für den restlichen Tag. Halten Sie sich während dieser zehn Minuten eng umschlungen und richten Sie Ihre Aufmerksamkeit darauf, wie dankbar Sie für Ihre gemeinsame erotische Liebesbeziehung sind.

Ich empfehle für diese Zeit keinen schnellen, orgasmusorientierten Sex, außer Sie möchten es beide. Vielmehr geht es bei dieser Übung darum, zehn Minuten sexueller Verbindung zu spüren, bevor die Pflichten des Tages Sie trennen. Der Mann wird dabei vielleicht eine Erektion haben und die Frau mag feucht werden, aber es muss nicht zum Geschlechtsverkehr kommen. Falls Sie doch eine körperliche Vereinigung wünschen, lassen Sie Ihre Bewegungen so sanft und ruhig bleiben, dass es nicht zu einem Orgasmus kommt. Sexuelle Erregung ohne Orgasmus gibt Ihnen mehr Stärke – und erhält die Sehnsucht füreinander den ganzen Tag über aufrecht.

3.
Die Tempeltür öffnet sich

Energie, Anziehungskraft und Verlangen

Wann immer wir versuchen, etwas Einzelnes herauszugreifen, stellen wir fest, dass es mit allem anderen im Universum verbunden ist.
JOHN MUIR

HABEN SIE SICH schon einmal gefragt, warum sich Ihre sexuelle Lust von Zeit zu Zeit verändert? Warum Sie manchmal ein wildes Tier und zu anderen Zeiten eher ein kalter Fisch sind? Ist Ihnen bereits aufgefallen, dass Sie überhaupt keine Lust auf Sex haben, wenn Sie krank sind oder sich Sorgen machen? Und dass Sie nach einem üppigen Mahl viel zu träge dafür sind, auch wenn die Situation noch so romantisch und verlockend ist? Haben Sie schon einmal mit Erschrecken festgestellt, dass Sie trotz entsprechender Absichten keine sexuellen Gefühle entwickeln konnten, während es vielleicht einen Tag davor oder danach mit demselben Partner extrem leidenschaftlich und wild war? Nach den Lehren der Traditionellen Chinesischen Medizin werden diese Unterschiede durch den Zustand des Qi – genauer gesagt des sexuellen Qi – in unserem Körper verursacht.

Qi ist die ursprüngliche Lebenskraft, die einen lebendigen Körper von einem toten unterscheidet. Je mehr Qi, desto mehr Leben. Qi ist die zugrunde liegende Kraft, die alles Leben ermöglicht, und das Medium, durch das Entwicklung und Wachstum geschehen. In verdichteter Form bildet Qi den Körper aus; wird es gelöst, so wird Energie frei.

Das Qi erhält die strukturelle und funktionale Integrität des Körpers. Ist das Qi schwach, so sind wir nicht fähig, körperlich anstrengende Arbeiten zu vollbringen, weil uns die Kraft und die Ausdauer dafür fehlen. Qi belebt auch den Verstand und die Gefühle. Es ist der Funke hinter unserer Kreativität und Intelligenz, die überschäumende Energie hinter unserer Freude und es gibt uns die Kraft, mit Schmerzen fertig zu werden. Qi fließt kontinuierlich durch unseren Körper und nimmt dabei unterschiedliche Gestalt an. Es lässt das Herz schlagen, stimuliert das Nervensystem, reguliert den Metabolismus der Zellen, erzeugt Gedanken und Gefühle, steht hinter unserem Lebenswillen und hält unsere Fortpflanzungsfähigkeit aufrecht. Qi fließt nicht durch Gefäße, die anatomisch nachgewiesen werden können, so wie das Blut durch Arterien und Venen fließt, sondern bewegt sich durch Meridiane (Kanäle), die nicht mit dem Mikroskop oder dem Röntgengerät sichtbar gemacht werden können. Die westliche Wissenschaft steht in der Erforschung der Meridiane und ihrer Natur noch ganz am Anfang. So viel ist im Moment sicher: Es handelt sich – zumindest teilweise – um Strömungspfade elektromagnetischer Energie.

Ärzte, die nach dem System der chinesischen Medizin arbeiten, überprüfen bei einem Patienten zuerst die Stärke und Qualität des Qi und wie es sich durch den Körper bewegt. Daraus entsteht ein Gesamtbild, das ich das energetische Profil nenne; im Grunde ist es eine Landkarte des Menschen in Bezug auf sein Qi.

Für einen Arzt der chinesischen Medizin sind körperliche, geistige, emotionale und sexuelle Symptome nur unterschiedliche Ausdrucksformen für den zugrunde liegenden Zustand des Qi. Ist zum Beispiel das Qi des Verdauungsappa-

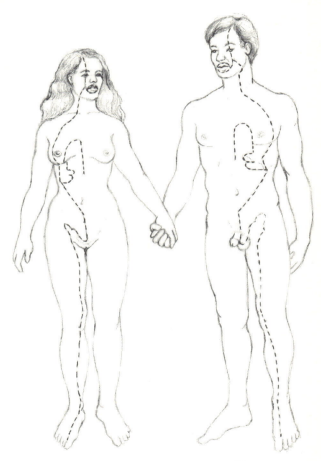

*Abb. 2   Die Meridiane (Kanäle),
durch die das Qi (die Lebenskraft) fließt*

rates stark, dann kann der entsprechende Mensch die aufgenommene Nahrung gut zerlegen und assimilieren – und ebenso auch die Informationen, die er intellektuell erfährt, sowie die Gefühle, die er erlebt. Wenn das Qi des Verdauungssystems dagegen schwach oder blockiert ist, können sich Krankheiten aufbauen – so wie sich Bakterien in stagnierendem Wasser rasch vermehren. Das führt zu Verdauungsstörungen wie Verstopfung oder anderen Problemen. Gleichzeitig verrennen wir uns möglicherweise in obsessive Gedankenmuster oder lassen uns von Gefühlen überwältigen, die wir nicht verarbeiten können.

Das sexuelle Qi

Sexuelles Qi oder sexuelle Kraft befindet sich konzentriert in der Nieren- und Beckengegend. Es ist die Energie, die die Stärke des Sexualtriebs bestimmt und uns zu sexueller Leidenschaft verführt. Ein gesundes Verlangen entsteht aus dem ungestörten Fluss des Qi durch das Meridiansystem und insbesondere durch den Lebermeridian, der durch die Genitalien verläuft. Wenn wir uns einem anderen Menschen intim zuwenden, wird im Körper ein erster erotischer Impuls in Gang gesetzt. Dieser greift auf das Reservoir an sexuellem Qi zu und zieht zusätzliches Qi aus anderen Bereichen des Körpers ab, um die Energie im Becken zu verstärken und so den sexuellen Akt zu ermöglichen.

Der Körper wandelt im Tagesverlauf ständig alle Formen von Qi ineinander um, je nachdem wofür gerade Energie benötigt wird. Wenn der Körper Nahrung verdaut, sich gegen Krankheitserreger wehrt oder mit emotionalen Problemen fertig werden muss, bleibt weniger Energie für Sex übrig. Darum kann die Begründung »Ich habe Kopfweh« durchaus eine Entschuldigung für geringe Libido sein: Kopfschmerzen sind ein Zeichen für übermäßiges Qi im Kopfbereich, und das kann wiederum der Grund dafür sein, dass im Genitalbereich zu wenig Energie vorhanden ist. Wenn Sie sich übermäßig stark verausgaben, muss der Körper auf seine Vorräte an sexuellem Qi zurückgreifen. Wenn das zu oft geschieht, wird das sexuelle Verlangen immer mehr nachlassen. Deshalb rate ich meinen Patienten immer dazu, mit mittlerer Geschwindigkeit zu leben und ihren Tacho nicht ganz auszufahren.

Unser sexuelles Qi wird jeden Tag entsprechend unserem Lebensstil geschwächt oder gestärkt. Wenn Sie Ihren Körper gut behandeln, eine starke emotionale Verbindung und gute Kommunikation mit Ihrem Partner oder Ihrer Partnerin haben, so wird das sexuelle Qi wahrscheinlich reichlich vorhanden sein. Es fließt dann ungehindert durch Ihren Körper und stärkt ihn. Wenn Sie Ihr Qi dagegen durch ungesunde Gewohnheiten oder falsches Sexualverhalten schwächen, können möglicherweise sexuelle Störungen auftreten.

Wenn Ihr sexuelles Qi kräftig ist und wie von der Natur vorgesehen durch Ihren Körper fließt, können Sie meist davon ausgehen, dass Ihre sexuellen Gelüste Ihrer Gesundheit und Ihrem Wohlergehen dienen. Wenn Ihr Qi jedoch geschwächt oder sein Fluss durch Krankheit oder energetische Störungen blockiert ist, ist es möglich, dass Sie sexuelle Signale falsch interpretieren, ebenso wie man Signale bezüglich der Nahrung missdeuten kann und sich dann vielleicht mit Essen voll stopft, während der Körper eigentlich Bewegung, Schlaf oder emotionale Sicherheit benötigt. Sexuelles Verlangen mag dann eigentlich ein Signal für etwas ganz anderes sein, zum Beispiel für das Bedürfnis nach emotionaler Zuwendung oder für Bewegung. Denn wenn Qi in dem Meridian blockiert ist, der durch die Genitalien führt, braucht der Körper Bewegung, um es wieder ins Fließen zu bringen.

Dieses Bedürfnis nach Bewegung kann sich wie Lust auf Sex anfühlen.

Manchmal sind Lustgefühle auch ein Signal des Körpers, dass Sex jetzt gerade *nicht* angebracht ist. Der Körper teilt eigentlich mit, dass das sexuelle Qi aufgebraucht ist und erst wieder erneuert werden muss. Der Körper muss sozusagen seine Vorratstanks wieder auffüllen, doch das Signal, mit dem er die Aufmerksamkeit auf den Beckenbereich lenkt, kann sich anfühlen wie: »Ich will jetzt Sex!« Die chinesische Medizin empfiehlt in solchen Fällen, spät nachts nach einem anstrengenden Tag Geschlechtsverkehr zu meiden. Dies würde das sexuelle Qi, von dem man bereits den ganzen Tag über gezehrt hat, weiter aufbrauchen. Die Empfehlung für diesen Fall lautet, entweder direkt zu schlafen oder aber das Qi durch Sex ohne Orgasmus zu stärken. Die entsprechende Technik wird in einem der späteren Kapitel noch genauer erläutert.

Gesundes Qi ist essenziell wichtig für ein gesundes Sexualleben. Aber dies gilt genauso umgekehrt: Gesunder Sex führt zu gesundem Qi. Wenn Sie die Methoden und Techniken anwenden, die in diesem Buch vorgestellt werden, wird sich ihr Vorrat an sexuellem Qi vermehren. Dadurch wird mehr Qi verfügbar – nicht nur für lustvollen Sex bis ins hohe Alter, sondern auch für die Heilung und Vorbeugung von Krankheiten. Wenn Sie dagegen Ihr sexuelles Qi übermäßig aufbrauchen, könnte Ihr physisches und emotionales Wohlbefinden darunter leiden und Ihr sexuelles Verlangen würde mit steigendem Alter nachlassen. Wir betrachten dieses Nachlassen in der Regel als »normal«. Doch das ist es nicht und es lässt sich vermeiden, wenn Sie die in diesem Buch vorgestellten Qi aufbauenden Techniken anwenden.

Das Geheimnis der gegenseitigen Anziehung

Nach der chinesischen Medizin verbindet Menschen beim Geschlechtsverkehr mehr als Lust und emotionale Intimität. Sie teilen Qi miteinander. Die Frau nimmt vom vorwiegend Yang-orientierten Qi des Mannes auf und er nimmt ihr Yin-orientiertes Qi auf. Dieser Austausch vitaler Energien wird als grundlegender Zweck der Sexualität betrachtet und ist die Basis der positiven Auswirkungen. Er geschieht bei jeder sexuellen Begegnung, doch bei unpassenden Partnern oder unbewusstem und unangebrachtem Sexualverhalten kann es vorkommen, dass die Partner sich gegenseitig erschöpfen. Sexualität in Übereinstimmung mit den Regeln dieses Buches verstärkt dagegen das Qi und erhöht den Energievorrat beider Beteiligten. Auf einer tiefen, unbewussten Ebene wissen wir womöglich schon um diesen Zusammenhang. Einige Aspekte unseres Sexualverhaltens sind direkt auf ihn zurückzuführen.

Haben Sie sich jemals gefragt: »Was sieht er nur in ihr?« Ist Ihnen schon einmal aufgefallen, dass sich manche Menschen immer wieder zum selben Typ Mensch hingezogen fühlen, selbst wenn jede Beziehung dieser Art in einem Desaster endet und sie sich schworen, denselben Fehler nicht noch einmal zu machen? Haben Sie sich schon einmal gewundert, warum der Typ Mann oder Frau, der Sie früher einmal angetörnt hat, nun völlig kalt lässt? Oder anders herum? Wir sehen sexuelle Anziehung meist nur im Licht unserer Bedürfnisse, Neurosen und anderer psychologischer Faktoren. Solche Erklärungen mögen auch absolut gültig sein, doch die Traditionelle Chinesische Medizin bietet noch einen zusätzlichen Aspekt: Wen wir selbst anziehen und wer auf uns anziehend wirkt, wird größtenteils von unserem energetischen Profil bestimmt, von der Art, Menge und Bewegung unseres Qi.

Jemand trifft zum Beispiel einen attraktiven fremden Menschen bei einer Party oder auf der Straße. Bei beiden werden daraufhin unbewusst subtile Formen von Kommunikation in Gang gesetzt. Der Körper gibt seine Meinung zum Energieprofil des anderen ab, wobei er immer bemüht ist, einen passenden Partner für einen heilsamen und nährenden Energieaustausch zu finden. Wenn ein Mensch gesund und mit sich selbst in Harmonie ist – also über ausreichend Qi in gleichmäßigem Fluss verfügt –, dann werden diese Signale ihn zu einer positiven Beziehung leiten. Doch falls nicht... nun, wie wir sicher alle schon festgestellt haben, muss sexuelle Anziehung nicht unbedingt bedeuten, dass der oder die andere als Lebenspartner geeignet ist.

Im Prinzip werden wir von zwei Arten von Menschen angezogen: von unserem energetischen Gegenteil und unserem energetischen Spiegelbild. Beide Arten von Beziehung können sowohl der Himmel wie auch die Hölle auf Erden sein. Das hängt jeweils von zwei Dingen ab: Wie extrem das energetische Ungleichgewicht ist und wie gut sich die Partner auf ihre neue Situation in der Beziehung einstellen können.

Gegensätze ziehen sich an

Jemand mit einem Qi-Mangel in einem bestimmten Körperbereich fühlt sich möglicherweise zu jemandem mit viel oder sogar übermäßig Energie in diesem Bereich hingezogen. Ein Mann, dessen Beruf viel Kopfarbeit verlangt, kann eine hohe Qi-Konzentration im Kopf haben; er fühlt sich nach den chinesischen Lehren deshalb eher von einer Frau angezogen, die viel Qi im übrigen Körper hat.

Wie alles andere im Universum, so hat auch das Qi Yin- und Yang-Aspekte. Wenn eine der beiden Qualitäten nicht ausreichend zur Verfügung steht, so fühlt sich der Betreffende meist zu jemandem hingezogen, der diese Qualität im Übermaß besitzt. Ein gutes Beispiel ist hier die Geschichte einer meiner Patientinnen: Shelley war eine sehr ehrgeizige Managerin mit stark männlichen Eigenschaften – entschlossen, schnell, kreativ, extrovertiert. Sie hatte ihre Yin-Energien aufgebraucht, um damit die Yang-Qualitäten zu nähren, die sie für ihren Erfolg benötigte. Das Ungleichgewicht wurde schließlich so groß, dass sie unter chronischer Müdigkeit und immer wiederkehrenden Atemwegsinfekten litt.

Shelley fühlte sich zu Männern hingezogen, die ihr energetisches Gegenteil waren und deren Leben vor allem von Yin-Energie bestimmt wurde. Sie waren ruhig, sanft und häuslich und konnten ihr so die Qualitäten bieten, die sie in sich selbst unterdrückt hatte, weil sie sie als Störfaktoren betrachtete. In jeder ihrer Beziehungen war sie die treibende Kraft, während ihre Partner die nährende und stützende Funktion übernahmen. Sie massierten und hielten sie nach einem anstrengenden Tag, lauschten den Geschichten ihrer Alltagsprobleme und sorgten dafür, dass sie eine anständige Mahlzeit bekam. Sie brauchte das, weil ihre Yin-Energie so erschöpft war, dass sie nicht mehr für sich selbst sorgen konnte.

Ihre Beziehungen hätten vielleicht funktioniert, wenn einer ihrer Partner einen Teil ihres Yang-Verhaltens übernommen und sie dafür etwas mehr Yin-Qualitäten gelernt hätte. Die Anziehung von Gegensätzen ist dann heilsam für beide Partner, wenn sie sich gegenseitig in ihren Eigenschaften respektieren und ihre Schwächen ausgleichen, indem sie etwas vom Partner übernehmen. Dadurch entsteht ein gewisses inneres Gleichgewicht, das gesünder und harmonischer ist als eine gegenseitige Abhängigkeit.

Doch Shelley schaffte diesen energetischen Rollentausch

nicht. Sie kritisierte ihre Liebhaber, weil sie ihr weder im Bett noch im übrigen Leben stark und dynamisch genug erschienen. Natürlich fühlten sie sich dadurch zurückgewiesen und emotional verletzt, doch in der Regel war es Shelley, die die Beziehung beendete, sobald sie das Interesse – und den Respekt – für ihren Partner verloren hatte. Nur ein Mann war energetisch ausgeglichen genug, um sie zu unterstützen, ohne seine Yang-Qualitäten aufzugeben. Schließlich verließ er sie aber, weil er sich von ihr ausgenutzt fühlte. Da sie ihr sexuelles Qi brauchte, um ihren harten Arbeitstag durchzustehen, hatte sie abends nur noch wenig übrig. Ihre sexuelle Aggressivität war ihre Art, sozusagen energetisch aufzutanken, indem sie das Qi ihres Liebhabers anzapfte. Doch natürlich konnte sie nur wenig Qi zurückgeben. Wenn dies immer wieder geschieht, wird sich der gebende Partner irgendwann ausgesogen fühlen und sich sexuell zurückziehen, oft ohne genau zu wissen, warum.

Gleich und gleich gesellt sich gern

In einer Episode einer amerikanischen Vorabendserie verliebt sich der Protagonist in eine Frau, die ihm äußerst ähnlich ist. Er ruft entzückt: »Nun weiß ich endlich, was ich all die Jahre über gesucht habe: mich selbst! Ich habe auf *mich* gewartet und nun hat mich die Begegnung mit mir glatt umgehauen!«

Wenn wir uns zu Partnern hingezogen fühlen, die Aspekte unseres eigenen energetischen Profils spiegeln, bedeutet das oft, dass der Körper die sexuelle Anziehung verwendet, um auf die eigenen Qi-Muster hinzuweisen. Solche Beziehungen fühlen sich anfangs meist sehr vertraut und angenehm an. Oft ist es wunderbar für die Verliebten, wenn sie entdecken, wie viel sie gemeinsam haben. Doch wenn die Beziehung dauerhaft funktionieren soll, müssen genügend Unterschiede vorhanden sein, um die Schwachstellen in den energetischen Profilen von beiden auszugleichen. Solche Unterschiede erlauben es, den anderen zu unterstützen, wenn eine Schwachstelle auftaucht. Außerdem machen sie das Leben interessanter. Unterschiede sorgen für die Würze in einer Beziehung; zu viel Sicherheit, Bequemlichkeit und Verständnis sind auf Dauer fade.

Die Beziehung zu einem Spiegelbild als Partner wird sich rasch auflösen, wenn die energetischen Schwächen zu extrem sind. Denn durch eine solche Beziehung werden sich die Stärken wie auch die Schwächen weiter ausprägen, ohne dass ein Ausgleich möglich ist. Falls keiner der beiden etwas Neues mitbringen kann, werden sich beide bald gelangweilt, irritiert, frustriert oder unvollständig fühlen.

Am Ende der Folge ist der Held der Serie zwar verlobt, hat aber starke Bedenken. »Ich kann nicht mit jemandem leben, der genauso ist wie ich«, meint er besorgt. »Ich hasse mich selbst.«

Die Organe der Leidenschaft

Wenn ich mit Paaren arbeite, beschreibe ich oft auf der Basis ihrer energetischen Profile die Art und Weise, wie sie typischerweise miteinander interagieren. Viele sind dann ziemlich erstaunt: Woher kann ich denn wissen, wie sie sich privat verhalten? Dies liegt daran, dass sich viele Verhaltensmuster und die Persönlichkeit vom Zustand des Qi im Körper ablesen lassen, vor allem vom Qi in den inneren Organen.

Die Traditionelle Chinesische Medizin ähnelt der westlichen Physiologie in ihrer Betrachtungsweise insofern, als beide auf das Zusammenspiel der Organe Wert legen. Allerdings gibt es zwischen den beiden Systemen große Unterschiede im Verständnis dessen, was die Organe eigentlich sind.

In der Traditionellen Chinesischen Medizin ist ein inneres Organ als Summe von Funktionen definiert, nicht als ein materielles Ding an einer bestimmten Stelle im Körper. Der Ausdruck »Niere« zum Beispiel bezieht sich nicht einfach auf die beiden Organe im unteren Rückenbereich, sondern auf eine funktionelle Einheit, die auch das mit einschließt, was in der westlichen Medizin als Adrenalindrüsen und das reproduktive System bekannt ist.

Ein gesundes Organ verrichtet seine Funktionen problemlos und wirkungsvoll, Organschwächen führen dagegen zu Krankheiten. Die Aufgaben der einzelnen Organsysteme beschränken sich in dieser anderen Betrachtungsweise nicht nur auf den physischen Körper, sondern beziehen sich auch auf emotionale und mentale Eigenschaften. Durch die Organe wird die Verbindung von Körper und Geist geschaffen. Jedes Organ ist für die Regulierung einer bestimmten psychologischen Qualität verantwortlich, die dabei vom negativen bis zum positiven Extrem reichen kann. Die Leber zum Beispiel reguliert Wärme und Freundlichkeit wie auch Ärger. Emotionale Gesundheit im Sinne der chinesischen Medizin bedeutet die Fähigkeit, sich in alle Gefühlsbereiche hinein- und wieder herausbewegen zu können, je nach den Umständen. Organschwächen führen dazu, dass bestimmte Emotionen gar nicht oder aber zu stark und zu häufig auftreten.

Durch das Netzwerk der Meridiane bewegt sich das Qi zu jedem Organ und liefert ihm die Kraft, die es für seine Aufgabe benötigt. Und *von* jedem Organ aus fließt das Qi weiter und verteilt die Wirkungen im Dienste unserer Gesundheit, unseres emotionalen und mentalen Wohlbefindens und unserer sexuellen Kraft. Alles, was wir essen, denken und fühlen, beeinflusst die Organe ebenso.

Nachfolgend wollen wir die einzelnen Organsysteme etwas ausführlicher betrachten. Deshalb folgt hier zuerst eine Auflistung der wichtigsten Organsysteme, nämlich Niere, Herz, Leber, Lunge und Milz.

Niere
- Glaube, Vertrauen, Weisheit, innere Zufriedenheit
- Angst, Schrecken
- Sexualtrieb, sexuelle Ausdauer und Fortpflanzungssystem
- Struktur von Gehirn und Nervensystem
- Gedächtnis

Herz
- Freude, Glück, Liebe und Inspiration
- Sorge, Hysterie, Verrücktheit
- Persönliche Identität
- Verhältnis zur Realität
- Blutgefäße und Durchblutung
- Schlafqualität

Leber
- Persönliche Wärme, Freundlichkeit
- Ärger, Wut
- Verantwortlich für den ungestörten Qi-Fluss durch den Körper
- Intensität und Fluss der Gefühle
- Trifft Entscheidungen und unterscheidet das Nützliche vom Nutzlosen, physisch wie emotional
- Blutreinigung
- Regulation des Menstruationszyklus
- Flexibilität der Muskeln, Sehnen und Bänder

Milz
- Konzentration, Empathie
- Sorgen, Obsession, mangelnder Fokus
- Verarbeitet Informationen, sodass wir das Leben um uns herum verstehen und mit ihm zurechtkommen können
- Verwandelt Nahrung in Qi, das den Körper nährt
- Bestimmt die Stärke des Verdauungssystems

Lunge
- Ausdauer
- Traurigkeit
- Beziehungen zu anderen Menschen
- Führt uns Qi aus der Luft zu, sodass es nutzbar wird
- Verantwortlich für die Bewegung der Flüssigkeiten im Körper

Die Zyklen des Lebens

Diese fünf Organsysteme beeinflussen sich gegenseitig auf ganz bestimmte Art und Weise. Der Ernährungszyklus (*Shen-Zyklus*) beschreibt, wie sich die Organe gegenseitig durch ein System des Energietransfers unterstützen. Dies wird als Kreis von Beziehungen dargestellt (siehe Abb. 3), wobei die Pfeile in Richtung des Uhrzeigersinns jeweils vom »Mutterorgan« zum »Kindorgan« verlaufen. Wenn das nachfolgende Organ eine Schwäche aufweist, kommt ihm das Mutterorgan mit einer Portion Qi zu Hilfe.

Jedes Organ ist also gleichzeitig Mutter wie auch Kind:

- Das Herz ist die Mutter der Milz.
- Die Milz ist die Mutter der Lunge.
- Die Lunge ist die Mutter der Niere.
- Die Niere ist die Mutter der Leber.
- Die Leber ist die Mutter des Herzens.

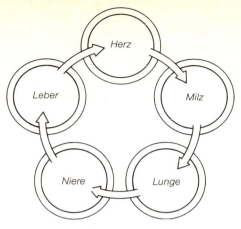

Abb. 3   Der Ernährungszyklus (Shen-Zyklus)

Der Kontrollzyklus (*Ko*-Zyklus) erklärt, wie die Organe sich gegenseitig kontrollieren und regulieren. Falls ein Organ zum Beispiel übermäßig stimuliert ist, wird es von einem anderen

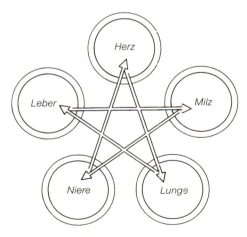

Abb. 4   Der Kontrollzyklus (Ko-Zyklus)

ausgeglichen und beruhigt. Dieser Zyklus lässt sich als Stern darstellen (siehe Abb. 4), wobei die Pfeile jeweils vom kontrollierenden zum kontrollierten Organ weisen.

Auch dabei funktionieren alle Organe auf beide Arten:

- Das Herz kontrolliert die Lunge.
- Die Lunge kontrolliert die Leber.
- Die Leber kontrolliert die Milz.
- Die Milz kontrolliert die Niere.
- Die Niere kontrolliert das Herz.

Die Niere – Organ der Sexualität

Die Niere ist verantwortlich für alle sexuellen und reproduktiven Funktionen. Sie produziert und verteilt das sexuelle Qi, bestimmt die Stärke unseres Sexualtriebs und unsere Fähigkeit, entsprechend zu handeln.

Positive Nieren-Qualitäten sind Ruhe, Weisheit und Zufriedenheit. Das erklärt auch, warum wir uns nach Sex oft heiter und friedlich fühlen. Das negative Gefühl, das mit der Niere assoziiert ist, ist Angst. Das ist der Grund dafür, warum Sex – eine der lustvollsten und natürlichsten Betätigungen – gleichzeitig so viele Ängste wecken kann: vor Versagen, vor Schmerz, vor Kontrollverlust, davor, hässlich auszusehen oder nicht gut genug zu sein usw.

Die Niere bestimmt auch die geschlechtliche Identität. Wenn sie gut funktioniert, fühlen wir uns wahrscheinlich gut als Mann oder Frau. Wenn sie schwach ist, fühlen wir uns möglicherweise den Anforderungen an unsere Geschlechterrolle nicht gewachsen. Fragen Sie nur einmal eine Frau, die unter Unfruchtbarkeit leidet, oder einen Mann, der Erektionsprobleme hat – beides häufig Symptome von Nierenschwäche –, wie sie sich als Frau oder als Mann fühlen.

Die Niere ist außerdem verantwortlich für das einwandfreie Funktionieren von Gehirn und Zentralnervensystem. Dies hat große Auswirkungen auf die Sexualität in einer Gesellschaft, in der die meisten Menschen übermäßig viel Zeit mit Kopfarbeit verbringen. Ist Ihnen schon einmal aufgefallen, dass mentaler Stress Ihr Interesse an Sex sofort zurückgehen lässt? Und dass kein Mensch während des Höhepunkts sexueller Leidenschaft zu besonders klugen Äußerungen imstande ist? (»O Gott!« mag zwar durchaus angebracht sein, aber es ist nicht gerade besonders brillant.) Mentale und sexuelle Energie kommen aus demselben Topf: dem Organ der Niere. Wenn der Verstand zu viel von dieser Energie verbraucht, bleibt für die Genitalien nicht mehr viel übrig. Darum können Paare, deren Liebesleben beinahe nicht mehr existent ist, in einem gemeinsamen Urlaub die Energie ihrer Flitterwochen wieder aufleben lassen: Dies geht nicht nur, weil sie ausgeruht sind, auch wenn das ebenfalls eine Rolle spielt; vielmehr ist ihr Kopf frei von den alltäglichen Belastungen und dadurch bleibt mehr Energie für Sex.

Das Herz – Organ der Perspektive

Im Kontrollzyklus kontrolliert die Niere – der Herrscher über unsere Sexualität – das Herz, das Organ liebevoller Inspiration, Freude und Glück. Diese Interaktion zwischen den beiden erklärt, warum Sex uns freudig und glücklich machen kann. Sex bewirkt, dass das Herz sich öffnet.

Auf der anderen Seite ist das Herz mit Sorge und Angst verbunden. Wenn das Herz schwach ist, kann sexuelle Erregung oder schon der Gedanke daran zu Angst führen. Und auch der sanfte Nachklang von Sex kann rasch verblassen und den Betreffenden angstvoll zurücklassen. In einer frischen

Beziehung tauchen dann vielleicht Gedanken auf wie: »Wird er mich auch wieder anrufen?«, »War ich gut genug?« oder »Habe ich mich da auf etwas Falsches eingelassen?« Auch in längerfristigen Beziehungen können Ängste hochkommen: »Hat sie den Orgasmus nur gespielt?« oder »Wie lange muss ich jetzt wohl auf das nächste Mal warten?« Natürlich können solche Bedenken auch berechtigt sein. Aber wenn sie nichts mit der Realität zu tun haben, weisen sie auf eine Schwäche des Herzorgans hin.

Die Verbindung von Herz und Niere erklärt auch, warum wir uns nach gutem Sex besser und mehr im Einklang mit uns selbst fühlen. Unsere sexuelle Anziehungskraft und Kompetenz spielen eine wichtige Rolle bei dem, was wir von uns selbst denken, weil das Herz, das unser Selbstbild bestimmt, von der Niere kontrolliert wird, die wiederum unsere Sexualität und unsere Geschlechtsidentität regiert.

Eine wichtige Aufgabe des Herzens ist es, unseren Sinn für die Realität aufrechtzuerhalten. Wenn dieses Organ stark ist, besitzen wir gesunden Menschenverstand und ein geerdetes, authentisches Bild von der Welt. Wenn es schwach oder nicht im Gleichgewicht ist, werden wir leicht zum Opfer von Illusionen und Täuschungen. Unkontrollierbare Eifersucht kann daher ein Ergebnis dieser Herz-Niere-Dynamik sein. Wenn ein Partner sich beispielsweise sexuell nicht gebunden fühlt, wird der andere sorgenvoll (negative Herzqualität). Angst (eine Nieren-Qualität) taucht in den Gedanken auf: Besucht sie wirklich nur ihre Freundin? Trifft er sich womöglich mit seiner attraktiven neuen Sekretärin?

Dasselbe System führt aber auch zu romantischen Phantasien – erotischen Gedanken über einen Bekannten oder einen völlig Fremden, Tagträume über einen idealisierten Liebhaber. Wenn das Herz nicht im Gleichgewicht ist, sieht das Gras auf der anderen Seite des Zauns immer grüner aus, gleichgültig, wie grün es in unserem Garten ist.

Die Eigenschaften von Herz und Niere erklären auch eine weitere Erscheinung: Sie fühlen sich vielleicht völlig niedergeschlagen, die Welt erscheint nur noch schlecht und bedrohlich. Dann verführt Sie Ihr Liebster oder jemand völlig Neues taucht auf und verspricht selige Lust. Und plötzlich verändert sich Ihre Sichtweise. Die Welt wird rosarot, die Probleme erscheinen belanglos und Sie haben das Gefühl, dass sich alles schon zum Rechten wenden wird. Folgendes ist hier passiert: Die sexuelle Energie der Niere wurde stimuliert und hat dafür gesorgt, dass das Herz seine Wahrnehmung der Realität veränderte. Auf diese Weise kann Sex sehr positiv wirken.

Dieses Beispiel erklärt auch, warum sich eine Beziehung durch Sexualität verändert: Das Qi der Niere beeinflusst das Herz und verändert unsere Realität. Deshalb erscheint uns ein neuer Geliebter schöner als der größte Hollywood-Star und die neue Geliebte ist wunderbarer als alle vorher und genau die Richtige für uns. Die chinesischen Weisen empfahlen darum, bei einem neuen Flirt nicht allzu schnell eine sexuelle Beziehung aufzunehmen. Man verliert leicht die Perspektive, wenn Sex dazukommt. (Eine Ausnahme ist interessanterweise ein One-Night-Stand, wenn beide Beteiligten genau das und nichts anderes wollen.)

Die Leber – Organ der Gefühle

Was verbindet eine scheinbar warmherzige, freundliche Frau, die unterschwellig feindselig und aggressiv ist, und einen netten Mann, der plötzlich anfängt, seine Frau zu schlagen? Ein Ungleichgewicht im Qi der Leber.

Die Leber reguliert alle Bewegungen im Körper, inklusive

den Fluss der Lebenskraft und der Emotionen. Sie verarbeitet Gedanken und Gefühle auf dieselbe Weise, wie sie Moleküle aufspaltet und in Nützliches und Unnützes trennt. In Verbindung mit ihrem Partnerorgan, der Gallenblase, tritt die Leber als Entscheidungsträger auf. Sie unterscheidet zwischen nützlich und nutzlos, angemessen und unangemessen. Außerdem ist die Leber mit Wärme und Freundlichkeit sowie mit Ärger und Feindseligkeit auf der anderen Seite der emotionalen Skala verbunden.

Sicher ist Ihnen bereits aufgefallen, dass Sie nicht besonders viel Lust auf Sex haben, wenn Sie unter Stress oder einem psychologischen Trauma leiden. Wenn Sie zu viele Emotionen verarbeiten müssen, wird sich Ihre Leber überfordert fühlen. Dann kommt die Niere als Mutter der Leber zu Hilfe. Und was passiert mit Müttern, die sich Tag und Nacht um ein krankes Kind kümmern müssen? Sie sind erschöpft. So geht es auch der Niere, wenn die Leber übermäßige Unterstützung benötigt. Das Qi, das die Niere normalerweise für die Sexualität einsetzen würde, wird jetzt für andere Zwecke gebraucht. Das Ergebnis ist ein nachlassender Sexualtrieb.

Aus diesem Zusammenhang heraus ist es auch verständlich, warum ein schönes Liebeserlebnis die Leber und alle negativen Gefühle beruhigen kann. Ärger verwandelt sich in Wärme. Darum gibt es Paare, die sich nach einem Streit mit einem Liebesakt wieder versöhnen. Die Leber ist außerdem verantwortlich für den Fluss der Lebenskraft im Lebermeridian, der die Genitalien mit Qi versorgt und tiefere sexuelle Empfindungen und Erfahrungen ermöglicht.

Eine gesunde, ausgeglichene Leber sorgt aber nicht nur dafür, dass die Genitalien ausreichend mit Qi versorgt werden, sie hat auch einen beruhigenden Einfluss auf das Herz, dessen Mutter sie ist. Menschen mit gesunder Leber haben meist eine realistische Sichtweise, weil ihre Gefühle den Umständen angemessen sind. Leberschwäche führt zu einer Überdramatisierung der Gefühle und oft zu starken Schwankungen von einem Extrem ins andere.

Die Milz – Organ der Unterscheidung

Haben Sie Ihre Liebe schon einmal jemandem geschenkt, nur um später festzustellen, dass es der andere überhaupt nicht wert war? Zu spät haben Sie gesehen, dass die Anzeichen dafür schon die ganze Zeit präsent waren, Sie hatten sie nur noch nicht bemerkt. Vielleicht kennen Sie auch die gegenteilige Erfahrung: Dass Sie Ihren Partner oder Ihre Partnerin zu wenig schätzten oder die Signale eines anderen Menschen nicht erkannten, bis der oder die andere schließlich aufgab. Wenn die Milz nicht angemessen funktioniert, sind wir langsam im Reagieren.

Die Milz ist verantwortlich für die Verdauung. Sie nimmt Material aus der äußeren Welt auf und verarbeitet es – nicht nur Speisen und Flüssigkeiten, sondern auch Wahrnehmungen und Gefühle. Sie bestimmt, wie wir mit den Informationen umgehen, die wir erhalten. Wenn das Qi der Milz stark ist, dann können wir Aufgenommenes gut verdauen und klar denken. Wenn es schwach ist, können wir Nahrung oder Informationen nicht verdauen und uns schlecht konzentrieren. Wir verlieren entweder unsere Unterscheidungsfähigkeit oder werden überintellektuell und vielleicht sogar obsessiv in unseren Gedanken.

Im Kontrollzyklus kontrolliert die Milz die Niere. Sie reguliert den Energiefluss hin zur Niere, sodass wir unseren sexuellen Impulsen folgen können. Kennen Sie Männer, die mit ihrem Penis statt mit dem Kopf zu denken scheinen? Oder Frauen, die immer wieder auf smarte Herzensbrecher hereinfallen, obwohl alle ihre Freunde sie jedes Mal warnen? Bei ihnen ist die Milz zu schwach, um die entsprechenden Informationen zu verarbeiten und die Niere zu kontrollieren, sodass sie dieselben Fehler immer wieder begehen.

Wenn die Milz die eingehenden Informationen nicht richtig filtert, sendet sie falsche Signale an die Niere. Statt sexueller Begierde fühlt der oder die Betreffende dann Interesselosigkeit, Langeweile oder Abneigung gegenüber einem passenden Partner. Diese Reaktion lässt sich mit jemandem vergleichen, der zu viel Junk-Food gegessen hat. Die Milz kann dann nichts mehr verarbeiten und selbst die aromatischsten Düfte einer nahrhaften Mahlzeit würden ihr nur mehr Übelkeit verursachen. Wenn die Milz erschöpft ist, kann sie keine neuen Informationen mehr vertragen – auch nicht Liebe oder sexuelle Reize von anderen. Da wir keine Informationen mehr annehmen können, reagieren wir nicht auf andere oder bemerken sie nicht einmal. Greta Garbos berühmte Aussage »Ich will allein sein« ist der typische Ausdruck einer überlasteten Milz.

Die Aufgabe der Milz wird erleichtert, wenn das Herz, das Mutterorgan im nährenden Zyklus, ein gesundes Identitätsgefühl und eine realistische Sicht der Welt beisteuert. Wenn das Herz dagegen *nicht* gut funktioniert, sorgt es für eine falsche Perspektive, sodass die Informationen nur verzerrt in die Milz gelangen.

Meine Patientin Lee zum Beispiel sah Liebe immer dort, wo sie nicht existierte. Sie verliebte sich in einen gewalttätigen Mann und heiratete ihn. Wenn er sie betrog oder sich betrank und sie schlug, dachte Lee: »Er braucht mich und ich habe ihn enttäuscht« oder »Ich gebe ihm nicht, was er braucht, deshalb muss er sich betrinken und zu anderen Frauen gehen.« Erst nach einer längeren Behandlung waren ihr Herz und ihre Milz gesund genug, um zu sehen, dass es um ihr eigenes Leben ging und sie einen Weg aus dieser Beziehung finden musste.

So wie eine schwache Milz dafür verantwortlich sein kann, dass jemand es nicht erkennt, wenn man ihn schlecht behandelt, so kann sie auch verhindern, dass jemand die ihm entgegengebrachte Liebe wahrnimmt. Viele meiner Patienten, die sich in ihrer Ehe unglücklich fühlen, haben Partner, von denen sie wirklich geliebt werden. Aber ihre Milz kann das nicht verarbeiten, was ihnen angeboten wird, und so können sie es nicht wirklich schätzen. Wenn sie energetisch gesünder und stärker werden, nimmt meist auch ihre Fähigkeit zu, Liebe anzunehmen.

Die Lunge – Organ der Ausdauer

Wenn es hart und schwierig wird, ist es die Lunge, die uns unterstützt, so wie sie auch bei körperlicher Anstrengung mehr Sauerstoff aufnimmt. Eine gesunde Lunge gibt uns die Kraft, die wir brauchen, um verletzbar zu sein, aber auch die Fähigkeit, in allen Bereichen des Lebens und in unseren Beziehungen Stellung zu beziehen. Sie ist das Organ der Verbindung. Eine starke Lunge sorgt dafür, dass ein Paar im Auf und Ab des Lebens zusammenbleibt.

Bei einem Verlust ermöglicht es uns die Lunge, Trauer und Kummer zu spüren, aber sie gibt uns auch den Willen, weiterzumachen. Trauer kann zu einer Lungenschwäche führen und Lungenschwäche zu Traurigkeit. Patienten, die mit chronischen Atemwegserkrankungen zu mir kommen, tragen oft eine tiefe Traurigkeit in sich, häufig verstärkt durch Gefühle von Einsamkeit. Tatsächlich bezeichnen Psychologen Asthma häufig als eine Trennungskrankheit, da sie so oft bei frisch Geschiedenen auftaucht.

Die Gesundheit der Lunge hat einen Einfluss auf unser Sexualleben, da sie im nährenden Zyklus das Mutterorgan der Niere ist. Wenn Menschen traurig sind, haben sie in der Regel keine Lust auf Sex. Das hängt damit zusammen, dass die Lunge die Niere nicht nähren kann, wenn sie damit beschäftigt ist, Trauer zu verarbeiten. Die Niere kann dann den Körper nicht ausreichend mit Qi versorgen, um eine starke Begierde aufrechtzuerhalten. Manche Menschen haben zwar sexuelles Verlangen, wenn sie traurig sind, aber nicht wirklich die Kraft für Sex. In diesem Fall verfügt die Niere zwar über ausreichend Qi für sexuelle Wünsche, aber nicht genug für die Ausführung. Doch wenn es tatsächlich zu sexueller Betätigung kommt, kann ein Teil der Traurigkeit verschwinden, denn der Sex sorgt dafür, dass blockierte Energie in der Lunge freigesetzt wird und zur Niere gelangen kann.

Die Teamarbeit der Organe

Wie Sie sehen, hat jedes der fünf Organsysteme einen bestimmten Einfluss auf unsere Sexualität und unser Liebesverhalten. Falls irgendeines dieser Organe unter einem Mangel oder Überfluss an Qi leidet, werden auch die anderen negativ davon beeinflusst. Wird andererseits eines dieser Organe gestärkt, so bessert sich auch der Zustand der übrigen Organe. Bei meinen Patienten suche ich immer das schwächste Glied in der Kette und kümmere mich vorrangig um dieses Organ. Denn die schwächsten Organe reagieren zuerst auf die Herausforderungen des Lebens und sind als Erste überfordert. Das schwache Glied hat dann seinerseits Auswirkungen auf die Gesundheit des ganzen Systems, da alle anderen Organe versuchen, den Mangel zu kompensieren. Da Sexualität für den Körper so wohltuend wie auch kräfteraubend sein kann, schaden kräftezehrende sexuelle Aktivitäten am meisten den schwächeren Organen.

Wenn Sie die Gesundheit Ihrer Organe günstig beeinflussen möchten, sollten Sie sich an die Ratschläge für ein gesundes Leben halten (in Kapitel 9). Zusätzlich können Sie die in diesem Buch vorgestellten sexuellen Techniken praktizieren, denn sie sorgen dafür, dass das Qi durch das ganze System fließen und die Gesundheit aller Organe bessern kann. Wenn die Niere durch leidenschaftlichen Sex stimuliert wird, wird der Verstand klarer, die Nerven ruhiger und die Muskeln und das Gewebe im Beckenbereich kräftiger. Durch den nährenden Zyklus belebt die Energie der Niere die Leber und bringt Gefühle von Zuneigung und Wärme hervor. Eine gesunde Leber erhält den Körper geschmeidig, erleichtert die Bewegung des Qi durch den Körper und ermöglicht den angemessenen Ausdruck von Gefühlen. Dadurch wird das Herz gestärkt, das den Blutfluss durch das System in Gang hält und zu Freude, Liebe und einer positiven Einstellung beiträgt. Unterstützt durch das Herz kann die Milz die aufgenommene Nahrung optimal verwerten und auch alles, was mental und emotional aufgenommen wird, gut verarbeiten. Mithilfe der Milz kann die Lunge die Körperflüssigkeiten effizient verteilen und aus Trauer wird Ausdauer und eine engere Verbindung zum Partner. Der Kreis schließt sich schließlich, indem die Lunge die Niere ernährt und die Sexualität positiv verändert.

In den folgenden Kapiteln finden Sie hilfreiche Einsichten und Vorschläge zu jedem Aspekt der Sexualität, von der Verführung bis zum Orgasmus. Ich schlage vor, dass Sie alles durchlesen und es einfach einmal ausprobieren, unabhängig davon wie Ihre Beziehung im Moment gerade ist. Wenn Sie emotionale oder sexuelle Probleme haben, kann dies eine ziemliche Herausforderung sein. Doch wenn Sie zu sexueller Intimität in der Lage sind, sollten Sie sich ihr auch widmen – nicht um andere Probleme damit zuzudecken, sondern um Ihre eigene Heilung zu unterstützen. Während Sie an Ihren Problemen arbeiten, kann die Kraft und Schönheit der Sexualität Sie in der Beziehung einander näher bringen und auch andere Aspekte Ihres gemeinsamen Lebens positiv beeinflussen.

Übungen zur Kultivierung des Qi

Die Traditionelle Chinesische Medizin befasst sich mit drei Aspekten des sexuellen Qi:

1. *Menge*. Ein Mangel an sexuellem Qi kann Unfruchtbarkeit und andere Fortpflanzungsstörungen zur Folge haben, ebenso vermindertes Verlangen oder weniger Ausdauer. In manchen Fällen löst dies auch übermäßiges Verlangen aus, da der Körper versucht, den Energiemangel im Unterleib auszugleichen, indem er die Energie einem Partner entzieht.
2. *Ungestörtes und wirkungsvolles Fließen*. Wenn sich die sexuelle Energie nicht dorthin bewegen kann, wo sie gebraucht wird, stagniert sie und wird unbrauchbar. Dies kann zu sexueller Apathie oder sexuellen Zwängen führen – beides Versuche des Körpers, auf die Stagnation hinzuweisen und die Energie in Bewegung zu setzen.
3. *Qualität*. Dies bezieht sich auf Attribute wie feucht oder trocken, heiß oder kalt, Yin oder Yang, aufsteigend oder absteigend. Fehlende oder übermäßige Energie in einem bestimmten Bereich führt oft dazu, dass Funktionsstörungen auftreten. Vaginale Trockenheit ist zum Beispiel häu-

fig ein Zeichen für einen Mangel an feuchter Yin-Qualität, Impotenz ein Anzeichen dafür, dass das Qi im Beckenbereich kalt und absteigend ist (heiße und aufsteigende Energie führt zu einer Erektion).

Die Übungen, die hier und in den anschließenden Kapiteln folgen, befassen sich mit allen drei Aspekten. Viele beziehen den Atem mit ein, denn der Atem ist eine wichtige Komponente der chinesischen Medizin und der Schlüssel zur Kontrolle des Qi. Auch die westliche medizinische Forschung hat festgestellt, dass bestimmte Atemtechniken den Verstand beruhigen, den Blutdruck senken, Stress vermindern, die Sauerstoffversorgung der Gewebe erhöhen und zahlreiche Wirkungen haben, die alle auch die Sexualität unterstützen. Nach der Traditionellen Chinesischen Medizin herrscht die Niere über die Sexualität ebenso wie über das Zentralnervensystem. Die Atmung wirkt sich auf beide Bereiche aus, da die Lunge das Mutterorgan der Niere ist. Bestimmte Atemtechniken können daher angewandt werden, um die sexuelle Energie zu kontrollieren und auch die Sensibilität und Empfänglichkeit zu erhöhen.

Diese Übungen können

- die Empfänglichkeit für sexuelle Stimulation erhöhen,
- Spannungen im Körper abbauen,
- gezielte Kontrolle des sexuellen Qi ermöglichen,
- die Durchblutung im Beckenbereich verstärken,
- den Muskeltonus im Beckenbereich erhöhen,
- die sexuelle Ausdauer verbessern.

All diese Faktoren führen nicht nur zu einer verbesserten Sexualität, sondern auch zu mehr Gesundheit und erhöhter Vitalität.

Die besten Ergebnisse erreichen Sie, wenn Sie folgende Punkte beachten:

1. Wenn irgend möglich, sollten Sie die Übungen im Freien oder in einem gut gelüfteten Raum durchführen.
2. Üben Sie, wenn Sie entspannt und nicht in Eile sind.
3. Warten Sie nach einer Mahlzeit mindestens 45 Minuten, bevor Sie mit den Übungen beginnen.
4. Tragen Sie bequeme Kleidung, die Sie nirgendwo einschnürt.
5. Legen Sie Ihre Zungenspitze während der Übungen unmittelbar hinter den oberen Schneidezähnen gegen den Gaumen.
6. Achten Sie auf eine aufrechte Haltung. Halten Sie Ihre Schultern dabei gerade und entspannt, weder nach vorne gekrümmt noch nach hinten gezogen.
7. Atmen Sie durch die Nase ein und aus.
8. Verzichten Sie während der Übungen auf alle Ablenkungen wie Radio oder Fernsehen. Am besten schließen Sie die Augen und konzentrieren sich sanft auf den Atem.
9. Regelmäßiges Üben ist sehr empfehlenswert. Legen Sie mindestens ein bis zwei Übungssitzungen pro Woche ein.

Die tiefe Bauchatmung

Durch eine verkürzte, flache Einatmung wird sich die Lunge nicht vollkommen füllen und die verbrauchte Luft wird nicht vollständig ausgeatmet. So können die Organe nicht ausreichend mit Sauerstoff versorgt werden. Tiefe Bauchatmung verbessert die gesamte Atmungsaktivität, löst Spannungen und verbessert das Gefühl für den Unterleib, der ja das Kraftwerk für sexuelle Energie und Gefühle ist. Eine tiefe Bauchatmung während des sexuellen Aktes verbessert die Kontrolle und Ausdauer, sodass Männer mit ihr ihre Ejakulation hinauszögern und Frauen ihre sexuelle Lust steigern können.

1. Nehmen Sie sich für diese Übung mindestens zehn Minuten Zeit.
2. Legen Sie sich flach auf den Rücken oder setzen Sie sich auf einen Stuhl, mit geradem Rücken, die Füße flach auf dem Boden. Lassen Sie die Hände auf dem Unterleib ruhen, unmittelbar unter dem Nabelbereich. Die Fingerspitzen sollten sich dabei berühren.
3. Atmen Sie langsam und sanft durch die Nase ein. Ihr Bauch sollte sich dabei leicht heben, wobei sich die Fingerspitzen etwas voneinander entfernen. Während sich der Bauch hebt, senkt sich das Zwerchfell (der Muskel, der den Brustkorb vom Bauchraum trennt), wodurch frische Luft bis in den unteren Bereich der Lungenflügel strömen kann.
4. Wenn der Bauchraum vollständig gefüllt ist, atmen Sie weiter ein, bis sich Ihr Brustraum erweitert. Nun strömt die Luft in den mittleren Lungenbereich.
5. Achten Sie darauf, dass Brust, Schultern und Nacken locker bleiben. Es ist besser, weniger Luft aufzunehmen und dabei entspannt zu bleiben, als zu viel Luft einzuatmen und sich dabei zu verkrampfen.
6. Atmen Sie langsam durch die Nase aus, wobei Sie zuerst den Bauch und dann den Brustraum einziehen. Lassen Sie auch noch die letzte Luft aus Ihrer Lunge fließen, bevor Sie erneut einatmen.
7. Zwischendurch sollten Sie einige Male normal ein- und ausatmen, besonders wenn Sie sich schwindlig oder kribbelig fühlen – Anzeichen für beginnende Hyperventilation. Diese Symptome verschwinden, sobald Sie wieder

normal atmen, und treten immer seltener auf, wenn Sie sich an die Übung gewöhnt haben.
8. Sobald Sie sicher sind, dass Sie die Übung korrekt durchführen, können Sie üben, ohne die Hände auf den Unterleib zu legen.

Die Vier-Schritte-Atmung

Diese Übung verhilft Ihnen zu mehr Kontrolle über Ihren Atem, sodass Sie ihn während des Liebesaktes gezielt einsetzen können. Wenn Sie die tiefe Bauchatmung gut genug beherrschen, können Sie diese Übung daran anschließen:

1. Atmen Sie langsam und tief in einem Zug ein, wie oben beschrieben.
2. Halten Sie den Atem einige Sekunden lang an, ohne sich dabei anzustrengen. Dies führt dazu, dass das Blut mit Sauerstoff angereichert wird und Wärme – also Energie – im Unterleib entsteht.
3. Atmen Sie langsam und gleichmäßig durch die Nase aus. Sobald die Luft vollständig ausgeatmet ist, ziehen Sie den Bauch so stark wie möglich ein, wieder ohne sich anzustrengen. Dadurch wird die restliche Luft aus der Lunge gepresst.
4. Halten Sie erneut kurz den Atem an. Legen Sie eine Pause von zwei oder drei Sekunden ein und entspannen Sie dabei den Bauch, bevor Sie den nächsten Atemzug beginnen.

Dieser vierstufige Rhythmus sollte ruhig und gleichmäßig durchgeführt werden. Die Ausatmung sollte etwas länger dauern als die Einatmung und die Pause nach dem Einatmen sollte etwas länger sein als die nach dem Ausatmen. Oft wird empfohlen, beim Einatmen langsam bis vier zu zählen, beim Anhalten ebenso, beim Ausatmen bis sechs und beim zweiten Anhalten bis zwei. Wenn Sie an irgendeiner Stelle krampfhaft nach Luft schnappen oder die Luft explosionsartig ausatmen, sollten Sie den Rhythmus so verändern, dass er für Sie angenehm ist.

Der Liebesatem
Diese Übung beschreibt eine wunderbare Atemtechnik für Paare, die ihr Qi bewusst in Einklang bringen möchten.

1. Sorgen Sie für eine entspannende Atmosphäre. Weiches Licht oder Kerzen sind empfehlenswert. Wenn Sie Hintergrundmusik mögen, achten Sie darauf, dass sie sanft und beruhigend ist. Sorgen Sie dafür, dass es im Raum warm genug ist.
2. Legen Sie sich zusammen aufs Bett, entweder in einer einander zugewandten Umarmung, Gesicht an Gesicht, oder in Löffelchenposition, Rücken an Bauch. Sie können diese Übung angekleidet, teilweise entkleidet oder nackt ausführen, doch sorgen Sie auf jeden Fall dafür, dass Sie sich dabei wohl fühlen.
3. Schließen Sie die Augen und konzentrieren Sie sich für etwa eine Minute auf Ihren natürlichen Atemrhythmus.
4. Nehmen Sie nun bewusst den Atemrhythmus Ihres Partners wahr.
5. Beginnen Sie langsam Ihren Atem aufeinander einzustellen. Atmen Sie im Einklang, ruhig und tief. Wenn Sie sich an Bauch oder Brust berühren, Nasen und Ohren nahe beisammen halten oder beim Ausatmen einen leisen Ton von sich geben, können Sie den Rhythmus leichter koordinieren.

6. Vermeiden Sie auch bei dieser Übung jede Anstrengung. Versuchen Sie, einen für beide angenehmen Rhythmus zu finden, indem Sie mit etwas längeren oder kürzeren Atemzügen experimentieren. Falls sich der Rhythmus eines Partners irgendwann von selbst verändert, sollte sich der andere dem neuen Rhythmus ganz ruhig und langsam anpassen.
7. Nachdem Sie auf diese Weise etwa fünf Minuten lang zusammen geatmet haben, beginnen Sie, nach jedem Einatmen den Atem für einige Sekunden anzuhalten, ganz ohne Anstrengung. Dann fügen Sie auch nach dem Ausatmen eine Pause ein. Atmen Sie auf diese Weise weitere fünf Minuten zusammen.

Wie alle Atemübungen versorgt auch diese das System mit frischem Sauerstoff und schenkt Ruhe in Körper und Geist. Seien Sie also nicht überrascht, wenn Sie sich anschließend leicht und voller Energie fühlen. Möglicherweise fühlen Sie sich einander auch auf ganz neue Weise nahe. Doch der wahre Wert dieser Übung zeigt sich erst mit der Zeit. Wenn sie regelmäßig durchgeführt wird, hat sie eine wunderbare Wirkung auf die Sexualität, denn sie weckt die subtilen Kräfte, die für Höheren Sex benötigt werden.

Höherer Sex schenkt mehr Freude, mehr Lust und mehr Gesundheit als üblicher Sex. Dies kann daran liegen, dass wir Intention, Disziplin und Konzentration für einen Akt aufbringen, der sonst rein instinktiv geschieht. Gemeinsames Atmen lehrt Sie, sich auf die feinen Schwingungen Ihres Körpers sowie die Ihres Partners einzustimmen. Wenn Ihre Sensibilität auf diese Weise mehr und mehr erwacht, kann sie sich nach und nach auch auf die anderen Bereiche sexueller Aktivität ausweiten, sodass der Austausch von Qi leichter wird und Sie beide tatsächlich immer mehr eins werden.

4.
Der Weg zu den Sternen

Das vollkommene Vorspiel

Frauen täuschen den Orgasmus vor, Männer das Vorspiel.
ANONYMUS

Er sollte ihre zarte Taille umfangen und ihren jadegleichen Körper zärtlich streicheln. Eins im Herzen und mit einem gemeinsamen Ziel sollten sie sich umarmen und küssen, an den Zungen saugen, sich aneinander pressen und sich sanft liebkosen. Oben besänftigend und unten stimulierend...
TAOISTISCHER MEISTER

IN SEINEM WERK *Lob der Torheit* beklagt sich Erasmus von Rotterdam, dass ein Mann »die Frau umarmen und wiegen und kitzeln und überhaupt hundert kleine Tricks mit seiner Bettgenossin vollbringen muss«. Wie zahlreiche andere Männer auch hätte er sich wahrscheinlich bei einem Volk der Polynesier im Südpazifik wohl gefühlt, wo nach Auskunft der Anthropologin Margaret Mead »Küssen, Streicheln und Vorspiel als höchst unziemliches Verhalten gelten«.

Ich weiß allerdings nicht, wie die Polynesier ohne Vorspiel auskommen, denn in praktisch jeder anderen bekannten Kultur sowie bei zahlreichen Tierarten ist das Vorspiel ein wichtiger Bestandteil der Sexualität. Tatsächlich ist es gerade deshalb so wichtig, weil es Männer wie Erasmus irritiert. Wie wir bereits gesehen haben, ist Yang zielorientiert und rasch aufgeheizt und wartet oft ungeduldig, bis Yin endlich in die Erregungsphase kommt. Da in unserer Gesellschaft die sexuellen Bedürfnisse von Frauen inzwischen besser bekannt sind und stärker respektiert werden, haben viele Männer gelernt, ihr vorwärtsdrängendes Yang zu zügeln und sich dem Vorspiel zu widmen, das ihre Partnerinnen sich wünschen. Doch allzu viele Männer betrachten es oft nur als notwendiges Übel, das mühsam absolviert werden muss, bevor das eigentliche Geschehen beginnt, oder als reine Vorbereitung für den sexuellen Akt, als ginge es um das Vorheizen des Backrohrs, bevor man den Braten hineinschieben kann. Doch bei der weiblichen Bereitschaft geht es um mehr und auch das Vorspiel ist mehr als nur ein Mittel zum Zweck. Es ist wichtig, um alle Vorteile der Sexualität für Körper und Geist voll auszuschöpfen.

Die chinesischen Weisen haben immer wieder betont, dass das Vorspiel die sexuelle Erfahrung insgesamt vertieft, sie reicher, voller und transformativer macht – für Männer ebenso wie für Frauen. Ein Mann, der beim Vorspiel kreativ und aufmerksam ist, hilft seiner Geliebten, empfänglicher zu werden. Je erregter sie ist, desto mehr hat auch er vom Liebesakt. »Wenn sich der Mann nur heftig und schnell bewegt, wird die Freude an der Liebe nicht beiderseitig sein«, sagt ein klassischer Text. »Doch wenn der Mann sich nach der Frau sehnt und die Frau nach dem Mann, wenn ihre Gefühle gleichermaßen stark sind, dann können sie beide Erfüllung im Herzen erfahren. Die Frau wird bis in ihre innerste Natur berührt und das Schwert des Mannes ist voller Kraft.«

Die Traditionelle Chinesische Medizin sieht den Hauptzweck der Sexualität darin, einen Energieaustausch zwischen den Partnern sowie eine heilsame Bewegung des Qi im ganzen Körper zu ermöglichen. Ein ausgedehntes Vorspiel bezieht alle Organsysteme in die sexuelle Erregung mit ein und erzeugt einen Überfluss an Qi. Es harmonisiert die Yin- und Yang-Kräfte, sowohl in den Partnern wie auch zwischen ihnen, und ermöglicht dadurch die Erfahrung von Einheit. Yang wird beruhigt und Yin gestärkt und beide Partner werden verwundbarer, offener und sensibler. Yin ist nicht nur die weniger zugängliche Kraft, sondern auch die wichtigere: Sie ermöglicht es Männern wie Frauen, die ausgetauschte Energie aufzunehmen und ihre heilsame Wirkung zu absorbieren. Wenn der Liebesakt zu früh beginnt, dann ist weniger Yin-Energie daran beteiligt, weil das Yin nicht so rasch in die Beckenregion gelangt wie das Yang. Da ihre primäre Energie langsamer fließt als die des Mannes, kann die Frau möglicherweise nicht Schritt halten und bleibt am Ende unbefriedigt. Und auch der Mann hat auf der energetischen Ebene weniger Nutzen, da das Qi seiner Partnerin nicht voll aktiviert ist und sie ihm weniger geben kann.

Ein liebevolles Vorspiel kann die sexuelle Erfahrung erweitern, da es neben dem Körper auch Verstand und Gefühle einbezieht. Das ist vor allem für solche Paare wichtig, die fortgeschrittene sexuelle Techniken lernen wollen oder mit sexuellen Problemen und Störungen zu tun haben. Ein lustvolles Vorspiel reduziert den Druck und verhilft vielen Menschen zu konstanteren und befriedigenderen Orgasmen. Das allein ist bereits ein Plus für die Gesundheit, denn jeder Orgasmus löst nicht nur Stress und Anspannung, sondern wirkt auch wie eine Pumpe, die Blut und Qi in die

Beckenregion transportiert und durch den gesamten Körper verteilt.

Wenn sich das Vorspiel zu einer befriedigenden und eigenständigen Form der Vereinigung entwickelt hat, bringen die Partner mehr von sich selbst in die sexuelle Erfahrung ein. Und sie werden auch mehr Lust und Heilkraft daraus beziehen können.

Die Grundlagen

Es gibt unzählige Bücher über Vorspieltechniken. Die Vorschläge in diesem Kapitel stammen von den alten Chinesen und können auch für moderne Liebende sehr hilfreich sein. Bevor wir in die Details gehen, hier ein paar wichtige allgemeine Hinweise:

1. *Vergessen Sie die Regel der Gegenseitigkeit.* Beim Vorspiel sollten Sie nicht unbedingt dem anderen Partner das geben, was Sie selbst sich wünschen, sondern das, was der andere sich wünscht und braucht. Ob die Handlung nun vom Mann oder von der Frau ausgeht, es ist immer die Yang-Energie, die die Initiative ergreift. Gerade hier ist es für Yang wichtig, auch angemessen zu geben.
2. *Kultivieren Sie Überraschung und Abwechslung.* Zusammen mit dem Partner haben Sie vier Hände, zwanzig Finger, vier Lippen, zwei Zungen, zwei verschiedene Geschlechtsorgane und zwei Körper voller erogener Zonen. Damit und mit allem, was sonst noch so im Schlafzimmer zur Verfügung steht, kann ein kreatives Paar so erfinderisch umgehen, dass niemals Langeweile aufkommen muss. Lassen Sie sich auch beim Vorspiel nicht in Routine einfangen.
3. *Behalten Sie Bewährtes bei.* Abwechslung bringt Würze, doch jede Mahlzeit braucht eine solide Grundlage und

jeder Mensch hat Lieblingsspeisen, auf die er sich freut. Es kommt also immer auf einen Ausgleich zwischen Neuem und Vertrautem an. Zwar kann es besonders erregend sein, wenn Sie den Lieblingswunsch Ihres Partners nicht sofort erfüllen, doch ignorieren Sie ihn nicht einfach nur deshalb, weil Sie gern etwas Neues ausprobieren möchten.

4. *Beziehen Sie alle Ihre Sinne mit ein.* In der chinesischen Medizin werden die Sinnesorgane mit den fünf Organsystemen in Verbindung gebracht: Das Ohr mit der Niere, die Zunge mit dem Herzen, die Lippen und der Mund mit der Milz, die Nase mit der Lunge und die Augen mit der Leber. Werden die einzelnen Sinne angeregt, so wird auch das Qi im jeweils entsprechenden Organ aktiviert. Werden alle Sinne während des Liebesspiels einbezogen, so führt dies zu einer stärkeren Ausgewogenheit.

Durch Berührung lassen sich alle Organsysteme stimulieren, da damit die Meridiane der jeweiligen Hautregion angesprochen werden. Besonders wohltuend ist es, sich gegenseitig am ganzen Körper zu streicheln, da dies das Qi im Körper verteilt.

Die Berührung ist wohl am stärksten mit sexueller Erregung verbunden, doch auch die übrigen Sinne sind wichtig für ein kunstvolles Vorspiel. Es kann sehr erregend sein, dem Partner beim Entkleiden zuzuschauen oder die Anzeichen von Erregung beim anderen wahrzunehmen. Belassen Sie also genügend Licht im Raum, um sich gegenseitig sehen zu können. Schmecken Sie den Speichel des Partners, seine Haut, seinen Schweiß, den Geschmack seiner Genitalien. Bringen Sie die Ohren ins Spiel, indem Sie erotische oder romantische Musik laufen lassen – und natürlich mit den eigenen Äußerungen der Lust: Stöhnen und Seufzen, Murmeln und Kichern, Flüstern und Schreien. Und vernachlässigen Sie die Nase nicht. Gerade

Gerüche sind sehr wirksame Aphrodisiaka, also verwenden Sie ruhig parfümierte Massageöle, Räucherwerk oder Duftlämpchen. Und genießen Sie vor allem den besonderen Duft des männlichen und des weiblichen Körpers.

5. *Beziehen Sie den ganzen Körper mit ein.* Der wichtigste Zweck des Vorspiels ist es, Qi-Stauungen in den Meridianen aufzulösen sowie sonstige Blockaden, die den Fluss des Qi in den Beckenbereich verhindern. Wenn wir die Sexualität nicht voll und ganz genießen können, liegt es meist daran, dass unsere Energie in anderen Bereichen gebunden ist, wie es häufig im Kopf der Fall ist. Jeder Kuss und jede zärtliche Berührung führt dazu, dass die Energie sich in dem entsprechenden Körperteil leichter bewegen kann.

6. *Widmen Sie den Brüsten besondere Aufmerksamkeit.* Ein wichtiger Bestandteil des Vorspiels ist das Küssen und Streicheln der Brüste, denn sie stehen mit drei Meridianen in Verbindung: Dem Herzbeutelmeridian, dem Lebermeridian, dessen Kanal unmittelbar durch die Genitalien verläuft, und dem Magenmeridian, der etwa 3–4 cm links und rechts von den Genitalien entlangläuft. Wenn die Brüste stimuliert werden, werden alle drei Kanalsysteme angeregt, und zwar beim Mann wie bei der Frau.

7. *Auch Quickies sind okay.* So wichtig das Vorspiel ist, so gibt es doch auch Zeiten, in denen es vernachlässigt werden kann. Vor allem in langfristigen Beziehungen macht es manchmal Spaß, das Yang-Bedürfnis nach schnellem, heftigem Sex zu befriedigen. Auch Frauen finden das zur Abwechslung sehr erregend, besonders wenn der Mann – befreit vom Zwang, sich in einem für ihn unnatürlich langsamen Tempo zu bewegen – sich hemmungslos austobt. (Einem Mann sollte es jedoch bewusst sein, dass seine Frau eventuell unbefriedigt zurückbleibt. Sorgen Sie also dafür,

dass sie beim nächsten Mal – vielleicht auch später am selben Tag – auf ihre Kosten kommt, indem Sie das Liebesspiel stärker ihrer Yin-Natur anpassen.)

Geistige Harmonie schaffen

*Die sexuelle Liebe ist zweifellos eines
der wichtigsten Dinge im Leben, und die Verbindung
von geistiger und körperlicher Befriedigung beim
Liebesgenuss ist ihr absoluter Höhepunkt.*
SIGMUND FREUD

Guter Sex beginnt im erotischsten Bereich des Körpers: dem Gehirn. Als Einleitung für das Liebesspiel pflegten Paare im alten China verschiedene Dinge miteinander zu unternehmen: Sie lasen Gedichte über die Natur, spielten Musik, schauten sich eine Theatervorführung an, gingen zusammen spazieren, unterhielten sich beim Tee, spielten eine Runde Backgammon oder betrachteten gemeinsam Bilder. Solche Aktivitäten wurden als wichtiger Teil des Vorspiels betrachtet, da sie die Gedanken, Gefühle und Sinnesempfindungen der beiden Partner aufeinander einstimmen, bevor sie sich überhaupt berühren. »Der Mann sollte seine Stimmung mit der der Frau in Einklang bringen«, empfahl Su Nu, die Lehrerin des Gelben Kaisers. »Nur dann wird sich sein Jadestängel erheben.« Solche Empfehlungen gibt es aber nicht nur in China. Ein altes europäisches Ehe-Handbuch aus dem dreizehnten Jahrhundert empfiehlt dem Ehemann Folgendes: »Befleißige dich zuerst der Konversation und sorge dafür, dass ihr Herz und Geist leicht und fröhlich sind ... Sprich Worte der Liebe, des erotischen Verlangens, der Ehrfurcht und Frömmigkeit ... Überstürze nichts und beginne erst dann, ihre Leidenschaft zu erwecken, wenn sie bereit dafür ist.«

In unserer Kultur ist die Einstimmungsphase besonders wichtig, weil die meisten Paare ihren Arbeitsalltag getrennt voneinander verbringen. Wenn ich mit Paaren an deren sexuellen Problemen arbeite, schlage ich ihnen zu Beginn oft vor, ein gemeinsames Interesse zu pflegen, irgendetwas außerhalb von Alltagsthemen und Kindererziehung. Wenn die Partner sich emotional wieder näher gekommen sind, kann oft auch die Flamme der Leidenschaft von Neuem erblühen.

Da die Yin-Energie vom Kopf nach unten fließt, ist sie stärker beteiligt, wenn Geist und Verstand angeregt werden. Die tieferen Aspekte der Persönlichkeit treten hervor und beide Partner werden empfänglicher und offener füreinander. Da die Liebe ganz stark von der Fähigkeit zu empfangen lebt, kann das zu einem stärkeren und tieferen Erlebnis beim Liebesakt führen.

Die Bedeutung von mentaler und emotionaler Harmonie kann auch anhand des Organsystems verdeutlicht werden. Paare mit einem wenig aufregenden Sexleben fürchten oft, dass ihre Ehe in Gefahr ist. Wenn sie sich gemeinsam irgendwelchen angenehmen Interessen und Aktivitäten widmen, klingen solche Befürchtungen meist ab. Dies hat dann positive Auswirkungen auf die Niere, die mit Ängsten wie auch mit der Sexualität in Verbindung stehen. Das Wahrnehmen gemeinsamer Interessen wirkt auch über die anderen Organe auf die Niere. Neues zu erlernen stimuliert die Milz, die die Niere kontrolliert. Vorfreude auf gemeinsame Aktivitäten kann innere Zurückhaltung und Reserviertheit auflösen. Dies hat eine heilende Wirkung auf die Lunge, das Mutterorgan der Niere im Ernährungszyklus. Freudige Erregung stimuliert das Herz, das von der Niere kontrolliert wird. Und das Gemeinschaftsgefühl führt zu mehr Wärme zwischen den Partnern, was die Leber beruhigt, die Mutter des Herzens und das Kind der Niere. So wird das gesamte Organsystem angeregt und eingestimmt.

Als ihre Kinder erwachsen waren und das Haus verlassen hatten, mussten Susanne und Frank feststellen, dass ihre Leidenschaft nicht automatisch dadurch neu entfacht wurde, dass sie nun weniger Verantwortung und ein leeres Haus hatten. Also machten sie aus ihrer Begeisterung fürs Kino ein kreatives Vorspiel. Zunächst wurde jeder Kinobesuch zu etwas Besonderem, indem sie ihn wie ein Rendezvous betrachteten. Anschließend diskutierten sie über den Film und sorgten damit für gegenseitige geistige Anregung, die dann schließlich auch zu körperlicher Erregung führen konnte. Und später erfanden sie ein weiteres Element dazu, indem sie verschiedene Rollen aus den Filmen übernahmen und ausprobierten. Jeder der beiden suchte sich eine Rolle aus und dann flirteten sie auf diese Weise miteinander, bis sie schließlich im Schlafzimmer gelandet waren.

Auch Tanzen ist eine wunderbare Methode, um in Harmonie zu kommen. Ihren ersten Tanzkurs machten Alexandra und Robert als Vorbereitung für ihren Hochzeitsball und seither sind sie dabei geblieben. Trotz ihrer drei Kinder nehmen sie sich immer noch Zeit, ab und zu tanzen zu gehen und neue Schritte zu lernen. Oder sie drehen zu Hause die Anlage auf, machen Platz im Wohnzimmer und tanzen Walzer oder Foxtrott, bis sie Lust bekommen, den Tanz ins Schlafzimmer zu verlegen. Dieses Ritual ist besonders hilfreich, wenn Paare längere Zeit getrennt waren oder sich gestritten haben, da es nicht nur die Füße, sondern auch Gefühle und Gedanken in Harmonie und Gleichklang miteinander bringt.

Für manche Paare ist es eine ziemliche Herausforderung, eine gemeinsame Aktivität zu finden. Peter und Andrea hatten das Gefühl, dass sie außer Haus und Kindern nichts gemeinsam hatten. Da das Haus genauso heruntergekommen war wie ihr Sexualleben, schlug ich ihnen vor, doch gemeinsam Kurse für Hobby-Handwerker zu besuchen. Bald stellten sie fest, dass dies ihre Vorstellungskraft so beflügelte, dass sie nicht nur ihr Haus gemeinsam umbauten, sondern auch ihre Beziehung neu aufbauen konnten.

Konkrete Vorschläge

1. Nehmen Sie sich einmal pro Woche Zeit für ein Rendezvous mit Ihrem Partner oder Ihrer Partnerin. Solch ein Ritual kann die romantische Leidenschaft neu beflügeln. Vereinbaren Sie miteinander, dass Sie an diesen besonderen Abenden keine Alltagsangelegenheiten besprechen.
2. Erzählen Sie Ihrem Partner, bei welchen Gelegenheiten Sie tagsüber an den anderen dachten und was Ihnen dabei in den Sinn kam. Dann lassen Sie Ihren Partner dasselbe tun.
3. Machen Sie öfter mal zusammen etwas »Verrücktes«. Das kann wieder ein Gefühl junger Leidenschaft und Verliebtheit heraufbeschwören. Beginnen Sie zum Beispiel ein kleines sexuelles Geplänkel auf dem Küchentisch oder auf dem Autorücksitz.
4. Genießen Sie gemeinsam Musik oder Kunst. Gehen Sie in ein Konzert. Lesen Sie einander Gedichte vor. Oder schauen Sie sich zusammen witzige Cartoons an. Lachen kann ungemein verbindend wirken. Und wenn Sie noch einen kleinen Schritt weiter gehen möchten, dann betrachten Sie zusammen erotische Kunst. Die alten Chinesen schufen die ersten erotischen Bücher, die man »Kopfkissen-Bücher« nannte. Sie wurden an jung verheiratete Paare verschenkt, um diese zu inspirieren.
5. Kaufen Sie erotisches Spielzeug. Schauen Sie sich bei einer Erotikmesse, in einem Sexshop oder in einer Bou-

tique für tantrisches Zubehör um und suchen Sie sich etwas aus – von Federn zum Streicheln über Massageöle und Düfte bis hin zu einem Dildo. Oder blättern Sie durch einen Erotikkatalog, wenn Sie Ihre Phantasie lieber in der Privatsphäre des eigenen Heims anregen lassen.

6. Geben Sie Ihren Genitalien Namen. Betonen Sie die Intimität Ihrer Beziehung, indem Sie sich gegenseitig Kosenamen für Penis und Vagina ausdenken. Im Westen haben wir meist nur unschöne Schimpfworte für die Sexualorgane. Die Chinesen dagegen behandelten sie immer mit sehr viel mehr Respekt und erfanden zahlreiche poetische Bezeichnungen, die Sie ebenfalls verwenden können. Oder erfinden Sie Ihre eigenen Namen.

Penis	Vagina
Jadestängel	Honigtopf
General	Jadekammer
Waffe der Liebe	Geheimnisvolle Kammer
Karminroter Vogel	Goldene Spalte
Flöte	Tal der Freude
Himmlische Rute	Zinnobergrotte
Gipfel des Yang	Tor des Yin
Krieger	Lotosblüte

Erotische Massage

Kinder, die nie berührt werden, werden mit größerer Wahrscheinlichkeit unter Depression, Hyperaktivität oder anderen psychologischen Störungen leiden und alte Menschen ohne Berührung geistig und körperlich schneller altern. Dies haben medizinische Studien gezeigt. Die Forschung hat auch festgestellt, dass Berührungen die zwischenmenschliche Verbindung fördern, unter anderem durch die Ausschüttung von Oxytozin, einem Hormon, das im Körper produziert wird, wenn wir berühren oder berührt werden, und das die höchste Konzentration erreicht, wenn Mütter ihre Babys stillen.

Selbstverständlich gibt es unzählige Möglichkeiten für Liebende, sich gegenseitig zu berühren. Allgemein gilt, dass Yin – der ganzheitliche Aspekt unserer Sexualität – durch die Berührung des gesamten Körpers angeregt wird, während Yang stark konzentriert ist und die Berührung der erogenen Zonen bevorzugt. Wegen der unterschiedlichen Anteile von Yin und Yang genießen es Frauen in der Regel, wenn sie beim Sex am ganzen Körper gestreichelt werden, während Männer möglichst bald an den Genitalien berührt werden möchten.

Eine der erotischsten und angenehmsten Formen von Berührung, die Massage, spricht den Yin-Aspekt in Männern und Frauen an. Die sanfte Bewegung der Hände beruhigt Körper und Geist und stimuliert gleichzeitig die Nervenenden unter der Haut. Es ist eine wunderbare Art, miteinander warm zu werden und eine ruhige, entspannte Atmosphäre für das Liebesspiel zu schaffen.

Eine Massage kann außerdem energetische Stauungen auflösen, sodass mehr Energie für Sex zur Verfügung steht. Spannungen sind im Grunde nur Energie, die an einer Stelle geballt auftritt. Wenn zum Beispiel Schultern und Nacken steif sind, so bedeutet dies, dass das Qi in diesen Bereichen gestaut ist und nicht für andere Zwecke wie zum Beispiel Sexualität zur Verfügung steht. Eine gute Massage kann diese Energie wieder in Fluss bringen.

Grundsätzlich gibt es vier Arten von Berührung, die bei einer erotischen Massage verwendet werden können:

1. *Streichen*. Mit der ganzen Hand (und geschlossenen Fingern) berühren Sie ausgedehnte Hautflächen, wobei Sie

sanft nach oben, nach unten oder quer über den Körper streichen. Der Druck kann dabei von ganz leicht bis stark variieren.
2. *Kneten*. Fassen und drücken Sie sanft Haut und Muskeln zwischen Daumen und Fingern. Diese Technik eignet sich besonders für Schultern, Arme und Beine.
3. *Drücken*. Pressen Sie an bestimmten Stellen mit dem Daumen langsam und vorsichtig nach unten. Drücken Sie einen Moment und lassen Sie dann langsam wieder los. Diese Technik ist die Grundlage der Akupressurmassage und kann am ganzen Körper verwendet werden. Benützen Sie sie zum Beispiel auch links und rechts der Wirbelsäule, jeweils 2–3 cm von den Wirbeln entfernt. Beginnen Sie im Nacken und drücken Sie sanft etwa alle 5 cm bis hinunter zum Steißbein.
4. *Auseinanderziehen*. Legen Sie beide Hände auf den Körper des Partners, wobei die ausgestreckten Daumen sich berühren. Drücken Sie die Daumen sanft auf die Haut, während Sie sie zu den Fingern hin auseinander ziehen. Sie können den Druck erhöhen, wenn Sie Massageöl verwenden, müssen aber darauf achten, dass die Haut dabei nicht gezerrt wird. Diese Technik eignet sich gut für den Rücken, die Brust sowie Ober- und Unterschenkel.

Ich empfehle, jede Massage mit streichenden Bewegungen zu beginnen und dann langsam die anderen Formen mit einzubeziehen. Verwenden Sie wechselnden Druck, je nach den Bedürfnissen und Vorlieben Ihres Partners oder Ihrer Partnerin. Als Regel gilt, dass ein stärkerer Druck die Entspannung fördert, während eine sanfte, ganz leichte Bewegung erregt und die Sinne weckt.

Je länger eine Massage dauert (über fünfzehn Minuten), desto größer wird die Entspannung des Partners sein. Sie können sich Zeit nehmen, den Druck langsam zu verstärken und Bereiche angestauter Spannungen sanft aufzulösen. Doch Sie sollten auch wissen, dass zu viel Entspannung dazu führen kann, dass der andere schließlich für den Sex zu müde ist und möglicherweise sogar einschläft. Eine kurze Massage reicht meist aus, um Spannungen zu lösen und zwei Partner durch Berührung miteinander zu verbinden. Wenn Sie dagegen viel Zeit haben, kann eine längere Massage, gefolgt von einer Zeit der Ruhe oder sogar einem kleinen Nickerchen, der Beginn eines aufregenden sexuellen Abenteuers sein. Sie sollten nur nicht erwarten, dass Ihr Partner nach einer längeren Massage ganz heiß und wild ist.

So wird es gemacht

1. Bewegen Sie Ihre Hände immer von oben nach unten, vom Kopf und den Extremitäten aus in Richtung der Genitalien. Das unterstützt den natürlichen Fluss von Blut und Qi in die Sexualorgane, wie er auch bei sexueller Erregung auftritt. Eine direkte Massage der Genitalien sollten Sie nur einbeziehen, wenn Ihr Partner es ausdrücklich wünscht. Zu Beginn sollten sie die Sexualorgane nur sanft streicheln und ihnen dabei nicht mehr Aufmerksamkeit schenken als allen anderen Körperbereichen auch. Wenn sie zu sehr betont werden, wirkt die Massage eher erregend als entspannend und für den Partner ist es möglicherweise sehr frustrierend, wenn Sie die Hände schließlich wieder zu anderen Stellen bewegen.
2. Konzentrieren Sie sich vornehmlich auf die Haut. Stärkerer Druck auf die Muskeln ist entspannend, doch vielleicht zu entspannend für ein Vorspiel. Die Nerven, die bei einer erotischen Massage vornehmlich stimuliert werden sollten, liegen direkt unter der Haut. Verwenden Sie

daher sanfte, federleichte Berührungen, um anzuregen, und festere Berührungen mit stärkerem Druck, um zu entspannen.

3. Sorgen Sie unbedingt dafür, dass es im Raum warm genug ist, besonders wenn der Partner nackt ist, der die Massage erhält. Kälte führt zu angespannten Muskeln. Bei vielen Menschen sinkt außerdem die Körpertemperatur, wenn sie massiert werden. Daher sollten Sie eine Decke oder ein Tuch bereithalten, um bei Bedarf Körperteile abzudecken, an denen Sie im Moment nicht arbeiten.

4. Bitten Sie um Rückmeldung. Jeder Mensch hat persönliche Vorlieben und Abneigungen. Druck, der sich für den einen wunderbar anfühlt, ist für jemand anderen vielleicht bereits schmerzhaft. Ermuntern Sie Ihren Partner, Ihnen mitzuteilen, ob der angewandte Druck angemessen ist oder ob er es sich leichter oder fester wünscht.

5. Verwenden Sie Massageöl. Die Technik des Drückens lässt sich auch ohne Öl gut praktizieren, doch alle anderen Techniken funktionieren besser mit Massageöl oder -lotion, besonders wenn Sie starken Druck einsetzen oder über große Hautbereiche streichen. Denken Sie dabei immer daran, dass Hautöle nie in die Vagina gelangen sollten. Wenn Sie nach der Massage Geschlechtsverkehr planen, sollten Sie also auch den Penis nicht einölen. Nehmen Sie dafür wie auch für die Massage des weiblichen Genitals besser Gleitcremes, die für den Vaginalbereich geeignet sind.

6. Derjenige, der die Massage erhält, sollte natürlich möglichst bequem liegen. Doch das gilt auch für den massierenden Partner. Es vermindert nicht nur die Qualität der Massage, in einer unbequemen Haltung zu arbeiten, es kann sogar die Muskeln so stark beanspruchen, dass der Massierende anschließend selbst reif für eine Massage ist.

7. Bei der Massage des weiblichen Partners sollten Sie den Brüsten besondere Aufmerksamkeit schenken. Da der Lebermeridian hier verläuft, wird die Massage die Gefühle beruhigen und sexuelles Qi in die Genitalien leiten. Versuchen Sie auch einmal, die Brüste mit jeweils einer Hand zu fassen (oder auch jeweils eine Brust mit beiden Händen) und sie sanft anzuheben. Das entlastet den Brustkorb, die Muskeln und das Bindegewebe und erzeugt angenehme Gefühle.

Küssen

Was ist ein Kuss? Nun ja, der süße Leim der Liebe.
ROBERT HERRICK

Psychotherapeuten wissen es: Paare mit Beziehungsproblemen küssen sich oft nicht mehr – selbst wenn sie noch Geschlechtsverkehr miteinander haben. Denn nichts ist intimer als ein tiefer, leidenschaftlicher Kuss.

Auch schon die alten Chinesen wussten dies; ihre Schriften preisen den Kuss als wichtigen Teil des Vorspiels wie auch als köstliches Elixier der Liebe an sich. Küssen wurde als wunderbares Mittel betrachtet, um emotionale und energetische Nähe zu erzeugen. Da Lippen und Mund mit der Milz in Verbindung stehen, tauscht ein Paar beim Küssen Qi miteinander aus und nimmt die gegenseitige Zuneigung in sich auf. Wenn die Zunge dabei ins Spiel kommt, wird die Wirkung noch gesteigert, da die Zunge mit dem Herzen verbunden ist. Durch Stimulation der Zunge wird das Qi im Herzen angeregt: Ein leidenschaftlicher Kuss kann das Herz heftig schlagen lassen und zu freudiger Erregung führen.

Lange, leidenschaftliche Küsse regen besonders die Yin-Kräfte an, da Yin vom Mund nach unten zu den Genitalien fließt. Während der Yang-Aspekt erst nach sexueller Erregung zu küssen beginnt, verwendet der Yin-Aspekt Küsse, um sexuell in Stimmung zu kommen. Deshalb sind es meist die Frauen, die leidenschaftliche Küsse bevorzugen und mehr Zeit damit verbringen möchten. Doch Küsse von Mund zu Mund stimulieren beide Energien im Körper, Yin und Yang. Zwei wichtige Meridiane enden im Mund: Das Konzeptionsgefäß, das die Yin-Energie des Körpers regiert, verläuft auf der Körpervorderseite vom Perineum bis rund um die Lippen, und das Lenkergefäß, das die Yang-Energie beherrscht, verläuft auf der Rückseite über den Kopf bis zur Oberlippe. Küssen belebt das Qi in diesen beiden wichtigen Kanälen. Es harmonisiert Yin und Yang, erleichtert den gesunden Austausch der Qi-Energie zwischen den Partnern und schafft so die optimale Voraussetzung für eine sexuelle Begegnung.

Der Austausch von Speichel wurde außerdem von den großen Weisen als ein großes Plus für die Gesundheit betrachtet. Speichel enthält Antibiotika, die als erste Abwehrlinie des Immunsystems betrachtet werden. Doch die Qualität eines Elixiers, die die alten Chinesen dem Speichel zuschrieben, bleibt noch ein Geheimnis für die westliche Wissenschaft. Der Austausch des Speichels vermittelt den Liebenden jeweils das Qi des Partners: Es schenkt dem Mann Yin- und der Frau Yang-Energie.

So werden Küsse himmlisch

Vielleicht sind Sie bisher davon ausgegangen, dass Küssen ein natürlicher Instinkt ist und nicht gelernt werden muss. Nun, auch das Gehen ist ein natürlicher Instinkt, und doch lassen sich Haltung und Gang mit etwas Anleitung meist verbessern. In beiden Fällen ist es Zeit und Übung nötig, um wirkliche Kompetenz zu erreichen.

Die folgenden Hinweise unterstützen Sie dabei, wie Sie das Küssen zu einem effektiven sexuellen Stimulans und gleichzeitig zu einem wirkungsvollen Heilmittel machen.

1. Entspannen Sie Mund, Zunge und Gesichtsmuskeln. Anspannung schwächt die Sensibilität und lässt Hohlräume im Mund entstehen, was einen Kuss weniger sinnlich macht.
2. Regen Sie die Speichelsekretion an. Wenn Sie die Zunge im Mund Ihres Partners bewegen, konzentrieren Sie sich besonders auf die Bereiche, wo die Speicheldrüsen lokalisiert sind, nämlich unter der Zunge und nahe bei den Backenzähnen. Dadurch können Sie den Austausch von Speichel verstärken.
3. Genießen Sie dies. Je feuchter der Kuss, desto mehr Speichel – und damit Qi – wandert vom einen zum anderen Partner. Wenn einer der Partner damit Probleme hat, ist möglicherweise ein aufrichtiges Gespräch hilfreich und etwas Übung nötig.
4. Seien Sie erfinderisch. Experimentieren Sie mit unterschiedlichem Druck, von fedrig leicht bis leidenschaftlich und stark, und setzen Sie die Zunge unterschiedlich ein, indem sie lecken, züngeln, stoßen usw.
5. Verwenden Sie auch die Zähne, allerdings nur vorsichtig. Ein leichtes Knabbern von Zeit zu Zeit kann sehr erotisch sein, doch wenn Sie die Grenze zum Schmerz überschreiten, führt dies vielleicht zu einem äußerst verletzenden Erlebnis in einem sehr verwundbaren Moment.
6. Küssen Sie nicht nur auf den Mund. Die Berührung von Lippen und Zunge kann am ganzen Körper sehr sinnlich und erregend wirken. Der Körper ist eine einzige große erogene Zone. Lassen Sie sich von den Reaktionen Ihres

Partners leiten und lernen Sie die individuellen erogenen Zonen des anderen kennen. Wie bei der Massage ist es empfehlenswert, sich auch beim Küssen oder Lecken von der Peripherie zum Zentrum hinzubewegen und sich von oben und unten langsam den Genitalien zu nähern.

Die alten Chinesen legten großen Wert auf das Küssen, Lecken und Saugen der weiblichen Brüste. Da der Lebermeridian durch die Brüste verläuft, wird dadurch der Qi-Fluss zu den Genitalien stark angeregt. Doch dies ist nicht allein für die Frau, sondern auch für den Mann günstig, da eine sexuell erregte Frau nach Ansicht der chinesischen Medizin drei verschiedene Sekrete produziert: im Mund, an Brüsten und Klitoris. Männern wurde empfohlen, diese Sekrete in sich aufzunehmen, um ihre Gesundheit und sexuelle Kraft zu steigern. Demnach sollten nicht stillende Frauen eine süße Substanz aus den Brustwarzen abscheiden, die »weißer Schnee« genannt wurde, sich von Muttermilch unterscheidet und verjüngende und stärkende Eigenschaften haben soll.

Orale Stimulation

Warum nach einer Pille der Unsterblichkeit suchen, wenn man doch aus der Jade-Quelle trinken kann?
HSU HSIAO MU CHI

Die Chinesen betrachteten oralen Sex als die zweitbeste Möglichkeit – nach dem Koitus –, um Qi zwischen Partnern auszutauschen. Der enge Kontakt zwischen Mund und Genitalien und die Aufnahme von Ausscheidungen ermöglichen einen besonders starken Energieaustausch. Und je mehr Qi zwischen den Partnern ausgetauscht werden kann, desto vollständiger können sich beide fühlen und umso mehr werden Gesundheit und Wohlbefinden durch die jeweils andere Energie gesteigert.

Die meisten Männer genießen es, von einer Frau oral stimuliert zu werden, ob sie dabei nun ejakulieren oder nicht. Studien haben ergeben, dass über 25% der Männer dies dem Geschlechtsverkehr vorziehen, weil die Versagensängste zum Teil geringer sind, aber auch, weil eine geübte Frau mit dem Mund sehr vielfältig stimulieren kann. Außerdem gibt oraler Sex dem Mann Gelegenheit, die empfängliche Position zu genießen. Dies kann ihn insgesamt offener und verletzlicher machen, empfänglicher für alle möglichen Aspekte sinnlicher Freude. Er kann so auch mehr Verständnis für die Position der Frau erwerben, die sich beim Liebesakt in der Regel verletzbarer fühlt als der Mann.

Frauen können also sehr davon profitieren, wenn sie ihrem Partner oralen Sex geben. Auch wenn die Traditionellen Chinesischen Lehren empfehlen, dass der Mann nicht in den Mund der Partnerin ejakulieren sollte, da auf diese Weise weniger Qi ausgetauscht wird als beim normalen Geschlechtsverkehr, so erklären sie doch auch, dass eine Frau große Mengen an Yang-Energie zu sich nimmt, wenn sie den Samen ihres Geliebten aufnimmt. Wie wir in einem späteren Kapitel noch sehen werden, enthält der Samen konzentrierte Lebenskraft. Tatsächlich wurde Ejakulat damals so sehr geschätzt, dass die alten Kaiser von ihren Bediensteten den Samen gesunder junger Männer einsammeln ließen, um ihn dann, mit Kräuteressenzen gemischt, zu sich zu nehmen. Jeder Orgasmus ist wie eine Explosion von Qi. Wenn ein Mann im Mund einer Frau zum Höhepunkt kommt, empfängt sie dieses Qi und wenn sie den Samen schluckt, verstärkt dies noch seine heilsame Wirkung, nach dem Glauben der alten Chinesen.

Ich empfehle allen Frauen wärmstens, sich genügend Zeit zu nehmen, um die energetische Explosion bei der Ejakulation des Partners bewusst zu erleben. Wenn Sie den Samen schlucken sollten, sehen Sie ihn als heilende energetische Substanz, die nun Ihren ganzen Körper erfüllt. Falls Sie den Samen nicht schlucken möchten, sollten Sie ihn wenigstens ein bis zwei Minuten im Mund behalten, bevor Sie ihn ausspucken, und sich dabei vorstellen, dass Sie die vitale Energie Ihres Partners aufnehmen.

Paare sollten sich dessen bewusst sein, dass Fellatio (die orale Stimulation des Penis) bei beiden Partnern den sekundären energetischen Aspekt zum Vorschein bringt – das verletzliche Yin beim Mann und das aggressive Yang bei der Frau. Das kann für einen der Partner oder auch für beide anfangs ungewohnt und unangenehm sein. Falls Sie sich dabei unwohl fühlen, sollten Sie langsam beginnen, ohne dabei bis zum Orgasmus zu gehen, und das Spiel dann nach und nach ausdehnen. Vielleicht ist es auch angebracht, dass die Frau zuerst die Genitalien des Mannes einfach nur sanft erforscht, ohne etwas *tun* zu müssen. Ebenso kann es beiden leichter fallen, wenn der Mann bis zu einem gewissen Grad die Kontrolle behält, z. B. indem er die Bewegungen seiner Partnerin dirigiert oder sie anleitet. Dann muss keiner der beiden ausschließlich auf den sekundären Aspekt vertrauen.

Auch Cunnilingus wurde von den alten Chinesen sehr empfohlen, sie nannten es das »Trinken aus der Jade-Quelle«. Die Ausscheidungen des »Yin-Palastes« sahen sie als nährend und vitalisierend an und sie rieten den Männern, reichlich von dieser »Medizin der Mondblume« zu genießen.

Immer schon haben Frauen die orale Befriedigung durch einen geübten Partner besonders genossen. Die bekannten Sexualforscher Masters und Johnson sahen oralen Sex als die beste Methode an, um eine Frau zum Orgasmus zu bringen. Viele meiner Klienten haben dies bestätigt und auch Frauen, die beim normalen Geschlechtsverkehr Orgasmen haben, bestätigen, dass sie durch oralen Sex zuverlässiger zum Höhepunkt kommen. Das liegt natürlich daran, dass die Klitoris – der empfindlichste Teil der Vulva – beim normalen Geschlechtsverkehr meist wenig direkte Stimulation erhält, durch oralen Sex dagegen viel leichter erregt werden kann. Die Zunge (unser zweitstärkster Muskel) ist flexibler und vielseitiger als der Penis oder ein Finger. Zusammen mit den Lippen ist der Mund ein wunderbar vielseitiges Instrument der Lust.

Oraler Sex ist für die Frau eine wunderbare Möglichkeit, ihr Repertoire an Empfindungen zu erweitern. Außerdem hat sie dabei mehr Kontrollmöglichkeiten und kann den Ablauf stärker beeinflussen. Da hierbei keine Gefahr besteht, dass der Mann vorzeitig zum Höhepunkt kommt, kann sie sich vollkommen entspannen und sich reichlich Zeit lassen, ihr Qi vollständig zum Erblühen zu bringen. Daher vermittelt oraler Sex oft ein ganzheitlicheres Gefühl, vor allem wenn der Mann dabei auch andere Körperteile streichelt und berührt – etwas, was beim Geschlechtsverkehr oft unterbleibt.

Insgesamt rangieren die positiven gesundheitlichen Auswirkungen von oralem Sex direkt nach dem Geschlechtsverkehr. Und da oraler Sex außerdem noch andere Vorteile hat, sollte er ein wichtiger Bestandteil des sexuellen Repertoires sein, sowohl als Teil des Vorspiels wie auch als sexuelle Praktik an sich.

Geschmack und Geruch

Wenn Sie Ratschläge und Tipps für oralen Sex suchen, können Sie unter zahlreichen exzellenten Büchern und Videos auswählen. Hier möchte ich nur kurz die wichtigsten Hindernisse für Vergnügen an oralem Sex ansprechen: Geruch und Geschmack.

Um die Aufmerksamkeit potenzieller Partner auf die Geschlechtsorgane zu lenken, hat sie die Natur reichlich mit Duftstoffen ausgestattet. Männer wie Frauen scheiden Hormone aus, die Pheromone genannt werden und als Duftlockstoffe auf das jeweils andere Geschlecht wirken.

Die einzige Ursache für durchgehend abstoßenden Geruch oder Geschmack kann eigentlich nur in einem gesundheitlichen Problem liegen. Bakterielle Infektionen oder Pilzinfektionen, Verstopfung oder genereller Flüssigkeitsmangel können zu unangenehmem Geruch führen. Daher ist es empfehlenswert, viel zu trinken, ballaststoffreich zu essen, Alkohol und Koffein zu meiden und sich bei Verdacht auf Infektionen ärztlich untersuchen zu lassen.

Vermeiden Sie als Frau, Scheidenspülungen und Vaginalsprays zu benutzen, außer sie sind Ihnen wegen eines bestimmten medizinischen Problems verschrieben worden. Von Patientinnen, die häufig Scheidenspülungen anwenden, weiß ich, dass sie mit der Zeit immer stärker unter Geruchsbildung leiden, da die natürliche Scheidenflora zerstört wird und die Anfälligkeit für Infektionen sich erhöht. Diese Infektionen sind es, die zu Geruchsproblemen führen. Nur durch eine medikamentöse Behandlung lässt sich das dann wieder in den Griff bekommen.

Der Penis selbst hat keinen besonderen Geschmack, wenn er frisch gewaschen ist. Doch Frauen haben oft eine Abneigung gegen den Geschmack der Samenflüssigkeit. Für manche Frauen ist bereits der Gedanke abstoßend, Samenflüssigkeit in den Mund zu nehmen oder zu schlucken, und sie würden es selbst dann nicht genießen, wenn sie wie Honig schmecken würde. Diese Einstellung rührt häufig daher, dass die Samenflüssigkeit für eine Art Abfallprodukt gehalten wird. Doch sie ist tatsächlich völlig frei von schädlichen Substanzen und wurde von den alten Chinesen sogar, wie wir bereits gehört haben, als besonders gesundheitsfördernd betrachtet. Die Samenflüssigkeit kann jedoch bitter, salzig oder generell unangenehm schmecken, wenn ein gesundheitliches Problem vorliegt oder der Mann sehr viel Koffein und Alkohol zu sich nimmt. Als Frau sollten Sie Ihren Mann also bitten, mehr Wasser und weniger Kaffee und Alkohol zu trinken. Belohnen Sie ihn doch mit oralem Sex, wenn er eine Woche lang »sauber« bleibt. Sie werden sehen, diese eine Woche wird den Geschmack des Ejakulats entscheidend verbessern!

Landkarten der Liebe

Die Traditionelle Chinesische Medizin geht davon aus, dass bestimmte Stellen an den Genitalien mit anderen Körperteilen in Verbindung stehen. Vielleicht haben Sie bereits von der Fußreflexzonenmassage gehört, bei der bestimmte Stellen des Fußes massiert werden, um Herz, Lunge, Augen und andere Organe zu stimulieren. Ein ähnliches Reflexzonensystem gibt es auch für die Genitalien. Nach dieser Reflexzonentheorie führt die Stimulation eines bestimmten Punktes an Penis oder Vagina zu einer Anregung des Qi im entsprechenden Organ. Dies ist einer der Gründe, warum sexuelle Aktivität die körperliche Gesundheit so positiv beeinflusst.

Um alle Organe auf harmonische, ganzheitliche Art und Weise anzuregen, ist es wichtig, die Geschlechtsteile insgesamt zu stimulieren. Wird ein einzelner Teil auf Kosten anderer Bereiche bevorzugt, so kann das entsprechende Organsystem sogar überreizt und damit insgesamt geschwächt werden.

Dies gilt es vor allem bei oralem Sex zu beachten. Wird bei einer Frau ausschließlich die Klitoris erregt, ohne dass die Vagina berührt wird, tritt möglicherweise eine Überreizung

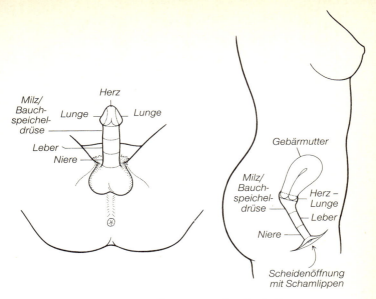

Abb. 5 Reflexzonen an den Genitalien

der Niere ein. Das daraus entstehende Ungleichgewicht kann dann Probleme entstehen lassen, die mit der Niere zusammenhängen: Blasenkrankheiten, menstruelle und gynäkologische Störungen, Unfruchtbarkeit, Rückenschmerzen, Knieprobleme, Gedächtnisverlust etc. Wird beim Mann vor allem die Eichel angeregt, dann können Herz und Lunge überreizt werden, was zu den entsprechenden Symptomen führen kann: Kreislaufstörungen, Ängste, Atembeschwerden, Depressionen etc.

Aus diesem Grund ist es empfehlenswert, oralen Sex nicht ausschließlich zu praktizieren oder aber dabei auch immer den ganzen Penis bzw. auch die Vagina zu stimulieren. Frauen können mit der Hand, mit den Lippen oder mit der Zunge den gesamten Penis berühren, küssen oder lecken.

Männer können mit den Fingern in die Vagina eindringen und sie von innen streicheln, während sie mit dem Mund die Klitoris und den Schamlippenbereich bearbeiten.

Stimulation mit der Hand

Meistens – falls sich jemand für die Wahrheit interessiert – weiß ich gar nicht so recht, wo ich anfangen soll, wenn ich mit einem Mädchen Blödsinn mache.
J. D. SALINGER, »Der Fänger im Roggen«

Wie bei den oralen Techniken gibt es auch bei der manuellen Stimulation viele verschiedene Praktiken. Die Kombinationsmöglichkeiten und individuellen Vorlieben sind praktisch endlos: innen – außen, aufwärts – abwärts, tief – flach, oben – unten, sanft – fest etc. Denken Sie auch bei der manuellen Stimulation immer daran, alle Teile von Penis oder Vagina einzubeziehen.

Eine Körperzone jedoch verdient besondere Aufmerksamkeit: der G-Punkt.

Er ist benannt nach Ernst Grafenberg, dem deutschen Gynäkologen, der ihn in den 40er Jahren zum ersten Mal beschrieb. Er hat etwa die Größe einer Mandel oder einer Fingerspitze und befindet sich auf der vorderen Seite der Vagina, etwa 5 cm von der Öffnung entfernt. Auch wenn seine Existenz eine Zeit lang umstritten war, so haben doch inzwischen einige Forscher – und nicht zuletzt zahlreiche Frauen – bestätigt, dass es ihn gibt und dass er besonders empfindlich auf Druck reagiert. Er ist so sensibel, dass viele Frauen bei entsprechender Reizung einen besonders intensiven Orgasmus erreichen. Manche scheiden dabei sogar eine milchige Substanz aus, bei der es sich weder um Urin noch um das übliche Vaginalsekret handelt.

In chinesischen Texten findet sich kein expliziter Hinweis auf den G-Punkt. Es ist jedoch sehr wahrscheinlich, dass die alten Chinesen bereits davon wussten, denn die Stellungen, die sie zur Befriedigung der Frau empfahlen, sind genau diejenigen, mit denen sich der G-Punkt besonders stimulieren lässt (siehe Kapitel 5).

Jede Frau kann sich zusammen mit dem Partner mit ihrem G-Punkt vertraut machen. Folgende Körperhaltungen sind am besten geeignet, um ihn zu finden: Die Frau liegt mit gespreizten und angewinkelten Beinen auf dem Rücken oder sie lässt sich auf Händen und Knien nieder. Wenn die Vagina ausreichend feucht ist, kann der Mann einen Finger bis etwa zur Hälfte einführen und mit sanftem Druck gegen die vordere Scheidenwand (das heißt, in Richtung Bauch) nach einem kleinen Bereich suchen, der sich etwas rauer und knubbeliger anfühlt als das sonst glatte Gewebe. Möglicherweise ist er schwierig zu finden. Bei manchen Frauen liegt der G-Punkt nur etwa 1 cm vom Rand der Vagina entfernt

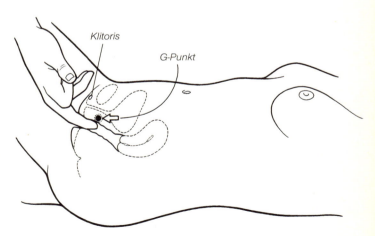

Abb. 6 Die beste Position zum Auffinden des G-Punkts

und viele müssen bereits erregt sein, bevor der Punkt so stark anschwillt, dass er ertastbar ist.

Doch selbst wenn Sie ihn finden, sollten Sie kein sofortiges Feuerwerk erwarten; der G-Punkt ist kein Knöpfchen, das Sie einfach nur drücken müssen, um sofort Erfolge zu erzielen. Frauen können selbst auf diese vorsichtige Erforschung ganz unterschiedlich reagieren. Manche fühlen sich davon angetörnt, andere spüren überhaupt nichts, einige bemerken ein Gefühl von Taubheit in diesem Bereich und manche wiederum sind sogar irritiert und schieben die Hand des Mannes weg. Da der Punkt sehr nahe bei der Blase liegt, kann auch Harndrang auftreten. Beide Partner sollten einfach akzeptieren, was geschieht und geduldig weiter probieren, da die Reaktion der Frau sich von Mal zu Mal verändern kann.

Die Phase der Erforschung sollte sanft, zärtlich und liebevoll sein. Die Frau ist in dieser Position besonders verletzlich und braucht eine sichere, entspannte Atmosphäre. Sie sollte sich dabei auf die körperlichen Gefühle konzentrieren, während der Mann darauf achten muss, dass er in seiner Erregung nicht zu drängend wird. Versuchen Sie, diese Erforschung um ihrer selbst willen zu unternehmen, und nicht als Weg zu irgendeinem Resultat.

Der G-Punkt kann das Tor zu einer neuen Ebene der Lust sein. Sobald eine Frau mit den Gefühlen vertraut ist, die eine Berührung dieses Bereichs auslöst – und sobald der Mann darin mehr Übung hat –, kann die Stimulierung des G-Punkts zum aufregendsten Teil des Liebesaktes werden. Der G-Punkt kann mit dem Finger angeregt werden, entweder alleine oder zusammen mit der Klitoris – eine Kombination, die viele Frauen unübertroffen finden – oder auch mit dem Penis, wenn man bestimmte Stellungen verwendet.

Eine Frau mit der richtigen Kombination aus günstiger Anatomie, positiver Einstellung und geschicktem Partner hat die besten Voraussetzungen, um auf diese Weise schließlich den Orgasmus mit Ejakulation zu erreichen, den die alten Chinesen mit einem rauschenden Bach im Frühling verglichen. Tatsächlich wurde diese Art des Orgasmus von ihnen als das ultimative sexuelle Erlebnis der Frau betrachtet. Wie wir noch sehen werden, haben sie mehrere Ebenen des weiblichen Orgasmus beschrieben, wobei jede unterschiedliche gesundheitliche Auswirkungen hat, da die orgasmischen Kontraktionen Blut und Qi durch den ganzen Körper pumpen. Der Orgasmus mit Ejakulation entspricht der höchsten Ebene, der Vollendung des weiblichen sexuellen Zyklus. In diesem Moment ist sie gleichzeitig ein vollkommenes Gefäß für das Qi des Partners wie auch in höchstem Maße Spenderin ihres eigenen Qi.

Anale Stimulation

Für die meisten von uns ist der After ein Körperteil, der ebenso aus der Sicht wie aus dem Bewusstsein verbannt ist. Wegen seiner Rolle bei der Ausscheidung wird er als schmutzig betrachtet, als etwas, das es zu meiden gilt. Tatsächlich kann er aber für Männer wie für Frauen eine höchst erogene Körperzone sein. Einige der Muskeln und Nerven dort sind unmittelbar mit den Genitalien verbunden. Durch die Stimulation des Anus wird eine weitere Pforte in den Beckenraum eröffnet und damit die Bewegung des Qi durch das gesamte System verstärkt. Wird das erotische Potenzial des Anus erweckt, so erweitern sich auch das Spektrum und die Intensität der Empfindungen. Pobacken, Hüften und Perineum werden so kraftvolle Instrumente im Liebesspiel. Für viele Menschen hat die anale Stimulation noch einen zusätzlichen psychologischen Nutzen, da sie dazu führt, dass sie ihren Körper stärker annehmen und lieben können.

Es ist gut, bei analer Stimulation anfangs vorsichtig vorzugehen. Die meisten Menschen fühlen sich damit erst dann wohl, wenn sie genital bereits ausreichend erregt sind. Daher sollten Sie abwarten, bis das Vorspiel so weit gediehen ist, dass Ihr Partner bereits stark angetörnt ist. Beginnen Sie mit einer sanften Berührung, wobei Sie einfach einen oder zwei Finger leicht auf den äußeren Bereich des Afters legen und gleichzeitig mit Hand oder Mund die Genitalien stimulieren. Dabei geht es nicht darum, den Finger einzuführen, sondern ihn einfach so lange liegen zu lassen, bis Ihr Partner für weitere Bewegungen bereit ist. Streicheln Sie dann den gesamten Bereich, mit hauchzarten Berührungen, ohne irgendwelchen Druck auszuüben. Erst wenn der After als erogene Zone vollkommen selbstverständlich geworden ist, sollten Sie eine sanfte, nicht zu tiefe Penetration versuchen.

Wenn Sie anale Stimulation in Ihr Liebesspiel einbauen möchten, sollten Sie gewisse hygienische Vorsichtsmaßnahmen beachten. In der Regel ist der anale Bereich zwar weniger »schmutzig«, als wir gemeinhin annehmen, und enthält normalerweise keine Ausscheidungsprodukte, doch zum einen gibt es hier Ausnahmen und zum anderen ist dieser Bereich natürlich eine hervorragende Brutstätte für Bakterien. Der gebende Partner sollte sich am besten die Nägel kurz schneiden, einen Latex-Handschuh oder einen anderen Schutz für die Finger tragen und zum Eindringen ein Gleitmittel benutzen. Der empfangende Partner sollte den rektalen Bereich vorher gründlich waschen (wobei ein gegenseitiges Waschritual auch zu einem anregenden Teil des Vorspiels werden kann). Nach einer analen Stimulation sollte der gebende Partner immer im Anschluss die Hände waschen, selbst wenn entsprechende Vorkehrungen getroffen wurden. Nach dem Berühren des Afters dürfen die Finger nicht in die Nähe der Vulva gelangen, da dies zu Infektionen führen kann.

Viele Menschen sind im Afterbereich stark verspannt. Seien Sie deshalb geduldig, wenn die Muskeln Ihres Partners sich beim ersten Versuch einer Berührung abwehrend zusammenziehen. Die Muskeln werden sich mit der Zeit entspannen, wenn die Erfahrung gemacht wird, dass die Berührungen nicht unangenehm oder schmerzhaft sind. Oft hilft es, während der analen Stimulation gleichzeitig mit den Genitalien zu spielen, weil dies ein vertrautes Vergnügen verschafft, das die Entspannung fördert und von ungewohnten Gefühlen im Afterbereich ablenkt.

Vor allem Männer lehnen eine anale Stimulation häufig erst einmal ab oder lassen sie nur zögernd zu. Sie befürchten, dass Lustgefühle in diesem Bereich sie als latent homosexuell ausweisen könnten. Dies ist eine unsinnige, aber leider nur allzu weit verbreitete Einstellung. Tatsächlich ist aus energetischer Sicht die anale Stimulation für Männer noch mehr von Vorteil als für Frauen, denn sie werden dadurch in eine Yin-Position versetzt, was sie insgesamt empfänglicher macht und ihre Lustgefühle verstärken kann.

Die Prostatamassage

Eine geübte Frau kann den After als Zugangspforte zur Prostata des Mannes nutzen. In der chinesischen Medizin spielt die Prostata eine wichtige Rolle bei der Aufrechterhaltung der männlichen Sexualkraft – mehr, als dies in der westlichen Physiologie anerkannt wird. Eine Prostatamassage wird oft eingesetzt, um das sexuelle Qi des Mannes zu stärken oder in Bewegung zu versetzen, vor allem wenn es in der Drüse selbst gestaut ist. Männern mit akuten Prostatabeschwerden wird von Urologen häufig geraten, mit mehr Sex und häufigerem Samenerguss die Drüse anzuregen, wodurch sich ihre Durchblutung verbessert. Die Chinesen würden in diesem

Zusammenhang die regelmäßige und direkte Stimulierung der Drüse empfehlen, nicht nur aus gesundheitlichen Gründen, sondern auch, um allgemein Sexualkraft und Potenz anzuregen und stärkere Orgasmen auszulösen – denn es ist die Prostata, die durch ihre Kontraktionen die Samenflüssigkeit in den Penis pumpt.

Die Prostata ist ein etwa walnussgroßes Organ, das unmittelbar unter der Blase liegt und leicht mit dem Finger ertastet werden kann, wenn man ihn in den After des Mannes einführt und dann Richtung Körpervorderseite drückt. Genau dies macht auch ein Internist oder Urologe, wenn er die Prostata untersucht.

Anfangs sollten Sie den Finger nur flach einführen und dann innehalten. Fragen Sie Ihren Partner, ob er sich dabei wohl fühlt (und bitten Sie ihn während des gesamten Erforschens immer wieder um Feedback). Es ist ganz normal, wenn sich die Muskeln erst einmal in einem Abwehrreflex zusammenziehen. Wenn dies geschieht, forcieren Sie nichts. Um Ihren Partner abzulenken und zu lockern, können Sie sanft mit seinen Genitalien spielen. Ermuntern Sie ihn dazu, tief durchzuatmen und sich zu entspannen. Wenn Sie sicher sind, dass er mit den analen Gefühlen ausreichend vertraut ist, können Sie den Finger langsam tiefer bewegen. Gehen Sie dabei immer sanft und vorsichtig vor und lassen Sie Ihrem Partner ausreichend Zeit, sich an die Berührung zu gewöhnen, indem Sie zwischendurch immer wieder innehalten.

Schließlich werden Sie eine runde, glatte Stelle spüren. Dies ist die Prostata. Lassen Sie anfangs Ihren Finger einfach darauf ruhen, sodass Ihr Partner nur einen sanften Druck spürt. Danach können Sie die Drüse sanft massieren, zum Beispiel indem Sie Ihren Finger leicht vibrieren lassen. Der Mann sollte dabei tief atmen und sich völlig entspannen. Dann wird er sicher Lust und Gefallen an den vielfältigen neuen Empfindungen verspüren. Sie können auch den Finger mit leichtem Druck über die Drüse gleiten lassen. Wenn dabei Schmerzen oder Harndrang auftreten (der oft falscher Alarm ist), ziehen Sie den Finger langsam und vorsichtig zurück. Streicheln Sie dabei gleichzeitig besänftigend den Bauch oder die Genitalien, um Anspannung zu vermeiden.

Sobald Ihr Partner mit der Prostatamassage vertraut ist, können Sie außerdem zusätzlich den Mund oder die freie Hand am Penis einsetzen. Wenn Sie geschickt sind, können Sie die Prostata sogar während des Liebesaktes stimulieren. Das kann zu überwältigend starken Orgasmen führen, denn der Mann ist dabei gleichzeitig Gebender und Empfangender. Es entsteht ein inneres Gleichgewicht von Yin und Yang, wodurch tiefere Aspekte seines Wesens in die Erfahrung mit einbezogen werden können. Je mehr beim Sex die Yin-Energie des Mannes angesprochen wird, desto mehr Lust wird er empfinden und desto mehr Qi kann er von seiner Partnerin aufnehmen. Außerdem wird ein Mann, dessen Partnerin in der Prostatamassage geübt ist, leichter den inneren Orgasmus ohne Ejakulation erleben, der in einem späteren Kapitel beschrieben wird.

Sexspielzeug

Sie geben Ihren Kindern und Ihren Haustieren Spielzeug, warum also nicht auch sich selbst? Die alten Chinesen jedenfalls taten es. Tatsächlich waren sie es, die Sexspielzeug erfanden. Der erste nachgewiesene Gebrauch von Dildos geht zurück auf geschnitzte Objekte aus Elfenbein in der Form eines männlichen Penis. Sie wurden von den Frauen gebraucht, deren Ehemänner im Krieg oder in diplomatischer Mission unterwegs waren. Am unteren Ende (dem Ende, das nicht in die Vagina eingeführt wird) war das Porträt des Ehemanns eingraviert – vermutlich als Erinnerungsstütze für die Ehefrau. Außer den Dildos benutzten die alten Chinesen Penisringe, um die Erektion aufrechtzuerhalten (teilweise mit kleinen Erhebungen, um die Klitoris zu stimulieren), kleine Bälle, die in die Scheide eingeführt werden konnten, um den G-Punkt zu reizen, sowie eine Vielzahl anderer Instrumente.

Solche Spielzeuge können eine wertvolle Bereicherung für Ihr Sexualleben sein. Sie machen Sex spielerischer und können helfen, Hemmungen und Startschwierigkeiten zu überwinden. Sie führen zu neuen Empfindungen und erweitern damit das Spektrum der Lust. Außerdem können sie ein Gefühl von Vorfreude, Spannung und Überraschung ins Liebesleben bringen. Beschränken Sie sich nicht nur auf Objekte, wie sie in Sexshops zu finden sind, sondern nutzen Sie auch ganz gewöhnliche Alltagsgegenstände: weiche Stoffe wie Samt, Seide oder Satin, Federn oder Federwedel, Wattebällchen, dicke, weiche Pinsel, Badeschwämme, nasse Waschlappen (in warmes Wasser getaucht) oder Eiswürfel. Auch Schlagsahne, Pudding, Gurkenstückchen, Salatblätter, Öle oder Lotionen können zu erotischem Spielzeug werden, wenn Sie nach Lust und Laune damit spielen. Achten Sie aber darauf, dass Sie zucker- oder fetthaltige Lebensmittel nicht in die Scheide einführen, da dies Infektionen verursachen kann.

Wenn das Liebesspiel Gefühle erregt

Sie sind mit Ihrem Partner oder Ihrer Partnerin im Bett, spielen und turteln, küssen und streicheln sich und ganz plötzlich zieht sich der andere zurück oder bricht in Tränen aus. Mit einem Schlag ist der Traum vorbei.

Falls Ihnen so etwas schon einmal passiert ist, waren Sie sicher verwirrt und bestürzt und fragten sich, was in aller Welt Sie falsch gemacht haben. Vermutlich haben Sie in solch einem Fall überhaupt nichts falsch gemacht, sondern ganz viel richtig. Gerade ein besonders zärtliches Vorspiel kann zu unvermittelten emotionalen Reaktionen führen.

Die Erklärung dafür liegt im Ernährungs-Zyklus. Sexuelle Erregung stimuliert den Energiefluss von der Niere zur Leber, die die Gefühle regiert, und von der Leber zum Herzen, dem Organ der Liebe. Der Körper versucht, alle energetischen Blockaden aufzulösen, die den Energiefluss durch diese Organe behindern. Dabei können starke Gefühle frei werden. Diese Gefühle können mit der Partnerschaft in Verbindung stehen oder auch nicht. Sie können mit einem Erlebnis bei der Arbeit, mit einem Freund oder einem Elternteil zusammenhängen. Sie können aus alten Ängsten oder schlechten Erinnerungen stammen oder auch einfach ein rein emotionaler Ausbruch sein, der sich auf nichts Bestimmtes bezieht. Aus vielen verschiedenen Gründen, kulturell und energetisch bedingt, geschieht es Frauen häufiger als Männern, dass sie während des Vorspiels emotionale Ausbrüche erleben – besonders wenn der G-Punkt stimuliert wurde, da sehr viele emotionale Erinnerungen in diesem Bereich aufgehoben sein können.

Falls so etwas passiert, geben Sie Ihrer Partnerin Zeit und Raum, damit sie die Gefühle ausdrücken kann. Seien Sie ein aufmerksamer Zuhörer und zeigen Sie, dass es Ihnen wichtig ist, wie sie sich fühlt. Falls Sie sich dazu nicht in der Lage sehen, dann können Sie sich auch genauso gut gleich wieder anziehen und den Abend beenden. Denn erst müssen die aufgewühlten Emotionen mitgeteilt werden, bevor die Yin-Energie sich vom Herzen weiter zu den Genitalien bewegen kann.

Wenn bei einem Mann plötzlich Gefühle auftauchen, ist er oft verwirrt und kann nicht verstehen oder erklären, was mit ihm los ist. Viele Männer neigen dann dazu, ihre Gefühle auf der physischen Ebene auszudrücken. Vielleicht bekommt er plötzlich Hunger oder er verliert seine Erektion und fühlt sich befangen. Das liegt daran, dass unangenehme Emotionen die Yang-Energie zurückdrängen und zu Gefühlen von Machtlosigkeit oder Verletzlichkeit führen. Der Mann verliert dabei seinen starken Fokus sowie den Antrieb zum Sex. Wenn er nicht realisiert, was vor sich geht, wird er sich vermutlich einfach zurückziehen.

In solchen Fällen ist es wichtig, dass die Frau ihn bestärkt und ihm das Gefühl vermittelt, dass alles in Ordnung ist. Es braucht für einen Mann viel Mut, bewusst dranzubleiben, wenn sich das Gleichgewicht von Yin und Yang verändert. Wenn es ihm möglich ist, sich mit seinen unangenehmen, verstörenden Gefühlen zu konfrontieren und anzuerkennen, dass er sich unsicher, allein oder verwirrt fühlt – wenn er also seine Yin-Energie achten und sich ehrlich ausdrücken kann – wird sein Gefühl männlicher Stärke bald zurückkehren.

Viele Frauen haben in solchen Situationen große Probleme. Sie behaupten zwar, dass sie Männer möchten, die verletzlich und empfänglich für Gefühle sind, doch wenn sie dann tatsächlich auf einen treffen, macht es ihnen eine Heidenangst. Tief im Innern wollen sie eigentlich nicht, dass ihr Held plötzlich schwach und weich wird. Deshalb: Frauen, denkt daran, dass ihr euch innerlich unsichere und äußerlich brutale Männer heranzieht, wenn ihr nicht zulassen könnt, dass euer Partner seine Yin-Energie offen und ehrlich ausdrückt. Wenn er seine Yin- ebenso wie seine Yang-Seite akzeptieren kann, wird er auch der Frau Raum geben, beide Energien auszudrücken.

Ganz gleich, ob Sie nun ein Mann oder eine Frau sind: Wenn Ihr Partner während des Vorspiels einen plötzlichen emotionalen Ausbruch hat, geben Sie ihm oder ihr die Möglichkeit, völlig in diese Energie einzutauchen und hindurchzugehen. Im Anschluss daran können Sie die Rückkehr zu einem sexuellen Austausch einleiten, indem Sie die entsprechenden Gefühle fördern: Wie bereits erläutert, öffnen sich Frauen sexuell, wenn sie die Herzqualitäten von Freude und Liebe spüren; Männer dagegen lassen sich durch die Nierenqualitäten zum Sex verführen, wenn sie sich stark und mutig statt ängstlich fühlen.

Übung macht den Meister

Paare werden den Zustand von Harmonie und Glück nicht erreichen, wie Su Nu dem Gelben Kaiser erklärte, »wenn die Frau nicht fähig ist, die Wünsche ihres Mannes zu erspüren, und wenn der Mann die Natur der Frau nicht kennt«.

Wenn Sie ein großartiger Meister der Liebeskunst sein möchten, müssen Sie sich etwas beibringen lassen und wenn Sie von einem großen Meister geliebt werden möchten, müssen Sie Ihrem Partner etwas beibringen. Eine Art zu lernen ist, die gegenseitigen Bedürfnisse, Wünsche und Neigungen klar auszusprechen. Die folgenden Hinweise können Ihnen und Ihrem Partner helfen, sich über das Vorspiel auszutauschen:

1. Nehmen Sie sich Zeit für das Gespräch. Meist ist es einfacher, außerhalb des Bettes darüber zu sprechen, was Sie sich im Bett wünschen. Sobald Sie nackt daliegen, kann es schwierig sein, offen zu sprechen; körperliche Verletzlichkeit verstärkt die emotionale Verletzlichkeit.
2. Sorgen Sie für die richtige Atmosphäre. Sie sollten sich ruhig und entspannt fühlen. Gedämpfte Beleuchtung ist oft hilfreich, da Sie sich dabei möglicherweise weniger »nackt« fühlen, wenn Sie die »nackte Wahrheit« aus-

sprechen. Manche Menschen bevorzugen für solche Gespräche sogar einen öffentlichen Raum wie ein Restaurant oder eine Kneipe.
3. Behandeln Sie das Thema respektvoll und beginnen Sie das Gespräch nicht allzu unvermittelt. Schaffen Sie erst gegenseitiges Vertrauen, bevor Sie zu diesem Thema übergehen.
4. Sprechen Sie über das, was Sie sich wünschen und wozu Sie Ihren Partner anregen möchten. Vermeiden Sie es, bisheriges Verhalten zu kritisieren.
5. Zeigen Sie Ihrem Partner, wie Sie es sich vorstellen. Manchmal sind verbale Erklärungen einfach nicht ausreichend. Unter Umständen kann ein bebildertes Anatomiebuch oder Sexhandbuch hilfreich sein. Sie wären sicher überrascht zu erfahren, wie wenig Menschen oft über die Organe des anderen Geschlechts wissen. Sie können Ihre Wünsche auch direkt an Ihrem Partner demonstrieren. Dinge wie den Druck oder die Leichtigkeit einer Berührung, die Nuancen des Streichelns oder die Position einer Zunge beim Küssen kann man gut vormachen.
6. Wenn Sie zu schüchtern sind, um dieses Thema anzusprechen, versuchen Sie Ihrem Partner einen Brief darüber zu schreiben. Achten Sie beim Schreiben darauf, nicht zu allgemein zu bleiben und genau zu beschreiben, was Sie sich wünschen.
7. Geben Sie sich die Erlaubnis, auch während des Vorspiels ihre Wünsche mitzuteilen. Wenn Ihr Partner etwas tut, das schmerzhaft oder unangenehm ist, sollten Sie es ihn sofort wissen lassen. Aber tun Sie es auf nette Art, denn im Bett sind die Gefühle sehr leicht verletzbar. Sie können dem anderen durch Stöhnen, Seufzen, Worte oder andere Signale, die Sie beide verstehen, zu erkennen geben, wenn Sie etwas besonders angenehm finden. Und Sie können

ihm helfen, es noch besser zu machen, indem Sie seine Hand oder seinen Mund sanft führen oder in eine bestimmte Richtung lenken.

Signale der Lust

Für beide Partner ist es wichtig, die Reaktionen des jeweils anderen genau zu beobachten und zu kennen. Wie gute Jazzmusiker werden Sie schließlich Ihrer beider Melodien so gut kennen, dass Sie jederzeit und ohne nachzudenken frei improvisieren können. Sie werden dann dazu fähig sein, Ihr individuelles Selbst zu verlieren und beim Liebesspiel als eine harmonische Einheit zu agieren, die jedes Mal etwas aufregend Neues entstehen lässt.

Um die chinesischen Kaiser und Adligen zu Meistern der erotischen Kunst zu machen, haben die alten Lehrer die Signale weiblicher Erregung zusammengestellt. Hier sind sie:

- Ihr Gesicht rötet sich.
- Ihre Kehle wird trocken.
- Die Brustwarzen verhärten sich.
- Die Nasenöffnungen erweitern sich.
- Sie schwitzt stark.
- Sie seufzt und stöhnt.
- Sie atmet schnell.
- Die Scheide wird feucht.
- Sie zittert und bebt.
- Sie fasst nach dem Mann und hält ihn fest.
- Sie streckt ihre Beine und presst die Oberschenkel zusammen.
- Der Bauch entspannt sich.
- Der ganze Körper wölbt sich.
- Die vaginale Sekretion wird so stark, dass sie ausfließt.

Diese Reaktionen zeigen an, dass in allen Körperteilen – Blut, Knochen, Muskeln, Haut und den wichtigen Organen – ausreichend sexuelles Qi aufgebaut ist. Das ist wichtig, damit die Frau ihr höchstes sexuelles Potenzial erreicht. Nur so kann ein Paar zusammen höchste orgasmische Ekstase erlangen. Dabei bringt jede Frau Erregung in höchst individueller Weise zum Ausdruck. Es ist also wichtig, dass Sie die besonderen Reaktionsmuster Ihrer Partnerin kennen und das ganze Spektrum auch jedes Mal hervorlocken.

Je länger ein Paar zusammen ist und je älter der Mann wird, desto länger braucht er, um erregt zu sein. Und wenn sein gesamtes Wesen – nicht nur Genitalien, sondern auch Herz und Seele – an der sexuellen Erfahrung beteiligt sein soll, dann braucht auch der Mann ein ausgedehntes Vorspiel. Selbst wenn er es gar nicht unbedingt realisiert, so kann er doch ungemein davon profitieren, wenn er die Sache langsam und gemächlich angeht, statt sich Hals über Kopf in den Liebesakt zu stürzen. Auch der Mann hat Yin-Anteile, die für seine sexuelle Erfahrung wichtig sind – wie auch für die heilsamen Wirkungen von Sex. Sie brauchen Zeit, um sich neben der Yang-Energie entfalten zu können.

Auch seine Ausdauer wird sich damit steigern. Während die Erektion selbst die Essenz von Yang ist, ist die Aufrechterhaltung der Erektion eine Yin-Funktion. Daher braucht es für die optimale Erregung des Mannes reichlich Yin-Energie und das wird durch ein optimales Vorspiel erreicht. Aus der Sicht der alten Chinesen sollte der Penis vor dem eigentlichen Liebesakt die »vier Qualitäten« erreicht haben. So sagte Su Nu zum Gelben Kaiser: »Wenn der Jadestängel nicht steif ist, ist das sexuelle Qi von Mann und Frau nicht in Harmonie. Wenn er steif ist, aber nicht vergrößert, so ist das Muskel-Qi noch nicht im Fluss. Wenn er vergrößert ist, aber nicht hart, so ist das Knochen-Qi noch nicht beteiligt. Wenn er hart ist, aber nicht heiß, so fehlt das Geist-Qi.« Mit anderen Worten: Der Penis sollte vor dem Liebesakt steif, vergrößert, hart und heiß sein. Diese vier Qualitäten zeigen an, dass im Penis alle vier Qi-Typen präsent sind, und damit die volle männliche Kraft und Ausdauer. Das bedeutet mehr Lust für die Frau und ermöglicht dem Mann eine tiefere, vollständigere und stärker transformierende Erfahrung, die die emotionale und spirituelle Ebene mit einschließt. Wenn nicht alle vier Qualitäten im Penis präsent sind, läuft der Mann Gefahr, durch den Sexualakt vitale Energie zu verlieren. Dies vermindert die Energie der Niere und kann zu den entsprechenden Problemen führen wie geringerer Vitalität, vergrößerter Prostata, Impotenz oder Gedächtnisverlust.

Natürlich ist die Präsenz aller vier Qualitäten im Penis nicht die einzige Voraussetzung für den Beginn des Liebesaktes. Die Frau sollte ebenso bereit sein. Die alten Chinesen behaupteten, dass ein Mann geschwächt wird, wenn er den Akt beginnt, bevor die Frau vollkommen bereit ist. »Wenn der Mann sich gewaltsam seinen Weg bahnt, auch wenn der Tau der Frau noch nicht geflossen und ihre Jadegrotte trocken ist, so dringt er vergeblich ein und der Geist ist verschwendet.« Das heißt, dass der Mann nicht in vollem Umfang das Qi der Frau empfangen kann, da sie nicht zum Geben bereit ist. Er gibt mit seinem Orgasmus sexuelle Energie, doch er empfängt nicht in gleichem Maße.

Die allgemeine Regel für den Mann lautet daher, den Augenblick der Penetration so lange wie möglich hinauszuzögern. Natürlich kann man auch zu lange zögern, doch das ist viel unwahrscheinlicher als ein zu früher Start. Wenn Sie zu früh eindringen, ist sie am Ende möglicherweise unbefriedigt; wenn Sie es hinauszögern, wird sich eine köstliche Sehnsucht in ihr aufbauen, und der Schmerz der Vorfreude kann den Akt explosiv werden lassen.

Wenn der Höhepunkt nicht das Ende ist

Wenn möglich sollten Sie die Penetration so lange hinauszögern, bis die Frau einen Orgasmus hatte. Die Ebene von Erregung, die wir im Westen als den Höhepunkt der Frau bezeichnen, besteht aus Kontraktionen der Vagina und der Muskeln rund um die Klitoris. Unglücklicherweise denken wir, dass die Frau – wie der Mann – nach solch einem Orgasmus »fertig« ist. In den Traditionellen Chinesischen Lehren wird dagegen der gewöhnliche klitorale Orgasmus überhaupt nicht als Höhepunkt betrachtet, sondern nur als Zwischenstadium, das zu noch größerer Lust überleitet. Er ist ein Zeichen dafür, dass die Niere nun mit Qi angefüllt sind. Sobald diese Orgasmusebene erreicht ist, ist die Frau bereit für die intensiveren vaginalen Orgasmen, die beim kunstvollen Liebesspiel möglich sind. Der orgasmische Reflex wirkt wie eine Pumpe. Er zieht Blut und Qi in den Beckenbereich und stößt sie dann wieder aus. Dieser Vorgang reinigt und heilt das Gewebe und führt zur Freisetzung von Endorphinen, den körpereigenen Lusthormonen. Multiple Orgasmen verstärken diese Wirkung. Außerdem ermöglichen sie der Frau Zugang zu immer tieferen Ebenen nährender Yin-Energie. Aus diesem Grund fühlen sich orgasmische Frauen sexuell gesünder und selbstbewusster. Und der glückliche Mann, der seiner Frau multiple Orgasmen verschafft, empfängt dafür eine größere Menge an weiblichem Qi.

Einer der Gründe, warum die Chinesen der Ansicht waren, dass der Akt nicht beginnen sollte, bevor die Frau einen Anfangsorgasmus hatte, liegt darin, dass dieser alle Ängste auflöst. Angst ist die Emotion, die der Niere zugeordnet ist. Wenn die Frau Angst hat, wird sie nicht zum Orgasmus kommen, da Angst verhindert, dass sich die Niere mit sexuellem Qi anfüllen. Wenn sie diese Ebene des Orgasmus erreicht hat, ist also die Angst verschwunden. Das erlaubt ihr, sich dem sexuellen Erlebnis vollkommen zu öffnen, sich zu verlieren und sich vollständig mit ihrem Geliebten zu vereinigen.

Ein Orgasmus während des Vorspiels ist also kein Schlusspunkt, sondern das Signal, in eine neue Phase einzutreten. Manche Frauen mögen es, unmittelbar nach einem klitoralen Orgasmus penetriert zu werden, doch viele brauchen danach einige Minuten Pause. Die Scheide ist dann unter Umständen so empfindlich, dass weitere Stimulation schmerzhaft sein kann. Doch wenn die Frau danach bereit ist, weiterzugehen und die Magie ihrer Sexualität tiefer zu erforschen, kann das Paar zu ganz neuen Höhen gelangen.

Übung: Fünf Minuten Lust

Dies ist eine ganz einfache, jedoch höchst aufregende Vorspielvariante. Jeder der beiden Partner hat jeweils fünf Minuten Zeit, um den anderen so stark wie möglich zu erregen, ohne ihn oder sie zum Orgasmus zu bringen. Sie können dieses Spiel angezogen oder nackt, im Stehen, Sitzen oder Liegen beginnen. Der empfangende Partner muss sich dabei vollkommen passiv verhalten. Am Ende der fünf Minuten beendet der Gebende, was immer er oder sie gerade tut, auch wenn der empfangende Partner gerne weitermachen möchte. Dann werden die Rollen getauscht.

Sie können den Reiz erhöhen, indem Sie zum Beispiel eine weiche Feder zum Streicheln verwenden. Streichen Sie damit sanft über die Oberschenkel des anderen. *Nur* die Oberschenkel. Nähern Sie sich immer wieder den Genitalien, doch ohne sie zu berühren. Ziehen Sie sich wieder zurück, nähern Sie sich, ziehen Sie sich zurück und so weiter. Beschäftigen Sie sich die ganzen fünf Minuten nur mit den Oberschenkeln, ohne die Genitalien zu berühren.

Sie können sich mehrere Male abwechseln, wobei in jeder Runde mehr Spannung und Lust aufgebaut wird und Sie sich dem Höhepunkt immer weiter nähern. Oder Sie beschränken sich auf eine einzige Runde, wobei Sie die sexuelle Stimulation innerhalb der fünf Minuten rasch intensivieren. Welche Variante Sie auch wählen, Sie sollten immer darauf achten, dass Sie einander nur bis knapp *vor* einen Höhepunkt bringen, niemals weiter.

Dieses wundervolle Spiel gibt beiden Partnern die Möglichkeit, ihre sexuelle Lust ganz zu erfahren, ohne etwas tun oder erreichen zu müssen. Es ist besonders hilfreich für Männer, die zu vorzeitiger Ejakulation neigen, und für Frauen, die Orgasmusprobleme haben. Für viele Paare kann es die sexuelle Erfahrungswelt beträchtlich erweitern. Gregor und Doris zum Beispiel waren seit dreiundzwanzig Jahren verheiratet und hatten ihr Sexleben immer genossen. Doch nach einer Reihe von Fünf-Minuten-Spielen hatte Doris beim Liebesakt zum ersten Mal einen Orgasmus mit Ejakulation.

Praktizieren Sie dieses Spiel erst, wenn Sie und Ihr Partner genau wissen, was Sie beide antörnt. Fünf Minuten können endlos sein, wenn Sie sich gegenseitig keine Lust bereiten. Denken Sie auch daran, wie viel es wert sein kann, einander zu überraschen; immer nur das Erwartete zu tun, beschränkt die Fülle von Lust und Erregung, die diese Übung vermitteln kann.

Übung: Die Energie einschließen

Hier ist eine zusätzliche Atemübung.

Nach der chinesischen Anatomielehre gibt es mehrere Passagen, auch »Tore« genannt, durch die das Qi bestimmte Körperbereiche betritt und verlässt. Diese Tore können durch die Muskeln und den Atem geöffnet und geschlossen werden. Mit der folgenden Übung können Sie lernen, drei verschiedene Tore zu schließen. Das stärkt wichtige Muskelbereiche, vermehrt den Blut- und Qi-Fluss ins Becken und verteilt das Qi aus den Genitalien in die anderen Organe. Außerdem wird dadurch die Empfindungsfähigkeit verstärkt und eine größere Kontrolle der Energie ermöglicht, was wiederum der sexuellen Erfahrung mehr Abwechslung und Intensität verleiht.

Ich empfehle Ihnen, anfangs mit jedem Tor einzeln in der angegebenen Reihenfolge zu üben:

1. *Das Tor im Hals*. Setzen Sie sich bequem hin, wobei der Rücken aufrecht und gut abgestützt sein sollte. Halten Sie Kopf und Schultern gerade. Nun drücken Sie das Kinn in Richtung Kehlkopf, bis Sie das Gefühl haben, Ihre Kehle zu verschließen. Stellen Sie sich dabei vor, dass Sie die Rückseite des Halses nach vorne drücken. Halten Sie die Position drei Sekunden lang und lassen Sie dann langsam wieder los.
2. *Das Tor im Unterleib*. Ziehen Sie den Unterleib nach innen und oben und versuchen Sie den Bauchnabel in Richtung Rückgrat und leicht nach oben zu drücken. Halten Sie die Position für drei Sekunden. Diese Übung wirkt günstig auf das Nierensystem.
3. *Das Tor im After*. Pressen Sie den Schließmuskel zusammen, als wollten Sie Stuhlgang zurückhalten. Halten Sie die Kontraktion für drei Sekunden und pressen Sie dann noch stärker, sodass auch Muskeln zusammengezogen werden, die weiter oben im Rektalbereich liegen. Halten Sie dies weitere drei Sekunden lang. Lösen Sie dann die Kontraktionen in umgekehrter Reihenfolge, erst die oberen, dann die unteren Muskelgruppen. Diese Übung kräf-

tigt die Muskeln und verbessert die Durchblutung im Beckenbereich, wodurch alle Organe, Nerven und Drüsen belebt werden.

Sobald Sie dies ausreichend geübt haben, versuchen Sie einmal alle drei Tore gleichzeitig zu schließen. Schließlich können Sie die Übung in Ihre Atemübungen einbauen. Verschließen Sie die Tore, während Sie nach dem Einatmen den Atem anhalten, und öffnen Sie sie beim Ausatmen wieder.

5.
Im Innern der Jadekammer

Die Kunst des Liebesspiels beherrschen

*Keines von all den Dingen, die dem Menschen
nützen, lässt sich mit dem Liebesakt vergleichen.
Er ist nach dem Bild des Himmels erschaffen und hat
seine Form von der Erde; er gleicht Yin aus
und herrscht über Yang... So folgen die Jahreszeiten
aufeinander; der Mann gibt, die Frau empfängt;
oben ist Handeln, unten Empfänglichkeit.*

TAOISTISCHER MEISTER

DIE HENDERSONS waren ein liebevolles Paar. Bei unserem ersten Zusammentreffen hielten Sie sich ständig an den Händen oder berührten sich gegenseitig. Als ich sie fragte, wie oft sie miteinander intim seien, war ich nicht überrascht über die Antwort: »Beinahe jeden Tag.« Doch dann kam die Pointe: »Beinahe am Montag, beinahe am Dienstag, beinahe am Mittwoch...«

Sie machten natürlich nur Spaß, aber nicht nur. Zwar waren sie einst ein leidenschaftliches Paar gewesen und immer noch sehr verliebt, doch sie hatten nicht allzu oft Sex miteinander. Als ich sie nach dem Grund fragte, nannten sie die üblichen Argumente: keine Zeit, Müdigkeit, Arbeitsstress, Kinder. Als ich weiter nachbohrte, kam noch ein weiterer Faktor zum Vorschein: Langeweile. Der Liebesakt war eintönig geworden. Sie benützten noch dieselben Techniken und folgten denselben Mustern wie damals, als sie frisch verheiratet waren. Sogar ihre Phantasien waren fade geworden. Sie konnten sich zwar vorstellen, Sex an verschiedenen Orten zu haben oder einander unter unterschiedlichen Umständen zu verführen, doch der Akt selbst blieb für sie immer in denselben Mustern und Positionen stecken.

Paaren wie den Hendersons stelle ich gewöhnlich folgende Fragen: Würden Sie sich Musik anhören wollen, die sich niemals in Tempo, Melodie oder Rhythmus verändert? Würden Sie sich immer wieder denselben Film anschauen wollen, ein- oder zweimal die Woche, und das über Jahre hinweg? Würden Sie jeden Tag dasselbe essen wollen? Wenn nicht, warum sollten Sie sich dann jedes Mal auf dieselbe Art und Weise lieben?

Die erotische Kunst eröffnet Möglichkeiten, die sich nur wenige Paare überhaupt vorstellen können und Techniken, von denen viele noch nie etwas gehört haben. Den alten Chinesen war eine ungeheure Vielfalt von Positionen und Techniken bekannt. Für sie lag der Wert dieses immensen Repertoires nicht ausschließlich in einer Steigerung der Lust. Vielmehr erkannten sie darin wichtige Auswirkungen auf Gesundheit und Wohlbefinden. Indem sie die Kunst des Liebesspiels beherrschten, konnten sie mit sexuellem Qi arbeiten, wie heute Ingenieure Wasserkraft oder Kernkraft nutzen.

Wenn Sie also die Techniken in diesem und den folgenden beiden Kapiteln einüben, können Sie nicht nur mehr Lust erleben, sondern auch Ihre Kraft und Gesundheit fördern und Ihre sexuelle Beziehung dauerhaft verbessern.

In Hitze sein

Ausdrücke wie »ein heißblütiger Liebhaber« oder »eine heiße Mieze« kommen nicht von ungefähr. Wir verwenden Begriffe wie hitzig, glühend, feurig, um leidenschaftliche Begegnungen zu beschreiben, weil uns dabei tatsächlich heiß wird. Der Körper kommt schnell auf Touren, sobald es zwischen zwei Partnern gefunkt hat. Wenn Sie ins Bett gehen, ziehen Sie vielleicht erst einmal die Bettdecke hoch, damit Ihnen warm wird. Dann beginnen Sie das Liebesspiel und bald ist Ihnen so heiß, dass Sie sich ausziehen und die Decken zurückwerfen.

Beim Sexualakt wird sehr viel Wärme produziert – durch die Reibung im Genitalbereich sowie komplexe elektrische und chemische Reaktionen im Nervensystem. Wärme ist eine Form von Qi. Der Körper verwandelt sie in andere, chemische oder elektrische Energieformen. Und die Körperchemie sowie die elektrochemischen Reaktionen des Nervensystems erzeugen wiederum mehr Wärme sowie eine Vielzahl von Reaktionen, die wir als Leidenschaft, Lust und intensives Gefühl erleben.

Wir im Westen wissen nicht, was wir mit der erzeugten Energie anfangen können. Die alten Chinesen jedoch lernten sie zu nutzen und über das Meridiansystem in alle inneren Organe sowie in das Nervensystem zu leiten. Ihre Techniken, die ich Ihnen im Folgenden vorstellen werde, ermöglichen es, sexuelles Qi für Heilung zu nutzen, zu speichern oder in sexuelle Ekstase zu verwandeln.

Ich empfehle Ihnen, die vorgestellten Techniken mit Geduld und im Geiste gegenseitigen Erforschens und Ausprobierens zu üben. Setzen Sie sich dabei nicht unter Druck. Genauso wie ein Paar Zeit braucht, andere Ziele zu erreichen – sei es ein Haus, gesunde Kinder, gute Kommunikation, ein angemessener Lebensstil –, so braucht es auch

Zeit, um die erotische Kunst zu meistern. Genießen Sie den Prozess.

Der heilige Übergang

Für die chinesischen Weisen war der Übergang vom Vorspiel zum eigentlichen Liebesspiel heilig. Sie schufen nicht nur wunderbare Kunstwerke, die den Moment der Penetration in all seiner zarten, erotischen Schönheit zeigen, sondern auch zahlreiche Texte mit poetischen Beschreibungen, wie zum Beispiel der folgende Auszug aus *Der mystische Meister der Grotte* (Grotte bezieht sich auf die Vagina) zeigt: »Sofort drängt er seinen hart gewordenen Jadestängel (Penis) der Länge nach gegen die Pforten der Jadekammer (Vagina) wie ein sich neigender mächtiger Baum am Eingang zu einem unverhofft auftauchenden Tal. Der Jadestängel pulsiert, presst, bäumt sich auf. Er küsst ihren Mund und sucht ihre Zunge. Abwechselnd blickt er auf das Antlitz vor ihm und auf die goldene Schlucht (Schamlippen) unten. Er streichelt und liebkost ihre Brüste und ihren Bauch und massiert die Seiten ihrer Eingangshalle (Vulva). Wenn er bis zum Äußersten erregt und sie bis in die Tiefen verzaubert ist, beginnt er sie mit seinem Yang-Gipfel anzugreifen, wobei er einmal den unteren Jadestrom verfolgt (untere Vulva), einmal an der goldenen Schlucht darüber presst, dann an die Seiten der Eingangshalle anklopft oder aber auf der Juwelenterrasse ruht (Klitoris).«

Die Wahlmöglichkeiten eines Liebhabers sind so unendlich wie die eines Komponisten. Der Liebesakt kann mit dramatischer Intensität beginnen wie Beethovens *Fünfte Symphonie* oder ruhig und sanft wie Debussys *Prélude à l'après-midi d'un faune*. Wie die Ouvertüre eines Musikstücks kann die erste Minute bereits das Thema für das ganze Stück enthalten. Dieses Thema könnte sein: »Wir sind ewig Liebende, vereint in inniger Umarmung« oder »Lass uns voller Genuss in die Ekstase tanzen« oder »Wir sind geil aufeinander und bumsen jetzt, bis uns Hören und Sehen vergeht«. Einer der Partner sagt vielleicht mit seinem Verhalten: »Vertrau mir, ich weiß, was ich tue« oder »Nimm mich mit auf ein Abenteuer« oder »Lass mich dir etwas Neues zeigen« oder »Zeig mir doch einmal einen ganz neuen Aspekt von dir«.

Kunstvoll Liebende schenken dem heiligen Moment des Übergangs ganz besondere Beachtung und benutzen ihn, um Abwechslung und Überraschung in ihr Liebesspiel zu bringen. Wenn das gut funktioniert, was Sie bisher immer getan haben, brauchen Sie damit nicht aufzuhören. Doch probieren Sie von Zeit zu Zeit eine kleine Veränderung in Rhythmus, Melodie oder Tempo. Das Wichtigste ist dabei, den Augenblick des Eindringens mit Bedacht anzugehen, mit Bewusstheit und einer bewussten Absicht. Dies ist sowohl für die Yin- wie auch für die Yang-Energie von Vorteil. Es gibt Yang eine Aufgabe, die über die eigene Befriedigung hinausgeht, und Yin die Möglichkeit, sich stärker zu beteiligen. Vor allem Frauen hilft es, sich leichter und schneller für die sexuelle Erfahrung zu öffnen. Ganz allgemein kann ein aufregender Start dazu beitragen, dass das Erlebnis sich auf einen glorreichen Höhepunkt hin entwickelt und das süße Elixier der gemischten Qi-Kräfte entsteht.

Hier folgen einige Hinweise, wie Sie das Beste aus dem heiligen Moment des Übergangs machen können:

Hinweise für Männer

1. Sie müssen nicht jedes Mal bis zur selben Tiefe und in derselben Geschwindigkeit in Ihre Partnerin eindringen. Überraschen Sie sie öfter mit etwas Neuem und

Anderem. Wenn Sie dies häufig genug tun, wird sie bei jedem neuen Liebesspiel voller Neugier und Vorfreude sein.

2. Dringen Sie nur etwa 5 cm tief ein (in den Teil der Scheide, den die Chinesen die »Weizenknospe« nannten). Spielen Sie in dieser Tiefe, wie ein Delphin in den Wellen tanzt, ziehen Sie sich dann zurück und kitzeln Sie die Vulva mit dem Penis, bevor Sie von neuem eindringen. Dies verlängert den Moment des Übergangs zu einem liebevollen, neckenden Duett.

3. Dringen Sie schnell und tief ein, ziehen Sie sich danach fast vollständig wieder zurück und machen Sie dann eine kurze Pause. Dies wird Ihre Partnerin erst einmal überraschen, doch sie wird es garantiert genießen, wenn Sie sich für einige Zeit nahe am Scheideneingang ausruhen, bevor Sie mit dem Stoßen beginnen.

4. Verlangsamen Sie die Penetration so stark wie möglich, sodass Sie praktisch in Zeitlupe, ganz, ganz langsam eindringen. Halten Sie dabei von Anfang bis Ende dasselbe Tempo. Das kann den Übergang so verlangsamen, dass es Ihnen wie Stunden vorkommen kann. Diese Technik funktioniert am besten, wenn die Scheide sehr feucht ist und der Penis leicht gleiten kann.

5. Variieren Sie die Geschwindigkeit Ihres Stoßes. Beginnen Sie zum Beispiel langsam und werden Sie dann ganz plötzlich schneller, wenn Sie etwa 2–3 cm tief eingedrungen sind. Oder dringen Sie rasch ein und machen Sie dann eine Pause, bevor Sie langsam weiter vorstoßen, sodass es eine Ewigkeit zu dauern scheint, bis Sie ganz eingedrungen sind.

6. Dringen Sie in einem sehr steilen Winkel von oben, von hinten oder von der Seite her in sie ein. Das sorgt für intensive und ungewohnte Empfindungen. Achten Sie

darauf, dass Sie dabei langsam vorgehen und dass die Schamlippen angenehm feucht sind.

7. Breiten Sie vor dem Eindringen vorsichtig die Beine Ihrer Partnerin auseinander. Dringen Sie ein, während sie sanften Widerstand leistet, indem sie die Spannung in ihren Oberschenkeln erhöht. Sie werden dies beide sehr genießen, vorausgesetzt dass sie bereits angenehm feucht ist. Halten Sie dabei einen gleichmäßigen Druck aufrecht, ohne plötzliche, abrupte Bewegungen, während die Frau durch wechselnde Spannung in den Schenkeln für eine Variation der Empfindungen sorgen kann.

8. Legen Sie die Hände auf beide Seiten der Vulva und ziehen Sie beim Eindringen die Schamlippen sanft auseinander. Dies verstärkt die Spannung rund um den Scheideneingang und bringt ungewohnte, besonders starke Empfindungen hervor. Damit Sie auf diese Weise eindringen können, muss die Frau ihre Beine weit öffnen oder sie nach oben halten.

9. Wippen Sie beim Eindringen leicht vor und zurück. Bewegen Sie sich 5 cm vor und 2 cm zurück, 5 cm vor und 2 cm zurück und so weiter. Auf diese Weise dauert es drei- bis viermal, bis Sie vollständig eingedrungen sind, doch der Weg dorthin ist es wert.

10. Dringen Sie überhaupt nicht ein, sondern klopfen Sie erst einmal nur an die Tür. Legen Sie den Kopf des Penis an die Scheidenöffnung und drücken Sie ganz leicht dagegen. Wenn die Eichel einzudringen beginnt, ziehen Sie sich zurück. Wiederholen Sie dies einige Male, bis Ihre Partnerin die Spannung nicht länger aushält und Sie anfleht, ganz einzudringen.

Hinweise für Frauen

1. Spielen Sie mit der Spannung in Ihren Vaginalmuskeln. Ziehen Sie zum Beispiel die Scheideneingangsmuskeln zusammen (aber nicht so stark, dass es schmerzhaft wäre) und lassen Sie Ihren Partner vorsichtig eindringen. Währenddessen entspannen Sie ganz langsam die Muskeln. Sie werden sich dabei wie eine Blume fühlen, die sich der Frühlingssonne öffnet. Die leichteste Position für diese Technik ist anfangs die in Rückenlage. Sobald Sie geübt darin sind, die Muskeln Ihrer Scheide zu kontrollieren, wird es Ihnen auch in anderen Stellungen leicht gelingen. Das nächste Kapitel enthält einige hilfreiche Übungen dafür.
2. Verändern Sie die Stellung Ihrer Beine. Das verändert den Eindringwinkel des Penis und die Zugänglichkeit der Scheide, wodurch zahlreiche neue Empfindungen ausgelöst werden können. Wenn Sie auf dem Rücken liegen, können Sie zum Beispiel die Füße auf die Schultern Ihres Partners legen, die Beine um seine Mitte schlingen, die Beine gerade ausstrecken, die Knöchel überkreuzen usw.
3. Umfassen Sie mit den Händen die Hüften oder Lenden Ihres Partners, sodass er nur bis zu der Tiefe eindringen kann, die Sie sich wünschen. Dann entfernen Sie beim nächsten Stoß ganz plötzlich Ihre Hände, sodass er tief in Sie hineingelangt.
4. Verändern Sie während des Eindringens die Stellung Ihres Beckens, zum Beispiel vom flachen Liegen zu einem gewölbten Rücken. Dies ist eine ganz subtile Veränderung, die jedoch zu angenehmen Resultaten führt und dabei keinen Stellungswechsel oder sonstige große Aktionen verlangt.
5. Wenn Sie oben sind, in der kontrollierenden, aktiven Position, können Sie den Penis in einem extremen Winkel

einführen, indem Sie sich vor- oder zurücklehnen. Gehen Sie dabei langsam vor, um nicht zu viel Druck auf den Penis auszuüben, und tun Sie dies nur, wenn Sie bereits sehr feucht sind.

Eindringen ohne Erektion

In einer erotischen Abwandlung des alten Sprichworts »A good man is hard to find« (Es ist schwer, einen guten Mann zu finden) meinte Mae West einmal: »A hard man is good to find« (Es ist gut, einen harten Mann zu finden). Die meisten Frauen würden dem sicher zustimmen. Geschlechtsverkehr ist praktisch dadurch definiert, dass ein Mann mit einer Erektion in eine Frau eindringt und sie ohne Erektion wieder verlässt. Aber das muss gar nicht unbedingt so sein. Tatsächlich kann das gelegentliche »weiche« Eindringen eine ganz besondere Erfahrung sein – die die Chinesen in typisch blumiger Manier so beschrieben: »Tot hinein, lebendig heraus.«

Diese Technik kann nicht nur eine ungewöhnliche neue Variante zu Ihrem Liebesspiel beitragen, sie hat darüber hinaus auch noch folgende Vorteile:

1. Eine der Veränderungen im Leben eines Paares ist oft, dass der Mann mit zunehmendem Alter länger braucht, um eine Erektion zu erreichen, da er mit der Zeit an Yang-Energie verliert. Das kann traumatisch für Männer sein, die dies nicht erwartet haben oder nicht wissen, wie weit verbreitet es ist. Ein Vorteil dieser Technik besteht also darin, dass Paare Erfahrungen sammeln können, wie Geschlechtsverkehr auch ohne Erektion initiiert werden kann.
2. Außerdem verringert diese Methode den Leistungsdruck beim Mann. Wenn die Erektion zum Ziel wird, statt ein-

fach ein natürlicher Vorgang zu sein, dann entstehen zusätzliche Spannungen, die das Erektionsproblem unweigerlich verschlimmern. Es ist wie beim Schlafen: Je mehr Sie sich bemühen einzuschlafen, desto schwieriger wird es. Wenn das »weiche« Eindringen zu Ihrem Repertoire gehört, vermindert das den Druck um einiges und verringert die Gefühle von Versagen und Scham, die mit Erektionsproblemen in der Regel verbunden sind. Männer sind meist sehr erleichtert, wenn sie herausfinden, dass ihre »Stäbe« selbst dann noch Zauber bewirken können, wenn sie schlaff sind. Selbst wenn Sie die Technik nicht anwenden, entsteht daraus doch ein viel entspannterer Umgang mit dem Thema Erektion.

3. Die Methode führt zu ganz neuen Gefühlen und Empfindungen. Weil sich ein schlaffer Penis anders anfühlt als ein steifer – und anders als ein Finger oder eine Zunge –, lässt sich damit das Repertoire der Sinnesreize weiter vergrößern. Ein weicher Penis kann sich für die Frau wunderbar anfühlen, wenn er die Vulva berührt, oder auch innerhalb der Scheide. Außerdem ist es eine einzigartige Empfindung, wenn der Penis dann langsam innerhalb der Scheide steif wird. Viele Frauen empfinden dies als besonders erregend. Auch für den Mann ist es etwas Neues, da er gewöhnlich meist ohne einen solchen Körperkontakt steif wird. Wenn sich der Penis langsam vergrößert, während er ringsum von den Scheidenwänden umgeben ist, entstehen daher völlig neue Möglichkeiten für Lustgefühle.

4. Wie wir im Folgenden noch sehen werden, bevorzugen viele Frauen zu Beginn des Verkehrs eine flache Penetration. »Weiches« Eindringen hat den Vorteil, dass es eine tiefe Penetration – für die die Frau möglicherweise noch gar nicht bereit ist – unmöglich macht.

5. Diese Technik gibt der Frau mehr Gefühl für ihre Vagina, und das ist ein ganz subtiler Vorteil. Um das einzigartige Gefühl weichen Eindringens vollkommen genießen zu können, muss die Frau ihren vaginalen Empfindungen mehr Aufmerksamkeit schenken. Ihre gesteigerte Aufmerksamkeit und Konzentration kann dazu führen, dass sich ihre Empfindungsfähigkeit allgemein erhöht.
6. Diese Methode macht auch den Mann insgesamt empfänglicher. Da Yang hart und Yin weich ist, ist der Mann in diesem Zustand verletzlicher, besonders wenn die Frau obenauf sitzt und beim Einführen die Kontrolle über den Penis übernimmt.

So wird es gemacht

Weiches Eindringen erfordert ein spezielles Vorgehen. Der Mann oder die Frau müssen den schlaffen Penis sanft in die Scheide einführen. Die Chinesen empfehlen, dies der Frau zu überlassen. Das ermöglicht es ihr, den Penis so zu manipulieren, wie es für sie selbst am angenehmsten ist, zum Beispiel indem sie ihre Klitoris oder ihre Schamlippen vorher und beim Einführen mit ihm streichelt.

Die günstigste Stellung dafür ist eine, bei der die Frau oben ist. Am besten knien Sie sich über die Hüften Ihres Partners, mit dem Gesicht zu ihm gewandt. Fassen Sie die Peniswurzel zwischen Zeigefinger und Mittelfinger relativ fest, aber ohne dass es schmerzhaft wird. Dadurch wird gleichzeitig das Blut im Penis gestaut und es ist für eine ausreichende Steifheit beim Einführen gesorgt. Mit der anderen Hand können Sie Ihre Schamlippen sanft auseinander ziehen.

Die Position, in der die Frau oben ist, bietet die besten Voraussetzungen. Liegt sie auf dem Rücken, muss sie ihre Rückenmuskeln anspannen, um nach unten zu greifen und den Penis zu fassen. Dabei wird auch die Scheide angespannt, sodass das Einführen schwieriger ist. Falls Sie trotzdem gern auf dem Rücken liegen möchten, ist es hilfreich, wenn Sie Kopf und Nacken mit einem Kissen abstützen.

Die Stellung, die dem Mann die besten Voraussetzungen gibt, ist diese: Die Frau liegt auf dem Rücken, mit den Hüften nahe am Bettrand, und der Mann steht oder kniet zwischen ihren Beinen. Mit den Händen fasst er nun den Penis an der Wurzel und hält ihn sanft, aber fest an beiden Seiten. Dadurch wird er leicht steif. Wichtig ist, dass die Frau ganz entspannt und die Scheide feucht ist.

Wenn der Penis eingeführt ist, ist es meist günstig, ihn weiterhin an der Wurzel zu halten, solange er schlaff oder noch nicht ganz steif ist. Das verhindert, dass er herausgleitet, und ermöglicht es, ihn in die gewünschte Richtung oder Tiefe zu drücken.

Die Chinesen nannten diese Technik »Tot hinein, lebendig heraus«, weil sie dem Mann empfahlen, sich zurückzuziehen, sobald die Erektion erreicht war und es noch nicht zu einer Ejakulation gekommen ist. Wie wir im nächsten Kapitel sehen werden, ist Sex ohne Ejakulation ein zentrales Thema der alten chinesischen Lehren. Im Moment möchte ich dazu nur anführen, dass der Akt länger dauert, wenn der Mann nicht sofort beim ersten Impuls ejakuliert. Dann kann das Vergnügen der Penetration wiederholt werden. Wenn ein Mann seine sexuelle Energie nicht durch eine Ejakulation verausgabt, bleibt sein Erregungspegel hoch und seine Partnerin kann höhere Lust und multiple Orgasmen erfahren.

Paare, die nicht an Verkehr ohne Ejakulation interessiert sind, können natürlich trotzdem das »weiche« Eindringen praktizieren. Sobald die Erektion vollkommen ist, kann sich ganz normaler Verkehr anschließen. Doch dieser muss nicht sofort heiß und heftig sein. Der Mann hat möglicherweise ein größeres Bedürfnis nach einem Orgasmus, sobald eine Erektion zustande gekommen ist, doch er sollte nur deshalb nicht unbedingt sofort die Kontrolle und die Nutzung der vielfältigen Möglichkeiten aufgeben.

Auch kann er sich kurzfristig zurückziehen, sodass das Paar die Stellung ändern oder die Rollen tauschen kann. Wenn beim Einführen zum Beispiel die Frau aktiv war, so kann nun der Mann die Yang-Rolle übernehmen. Es ist möglicherweise gut, wenn Sie vorher miteinander darüber sprechen, was Sie tun möchten, sobald der Penis »lebendig« geworden ist.

Stoßen – Das A und O des Liebesspiels

Wenn es um Hüftbewegungen geht, sieht selbst Elvis Presley im Vergleich zu den alten Chinesen alt aus. Die Taoisten beschrieben eine erstaunliche Vielfalt von Stoßstilen und Bewegungsformen, meist in poetischem Stil, wie zum Beispiel: »Er bewegt seinen Jadegipfel hinein und heraus und hämmert dabei auf der linken und auf der rechten Seite der Eingangshalle wie ein Schmied, der mit seinen Hämmern das Eisen formt.« Oder: »Stoße hinab in die Jadesubstanz und steige hoch an der goldenen Schlucht (Klitoris), als wolltest du alle Gesteinsschichten abschürfen, um an die kostbare Jade zu gelangen.«

Stöße können tief oder flach sein, leicht oder kräftig, intensiv oder oberflächlich, forschend, lockend oder schüchtern, gerade oder schräg, langsam oder schnell, allmählich oder plötzlich, gleichmäßig oder chaotisch. Außerdem gibt es noch die Möglichkeit, zwischendurch zu pausieren, wodurch ein Element von Unsicherheit, Geheimnis, Abwarten, Neugier und Vorfreude hinzukommt.

Indem sie das volle Spektrum der Möglichkeiten ausnutzen, steigern Meister der erotischen Lust nicht nur ihr Vergnügen, sondern auch allgemein ihre Gesundheit und Vitalität. Wenn Sie Ihr Repertoire erweitern, können Sie dafür sorgen, dass Penis und Vagina vollständig und an allen Stellen stimuliert sind. Über das Reflexzonensystem werden auf diese Weise alle Organe des Körpers gestärkt. Außerdem lässt sich so die Dauer des Liebesaktes verlängern, wodurch eine größere Menge an Qi aktiviert wird. Schnelles, tiefes und gleichmäßiges Stoßen – wie es die meisten Männer gewöhnt sind – beschleunigt in der Regel den Orgasmus des Mannes, weil es den gesamten Penis intensiv stimuliert. Wenn dagegen der Mann Tiefe und Geschwindigkeit stärker variiert, kann er seinen Höhepunkt kontrolliert hinauszögern und seiner Partnerin dabei auf vielfache Weise noch mehr Lust verschaffen.

Gleichmäßiges, monotones Stoßen kann bei der Frau zudem einen eher negativen Effekt haben, vor allem wenn das Vorspiel nicht ausreichend war und sie nicht erregt genug ist, um auf die intensiven Empfindungen zu reagieren. Übermäßige Stimulation führt dann leicht zu einem Verlust an Empfindungsfähigkeit. Zum Beispiel kann eine an und für sich angenehme Massage irritierend wirken, wenn immer und immer wieder dieselbe Hautpartie berührt wird. Nach einer Weile schaltet das Nervensystem einfach ab. Daher wird jede Stoßtechnik, wenn sie endlos wiederholt wird, schließlich zu einer Abstumpfung führen, selbst wenn sie anfangs erregend war. Tatsächlich gibt es viele Paare, die möglichst schnell einen Höhepunkt anstreben, nur um der Monotonie des immer gleichen Rein-Raus zu entgehen.

Das abwechslungsreiche Stoßen dagegen führt zu ständig neuen Empfindungen, kann das Lustpotenzial wirkungsvoll erhöhen und besonders starke Orgasmen hervorbringen – mit all den Vorteilen, die dies für Körper und Seele hat. So wie ein Maler zahllose Leinwände mit immer neuen Kunstwerken füllt, indem er sein Repertoire an Farben, Formen, Materialien und Pinselstrichen vollständig ausschöpft, kann auch ein kunstvoller Liebhaber das ganze Repertoire aller Möglichkeiten nutzen, um sich und seine Partnerin in den siebten Himmel zu versetzen.

Wir wollen uns nun einige der wichtigsten Variationsmöglichkeiten genauer ansehen.

Die richtige Tiefe

Um einerseits den Ärzten eine Hilfe bei der Lokalisierung der Akupunkturpunkte zu geben und andererseits die Unterweisung in den Liebestechniken einfacher zu gestalten, unterteilten die alten Chinesen die Vagina in acht Abschnitte, entsprechend ihrem Abstand vom Scheideneingang. Jeder dieser Abschnitte ermöglicht ganz unterschiedliche Empfindungen. Wie üblich gaben die Chinesen jedem dieser Abschnitte einen blumigen Namen (die dabei verwendete Maßeinheit des tzun entspricht etwa einer Länge von 2 cm).

1 tzun: Lautensaite
2 tzun: Stachel der Wasserkastanie
3 tzun: Kleiner Strom
4 tzun: Schwarze Perle
5 tzun: Großes Tal
6 tzun: Tiefe Kammer
7 tzun: Inneres Tor
8 tzun: Nordpol (Muttermund und Umgebung)

Als Su Nu den Gelben Kaiser in der Kunst des Stoßens unterwies, erklärte sie ihm, dass zu flaches Stoßen nur ein begrenztes Vergnügen liefert, während zu tiefes, unkontrolliertes und heftiges Stoßen der Frau Schmerzen bereiten kann. Zwischen diesen beiden Extremen befindet sich ein weites Spektrum an Möglichkeiten, die grob in zwei Kategorien eingeteilt werden können: flach (bis 8 cm) und tief (über 8 cm).

Grundsätzlich wird von den Meistern der erotischen Kunst folgendes Prinzip empfohlen: Zu Beginn sollten die Stöße vorwiegend flach und nur gelegentlich tief sein; je weiter die Erregung fortgeschritten ist, desto größer kann der Anteil der tiefen Stöße werden. Dafür gibt es mehrere Gründe. Der eine ist der, dass auf diese Weise der Liebesakt verlängert und das Vergnügen daran maximal gesteigert werden kann. Gleichmäßiges tiefes Stoßen beschleunigt nicht nur den Höhepunkt des Mannes, sondern ist zu Beginn des Aktes für die Frau meist wenig stimulierend. Tiefe Stöße können dagegen extrem lustvoll sein, wenn die Frau ein hohes Maß an Erregung erreicht hat, besonders unmittelbar vor dem Orgasmus. Wenn ihr die tiefen Stöße jedoch vorzeitig aufgedrängt werden, bevor sie ausreichend aufgewärmt ist, kann sie möglicherweise mit dem Tempo des Partners nicht Schritt halten und sich nicht mehr voll beteiligen. Im Grunde macht der Mann dann Sex *an* ihr statt *mit* ihr. Und wenn sie nicht *wirklich* bereit ist, fühlt ihr Körper dabei möglicherweise sehr wenig. Das kann zu einer Stauung des Qi führen, zu gynäkologischen Problemen und zu unterschwelligem Groll und Ärger gegenüber dem Partner.

Gemäß der chinesischen Tradition entsprechen tiefe Stöße Yin und flache Stöße Yang. Sie hätten es vermutlich genau andersherum vermutet, da tiefe Stöße eher Aggressivität und Kraft zu verkörpern scheinen. Doch in der Yin-Yang-Theorie ist der innere Bereich des Körpers Yin und alles auf der Oberfläche Yang. Da der Sinn des Liebesaktes darin besteht, Yin und Yang zu vereinen, ist es verständlich, dass der vorwiegend Yang-betonte Mann gewöhnlich schnell in die tieferen, Yin-betonten Regionen des weiblichen Körpers vordringen will. Genauso verständlich ist es aber auch, dass die Frau mehr davon hat, wenn erst die Yang-betonten äußeren Regionen ihrer Geschlechtsorgane stimuliert werden, da die Yin-Bereiche sehr viel mehr Zeit brauchen, um Erregung aufzubauen.

Lassen Sie uns dazu einmal einige anatomische Fakten betrachten: Die Nerven im äußeren Scheidenbereich reagieren empfindlicher auf Berührung, die tiefer innen liegenden empfindlicher auf Druck. Zu Beginn des Liebesaktes ist flaches Stoßen günstiger für die Frau, da es unmittelbar die Bereiche der Scheide stimuliert, die am stärksten auf Berührung reagieren. Wenn der weiche Peniskopf sich innerhalb der Eingangszone bewegt, den besonders empfindlichen ersten Zentimetern der Vagina, schenkt dies der Frau intensive Lust und Stimulation. Dadurch baut sich die Erregung langsam auf und bereitet die Bühne für eine maximale Stimulation durch tiefes Stoßen. Ein weiterer Vorteil flachen Stoßens ist, dass je nach Eindringwinkel damit auch der G-Punkt massiert werden kann.

Viele Frauen haben eine große Sehnsucht danach, ausgefüllt zu werden. Flache Stöße machen Appetit auf tiefe Penetration, so wie eine Vorspeise hungrig macht auf das Hauptgericht. Mit flachen Stößen lässt sich auch gut necken und reizen. Wenn der Mann sich fast vollständig zurückzieht, reagiert der weibliche Körper darauf. Häufig kontrahiert die Vagina unwillkürlich, als wollte sie den Penis in sich fest halten. Das erhöht nicht nur die gefühlsmäßige Erwartungshaltung, sondern führt auch durch die erhöhte Reibung zu angenehmen körperlichen Empfindungen. Die Frau kann diese noch verstärken, indem sie bewusst ihre Beckenmuskeln anspannt.

Rücksichtsvoll und spielerisch ausgeführt kann Necken und Reizen ein besonders erotischer und romantischer Teil des Liebesspiels sein. Je länger das flache Stoßen dauert, desto mehr Spannung wird erzeugt und desto größer wird die anschließende Befriedigung sein. Ein erfahrener Liebhaber kann bei seiner Partnerin ein fast unerträgliches Gefühl von Hunger und Sehnsucht hervorrufen. Wenn er dann nach langem Zögern auf der Schwelle endlich die innere Kammer betritt, wird sie ihn umso mehr willkommen heißen. Ihr Appetit ist gereizt worden und die tiefe Penetration stillt diesen Hunger. Energetisch betrachtet ist ihr Yin-Anteil mit ins Spiel gekommen und ist nun bereit, sich mit seinem Yang in einem kraftvollen Austausch heilenden Qis zu vereinigen. Anatomisch gesehen sind die druckempfindlichen Nerven im Innern der Scheide aufgewacht und nun bereit, mit tiefer Lust zu reagieren.

Die Meister der erotischen Kunst empfahlen abwechselnd flache und tiefe Stöße. Wenn die Scheide komplett gefüllt ist, kann es sein, dass alle eventuell darin befindliche Luft verdrängt wird. Wenn der Mann sich dann nach der tiefen Penetration teilweise zurückzieht und nur noch flach stößt, entsteht durch den Mangel an Luft und die Bewegung des Penis ein Vakuum, das eine leicht saugende Empfindung an den inneren Scheidenwänden hervorrufen kann. Das verstärkt die lustvollen Empfindungen an den druckempfindlichen Nervenenden im tieferen Vaginalbereich.

Natürlich erhalten die Spitze des Penis und der äußere Teil der Scheide beim Liebesakt immer die meiste Stimulation. Flaches Stoßen erhöht noch diesen Effekt, was einen weiteren wichtigen Vorteil hat: Es konzentriert nicht nur die Reibung auf die empfindlichsten Teile der Genitalien, sondern aktiviert auch bei der Frau die Niere und beim Mann Herz und Lunge (siehe Abbildung der Reflexzonen auf Seite 133).

Da die Spitze des Penis die Reflexzone für Herz und Lunge ist, zieht die Stimulation dieses Bereichs Yang-Qi nach oben und erleichtert damit seine natürliche Bewegung. Tiefe Stöße dagegen stimulieren die Peniswurzel, was die Niere aktiviert und den Yin-Aspekt der männlichen Sexualität abwärts leitet. Die Kombination von tiefen und flachen Stößen verursacht eine kreisförmige Bewegung im Organsystem, die Yin ebenso wie Yang stärkt.

Ein ähnlicher Prozess läuft auch im weiblichen Körper ab. Flache Stöße stimulieren die Vulva, die mit der Niere in Verbindung steht. Dies zieht das Qi in Yin-Richtung nach unten und belebt die Geschlechtsorgane. Wenn der Anteil der tiefen Stöße zunimmt, werden die tieferen Teile der Scheide stimuliert und damit auch das Herz als das entsprechende Organ. Dies erzeugt einen Kreislauf des Qi vom Herzen zu den Genitalien und zurück, wodurch Yin und Yang in Harmonie gebracht werden.

Insgesamt haben die Chinesen festgestellt, dass abwechselnd flaches und tiefes Stoßen die beste Wirkung auf alle Organe ausübt, vermittelt durch das Reflexzonensystem. Ihre erotischen Texte beschreiben einige unterschiedliche Muster und Abfolgen. Mein Ratschlag ist, erst einmal ohne feste Muster zu experimentieren, dabei aber die folgenden Grundsätze im Auge zu behalten:

1. Zu Beginn des Liebesaktes sollten Sie immer mehrere flache und einen tiefen Stoß einander abwechseln lassen. Anfangs können das wenige flache Stöße sein, wie zum Beispiel dreimal flach – einmal tief, bevor Sie sich dann langsam steigern auf fünfmal flach – einmal tief, siebenmal flach – einmal tief, neunmal flach – einmal tief, in dem Maße, wie Sie immer erfahrener und geübter werden.
2. Im Verlauf des Aktes können Sie dann die Zahl der tiefen Stöße langsam erhöhen, zum Beispiel auf sechsmal flach – zweimal tief oder neunmal flach – dreimal tief usw.
3. Einer von Ihnen beiden sollte die Kontrolle übernehmen. Auch wenn Kommunikation vor, während und nach dem

Liebesakt wichtig ist, so ist es doch am besten, wenn zu jedem Zeitpunkt jeweils einer die Führung übernimmt. Dies ermöglicht dem Partner, sich einfach zu entspannen und mitzugehen. Außerdem erlaubt dies meist mehr Abwechslung, Spontaneität und Überraschung.

Weil der Mann das »Stoßwerkzeug« besitzt und sich oft in der oberen Position befindet, ist er typischerweise derjenige, der die Kontrolle ausübt. Doch auch in der rezeptiven Position kann die Frau die Stoßtiefe kontrollieren, indem sie die Hände zwischen ihre Beine legt und sie entweder zu Fäusten ballt oder mit ihnen die Schamlippen abdeckt. So kann sie ihre Hände benutzen, um die Eindringtiefe des Mannes zu bestimmen. Oder sie legt die Hände auf seine Hüften und lenkt ihn durch ihren Druck. Auch lässt sich durch den Winkel des Beckens, zum Beispiel durch einen gewölbten Rücken, die Eindringtiefe regulieren.

4. Ein Mann sollte immer beachten, dass flache Stöße am besten zum Aufbau von Erregung geeignet sind, während tiefe Stöße dazu dienen, die Frau zu befriedigen, sobald sie erregt ist. Während sich die Erregung langsam aufbaut, sollten Sie sie stärker reizen, und sobald sie wirklich heiß ist, sie weiter befriedigen. In der Regel ist es nicht sehr schwierig zu erkennen, wann die Frau für tieferes Stoßen bereit ist. Sie drängt dann zum Beispiel ihr Becken gegen den Körper des Mannes oder bewegt ihren Körper so, dass er tiefer in sie eindringen kann. Sie umfasst seine Lenden oder schlingt ihre Beine um ihn, um ihn näher heranzuziehen. Aber Sie brauchen ihr Verlangen nicht sofort und unmittelbar zu befriedigen. Sie können sie weiter reizen, solange Sie beide es aushalten, bis der ganze Raum sich um Sie dreht und sie Sie geradezu anfleht, endlich zum Höhepunkt zu kommen. Je mehr Sie eine Frau reizen, desto stärker befriedigt wird sie sich am Ende fühlen.

5. Sobald Sie einige Übung mit den verschiedenen Stoßtiefen haben, können Sie das Muster bei jedem Liebesakt leicht verändern, um das Element der Überraschung aufrechtzuerhalten. Sie können zum Beispiel gleich zu Beginn ein völlig neues Muster ausprobieren oder auch einen Rhythmus abrupt abbrechen und zwischendurch etwas Neues probieren.
6. Denken Sie daran, dass eine Variation des Stoßens besonders anfangs möglicherweise mehr Kontrolle und Willenskraft von Ihnen als Mann verlangt, als Sie im Moment aufbringen können. Weil die Yang-Energie dazu tendiert, Strukturen und Muster aufzubauen, verlassen sich Männer in der Regel auf das, was funktioniert, und wenden es dann immer wieder an. Wenn Sie diese neuen Fähigkeiten erwerben wollen, sollten Sie langsam beginnen, ohne Druck und unrealistische Erwartungen, um in Ihrer eigenen Geschwindigkeit langsam mehr Übung zu gewinnen. Denken Sie auch daran, dass Sie beim Zählen der Stöße nicht mechanisch oder starr zu werden brauchen. Sie sollten vor allem nicht die spontane Freude am Sex oder das reine Vergnügen an Ihrem Körper und seinen Instinkten verlieren. Wie jede neue Fertigkeit braucht auch das abwechslungsreiche Stoßen anfangs konzentrierte Aufmerksamkeit, doch irgendwann wird es zur zweiten Natur werden. Wenn Sie dranbleiben, werden Sie sich bald wie Fred Astaire und Ginger Rogers in einem fließenden Rhythmus bewegen, ohne mitzählen zu müssen. Und das ist die Anstrengung wert.

Übung: Die Neunerserie

Wenn Sie etwas Besonderes zum Ausprobieren suchen, nun, hier ist es. Dr. Stephen Chang, Autor des Buches *Das Tao der Sexualität*, empfiehlt eine Technik, von der er behauptet, dass sie alle Organsysteme des Körpers mit Energie versorgt und das Qi gleichmäßig und harmonisch im Körper verteilt. Außerdem mobilisiert sie sehr viel sexuelles Qi und gibt dadurch dem Liebesakt mehr Kraft und Dauer. Das Praktizieren einer strengen Disziplin wie dieser Sequenz kann die erotische Kunstfertigkeit der Liebenden mit der Zeit immer mehr verbessern, denn es wird ihr Repertoire erweitern, ihre Fähigkeiten der Kontrolle erhöhen und ihr Selbstvertrauen steigern.

Die Technik der Neunerserie funktioniert am besten, wenn man sie langsam ausführt. Sie beginnt mit einer Reihe von neun flachen Stößen und einem tiefen Stoß, wobei bei jeder folgenden Sequenz jeweils ein flacher Stoß weniger und ein tiefer Stoß mehr ausgeführt werden, also so:

Flache Stöße	Tiefe Stöße
9	1
8	2
7	3
6	4
5	5
4	6
3	7
2	8
1	9

Die Ausführung einer ganzen Serie verlangt vom Mann ein hohes Maß an Kontrolle. Um Ihnen dies zu erleichtern, können Sie die Techniken zum Zurückhalten der Ejakulation im nächsten Kapitel einüben. Doch ist es auch durchaus möglich, nur einen Teil der kompletten Serie auszuführen. Vielleicht ziehen Sie es ja vor, nur eine bestimmte Sequenz öfter zu wiederholen. Oder Sie kommen an den Punkt, an dem

Sie wie auch Ihre Partnerin vom Verlangen überwältigt werden und nicht mehr ans Zählen denken – nun, dann lassen Sie eben der Lust freien Lauf. Und falls Sie tatsächlich eine ganze Neunerserie schaffen und danach weitermachen möchten, können Sie auch nochmals von vorne anfangen. Große Liebeskünstler sollen angeblich in der Lage sein, zahlreiche Neunerserien auszuführen, ohne zu ejakulieren.

Pausen einlegen

In der Musik sorgen die Pausen zwischen den Noten für Spannung und Kraft. Das Gleiche gilt auch für den Liebesakt. Ruhe führt zu einem süßen Gefühl der Erwartung. Sie erhöht außerdem das Bewusstsein für die Bewegung, so wie Stille in der Musik mehr Bewusstsein für den Klang bewirkt. Stille ist eine Yin-Qualität. Sie besitzt eine natürliche Anziehungskraft für die Frau und den Yin-Aspekt des Mannes, wodurch sie einen Ausgleich zum Yang der Bewegung schafft. Strategische Pausen können dem Liebesakt das ungeduldig Drängende nehmen und den Körper beruhigen, die Dauer des Aktes verlängern und dem Yin mehr Zeit geben, um warm zu werden. Wie bereits erwähnt, ist die Möglichkeit, Liebe, Lust und Qi vom Partner aufzunehmen, umso größer, je mehr Yin-Energie beteiligt ist.

Wann Sie Pausen einfügen sollten

1. Wenn Sie Ihre Partnerin liebevoll necken möchten. So wie flaches Stoßen Lust macht auf tiefe Penetration, so steigert eine Pause den Hunger auf Bewegung.
2. Wenn Sie langsamer werden oder den Liebesakt verlängern möchten. Eine kurze Pause unterbricht die Stimulation und ermöglicht Entspannung, wenn Sie übermäßig erregt sind.

3. Wenn Sie erschöpft sind. Eine Pause gibt Ihnen die Möglichkeit, sich zu erholen.
4. Wenn Sie das Gefühl haben, dass Sie wieder mehr Kontrolle über den Akt haben möchten.

Wie Sie eine Pause einlegen können

Was bedeutet Ruhe während des Liebesaktes? Im Grunde alles, was Sie möchten oder sich vorstellen können. Hier einige Vorschläge:

1. Stellen Sie alle Bewegungen ein, sei es für einige Sekunden oder sogar einige Minuten, während Sie weiterhin in Ihrer Umarmung vereinigt bleiben. Dies kann zu starken Gefühlen von Nähe und Intimität führen, selbst wenn die Erektion dabei allmählich abnimmt.
2. Ziehen Sie sich vollständig zurück, um sich für 10 Sekunden einfach nur eng aneinander zu kuscheln. Eine kleine Unterbrechung des Mahles fördert nur den Appetit. Daraufhin können Sie ein zweites Mal den heiligen Übergang in den Akt genießen.
3. Ziehen Sie sich zurück und gehen Sie zu Dingen über, die normalerweise mit dem Vorspiel in Verbindung gebracht werden: Umarmungen, Küsse, Streicheln oder oraler Sex.
4. Legen Sie eine Pause im Liebesakt ein, um Ihre Partnerin oral, manuell oder durch ihr eigenes Streicheln zu einem Orgasmus zu stimulieren. Nehmen Sie dann von neuem den Liebesakt auf, um sie auf noch höhere Ebenen der Lust zu bringen.

Nach der Pause können Sie dort weitermachen, wo Sie aufgehört hatten, oder auch etwas ganz Neues beginnen. In beiden Fällen haben Sie das Vergnügen, ein zweites Mal die langsame Steigerung der Erregung zu erleben.

Es kann sein, dass der Mann während der Pause seine Erektion verliert. In manchen Fällen stellt sie sich möglicherweise nicht sofort wieder ein, vor allem wenn er müde, erschöpft, abgelenkt oder gesundheitlich nicht voll auf der Höhe ist. Es ist in solchen Fällen nicht empfehlenswert, unbedingt die Erektion aufrechtzuerhalten oder schnell wieder erlangen zu wollen. Sie wird sich leichter wieder einstellen, wenn Sie keinen zusätzlichen Druck aufbauen und einfach Ruhe bewahren. Sie können das weiche Einführen ausprobieren, das weiter vorne bereits beschrieben wurde, oder auch den Liebesakt abbrechen.

Grundsätzlich gilt, dass der Geschlechtsakt nicht jedes Mal auf dieselbe lineare Weise vom Beginn zum üblichen Abschluss geführt werden muss. Sexualität ist kein Schnellzug. Wir können jederzeit so viele Haltestellen einlegen, wie wir möchten, und sie alle genießen.

Die richtige Geschwindigkeit

Die zielorientierte Yang-Energie möchte sich schnell bewegen und ihr Ziel rasch erreichen. Das gilt vor allem für junge Männer, deren sexuelles Qi verhältnismäßig mehr Yang-Kräfte enthält. Die Yin-Tendenz ist genau umgekehrt: Frauen ziehen in der Regel langsameres Stoßen vor, vor allem in den Anfangsphasen des Liebesaktes. Das heißt aber nicht, dass Männer immer nur Rock'n'Roll tanzen wollen, während Frauen sich stets nach einem Walzer sehnen. Der Yin-Aspekt des Mannes kann den langsameren Tanz ebenfalls genießen und viele Männer sind sensibel genug, sich zu bremsen, um ihrer Partnerin mehr Lust zu schenken. Auf der anderen Seite gibt es auch Yang-orientierte Frauen, denen es von Anfang an gar nicht heiß und heftig genug sein kann.

Die Vorlieben in Bezug auf die Geschwindigkeit ändern sich meist mit dem Alter. Ein Vorteil lang dauernder Beziehungen ist derjenige, dass sich die Partner in ihren sexuellen Neigungen immer näher kommen. Wenn sie in den mittleren Jahren sind, haben Männer oft ihren primären Yang-Aspekt aufgezehrt und ihr Yin-Aspekt hat nun mehr Einfluss auf ihr sexuelles Verhalten. Sie werden geduldiger und tun sich leichter damit, sich beim Liebesakt langsamer zu bewegen. Diese Veränderung kommt den meisten Frauen sehr entgegen. In vielen Fällen brauchen sie nun weniger Zeit, um warm zu werden, denn ihre Yin-Energie hat sich durch Geburten und den Stress des Alltagslebens aufgebraucht. Wenn sie älter werden, finden Frauen häufig mehr Vergnügen an Yang-Verhaltensweisen: Sie initiieren Sex, übernehmen die Kontrolle und mögen es schnell und heftig.

Doch auch bevor das Alter ihre Energieprofile einander angleicht, können Partner lernen, die Signale des Körpers zu erkennen und auf sie zu hören. Als Beispiel möchte ich hier meine Klientin Carla und ihren Partner Norbert anführen. Carla ist eine sehr aktive Frau, die in einem anspruchsvollen, stressigen Beruf arbeitet und für ihren Arbeitsalltag sehr viel Yang-Energie benötigt. An manchen Tagen kommt sie abends voll aufgedreht nach Hause und stürzt sich auf ihren Mann mit der Gier eines ausgehungerten Seemanns auf Heimaturlaub. An anderen Tagen ist ihr instinktiv klar, dass ihr Körper unter einem Mangel an Yin-Energie leidet und einen Ausgleich braucht. Dann fühlt sie sich zu etwas traditionelleren Formen von Sex hingezogen und spielt das scheue, passive Kätzchen, das sich der Kontrolle des Mannes überlässt. Das unterstützt sie darin, ihre Yin-Kräfte wieder zu beleben.

Doch zwei Probleme tauchten bei Carla auf, wenn sie in ihrer Yin-Stimmung war. Einerseits agierte Norbert häufig zu schnell, wenn sie ihm die Kontrolle überließ, sodass er schon auf hundertachtzig war, während ihr Körper sich eigentlich noch in der Aufwärmphase befand. Und andererseits steckte sie in einem inneren Konflikt, da sie als junge, unabhängige Frau das Gefühl hatte, irgendetwas sei falsch daran, sich vom Mann dominierten Sex zu wünschen.

Beide Partner mussten in diesem Zusammenhang etwas lernen: Norbert, dass er die Kontrolle übernehmen konnte, ohne sie zu *verlieren*, und Carla, dass ihr Wunsch nach Yin-Verhalten im Bett ein Weg zu innerer Ausgeglichenheit und zu ihren tieferen Ressourcen war und nicht etwa ein Ausdruck von masochistischem Opferverhalten.

Der langsame Tanz zum Orgasmus

Viele Paare sind überrascht, wenn sie erfahren, dass die weiblichen Bedürfnisse in der Regel am besten befriedigt werden, wenn der Liebesakt mit langsamen Stößen beginnt. Das liegt daran, dass die meisten Frauen es nie auf diese Art und Weise probiert haben. Ein weiterer Grund dafür ist, dass Frauen sich in der Regel mit steigender Erregung von sich aus schneller bewegen, wobei sie alle Anzeichen sexueller Hitze zeigen. Der Mann schließt daraus leicht, dass schnelles Stoßen für seine Partnerin sehr antörnend ist. Wenn sich durch die Reibung im Verlauf des Geschlechtsaktes langsam Hitze und Erregung aufbauen, wird der Yang-Aspekt immer stärker und übernimmt die Kontrolle. Aus diesem Grund stoßen Männer wie auch Frauen kurz vor dem Orgasmus gern hart, tief und schnell.

In Begriffen des Fortpflanzungsmodells (siehe Seite 42) könnte man es so beschreiben: Die Frau hat den Beitrag des Mannes erhalten und hat ihn in wechselseitiges Liebesspiel verwandelt. Nun kann sie ihm das, was sie geschaffen hat, in der Form intensiver Leidenschaft zurückgeben. Statt ihm einfach nur zu *erlauben*, tief und schnell zu stoßen, ist sie vollständig daran *beteiligt* und sorgt dafür, dass sie und ihr Partner eins werden, während sich die Erregung weiter aufbaut und der Energieaustausch stärker und stärker wird.

Der Mann war anfangs der Gebende; nun, da die Frau heiß geworden ist und schnell zu stoßen beginnt, ist er auch in der empfangenden Position. Für ihn ist der Orgasmus der Punkt des Übergangs vom Geben zu einem Gefühl des vollkommenen Empfangens.

Für den Mann ist es auf Dauer gesehen von größtem Wert, wenn er sich an die Bedürfnisse seiner Partnerin anpasst. Denn wenn sie schließlich von alleine beginnt, sich schneller zu bewegen, passt sie sich nicht einfach seinen Bedürfnissen an, sondern ihr Körper selbst will es so. Wenn das geschieht, ist das schnelle Stoßen, nach dem sich der Mann von Anfang an gesehnt hat, umso befriedigender, denn jetzt sind beide Partner in Harmonie. Die Energie, die sich zwischen ihnen aufgebaut hat, kann nun tief in beide hineinfließen. Der ganze Körper, nicht nur die Genitalien, sind dann am Liebesakt beteiligt. Und nicht nur der Körper, sondern auch die Seele: Was reine Lust war, bekommt nun die Qualität von Ekstase.

Sowie Sie etwas geübter und erfahrener sind, können Sie beginnen, mit der Geschwindigkeit zu spielen. Zum Beispiel bewegen Sie sich zuerst langsam, langsam, ganz langsam und plötzlich überraschen Sie Ihre Partnerin mit einigen tiefen, schnellen Stößen. Oder Sie bewegen sich beide schnell und heftig und nähern sich dem Orgasmus – und plötzlich werden Sie langsamer, um dann von neuem die Spannung aufzubauen.

Denken Sie immer daran, jede Melodie kann in unterschiedlichem Tempo gespielt werden!

Der richtige Winkel

Den Winkel zu verändern – nach oben, unten oder zur Seite – ist eine weitere Variationsmöglichkeit. Jeder Winkel stimuliert andere Teile der Genitalien und schafft damit eine neue Form von Erregung und Lust. Und lässt, entsprechend dem Reflexzonensystem, heilendes Qi in jeweils andere Organe strömen. Tatsächlich ist der übliche Stoßwinkel – geradeaus, wobei der Penis wie ein Kolben den Zylinder der Vagina füllt – für die Frau meist am wenigsten aufregend, vor allem wenn es sich hier um den einzigen Winkel handelt. Eine Veränderung des Winkels dient aber auch dem Vergnügen und der Gesundheit des Mannes, da unterschiedliche Bereiche des Penis beteiligt sind.

Vergleichen wir die Rundung der Vagina mit einer Uhr, so ist im Allgemeinen der empfindlichste Bereich bei zwölf Uhr (oben) und der am wenigsten empfindliche Bereich bei sechs Uhr (unten). Der obere Teil enthält ja auch den berühmten G-Punkt, der ganz besonders sensibel reagieren kann. Aus diesem Grund empfehle ich, Techniken zu finden, die den Penis vor allem nach oben führen. Doch auch wenn er im richtigen Winkel nach unten weist – zum Beispiel dadurch, dass er mit einer Hand nach unten gedrückt wird – kann das interessante Empfindungen zur Folge haben, und zwar am Perineum, dem Bereich zwischen Vagina und Anus.

Ein abwärts geneigter Penis kann auch ausgesprochen lustvolle Empfindungen an der Klitoris hervorrufen. Viele Frauen haben nur deshalb keinen Orgasmus während des Liebesaktes, weil ihre Klitoris nicht ausreichend stimuliert wurde. Dem kann abgeholfen werden, indem entweder die Frau oder der Mann sie gleichzeitig mit dem Finger streichelt und reizt. Eine andere Möglichkeit besteht darin, sich so zu positionieren, dass die Körper sich mehr parallel als senkrecht zueinander befinden und der Penis in steilem Winkel nach unten weist. Wenn das Schambein des Mannes (der harte Knochen am Unterleib unmittelbar über dem Penis) direkt auf dem Venushügel der Frau liegt (die fleischige Erhebung unmittelbar über der Vulva), dann ist tiefes Stoßen praktisch unmöglich, doch die Klitoris – die direkt zwischen Venushügel und Vulva liegt – wird dann vom Penisschaft unmittelbar berührt und angeregt. Wenn Sie diese Stellung verwenden, sollten Sie sich möglichst nur in sanftem, rhythmischem Schaukeln hin- und herbewegen.

Da jede Frau bezüglich der vaginalen Empfindungen ihre eigenen Vorlieben hat, empfehle ich meinen Klienten immer, unterschiedliche Winkel und Richtungen auszuprobieren, um herauszufinden, welche zur größten Lust führen. Oft sind sie überrascht, was sie dabei entdecken. Zum Beispiel mögen es viele Frauen, wenn sie beim Stoßen die Berührung durch die Hodensäcke des Mannes spüren können. Bei bestimmten Winkeln werden Teile der Schamlippen stimuliert, was für manche Frauen sehr erregend ist. Wenn sich der Mann zum Beispiel so dreht, dass er leicht seitlich in seine Partnerin eindringt und der Penis dabei an den inneren Schamlippen entlanggleitet, kann dies bei beiden Partnern ganz neue Empfindungen auslösen. Diese Wirkung wird noch verstärkt, wenn der Mann mit den Händen die Schamlippen umfasst und sie während des Stoßens an den Penis drückt.

Die Frau kann den Winkel des Eindringens verändern, indem sie ihre Beine hochnimmt oder senkt, ihr Becken kippt oder sich schräg zur Seite neigt. Um die unterschiedlichen Möglichkeiten auszutesten, sollte sich die Frau mit angezogenen Knien über den Mann hocken und sich langsam auf seinen Penis niederlassen. In dieser Position kann sie ihr Körpergewicht am besten kontrollieren und verschiedene Stellungen und Winkel ausprobieren. Eine weitere Möglichkeit besteht darin, dass sie am Rande des Bettes flach auf dem Rücken liegt und ihr Partner sich senkrecht zu ihr befindet, zum Beispiel kniend oder stehend. Aber auch in allen anderen Stellungen kann die Frau mit etwas Übung lernen, den Eindringwinkel nach ihren Bedürfnissen zu verändern.

Achten Sie aber immer darauf, vorsichtig und langsam vorzugehen, wenn Sie etwas Neues ausprobieren, damit Sie nicht das Risiko eingehen, sich in der Hitze der Aufregung gegenseitig wehzutun oder gar zu verletzen.

Die verschiedenen Stellungen

Als er gegen Ende seines Lebens gefragt wurde, was er rückblickend gern anders gemacht hätte, antwortete Groucho Marx: »Ich hätte gern mehr Stellungen ausprobiert.«

Er hätte die alten chinesischen Abhandlungen über Sex lesen sollen; sie kannten mehr Positionen als ein Politiker, der eine Wahl zu gewinnen versucht. Selbst ein kreativer Geist wie Groucho Marx wäre wohl überwältigt gewesen von der Vielzahl der Stellungen in diesen Texten und den dazugehörigen erotischen Illustrationen.

Einerseits wäre es wohl übertrieben, alle diese Stellungen beherrschen zu wollen. Doch andererseits wäre es auch töricht, sich nur eine einzige Stellung auszusuchen und das Vergnügen einfach zu ignorieren, das alle übrigen schenken können. Jede Position ermöglicht ganz bestimmte Bewegungen, Richtungen und Eindringtiefen. Dadurch bringt jede auch ganz bestimmte körperliche Gefühle und Empfindungen hervor und außerdem spezifische emotionale und psychologische Erfahrungen. Wenn sich zum Beispiel Mann und Frau direkt ansehen, ist dies natürlich anders, als wenn der Mann nur auf den Hinterkopf der Frau sieht, während sie die Wand anschaut.

Welche Positionen ein Paar vorzieht, hängt von ihren Vorlieben und Abneigungen ab, von ihrer Persönlichkeit und ihrer Einstellung zu Themen wie Offenheit und Kontrolle. Auch die körperliche Verfassung spielt eine Rolle, da manche Stellungen mehr Beweglichkeit oder Stärke voraussetzen. Größe, Gewicht, Figur, Muskel- und Fettverteilung spielen ebenso eine Rolle wie Größe, Umfang und Lage der Geschlechtsorgane, wenn es darum geht, mögliche oder angenehme Positionen zu finden. Es ist wichtig, all diese Faktoren zu akzeptieren und nur die Stellungen zu verwenden, die für beide Partner angenehm sind. Ich gehe davon aus, dass Sie dabei mehr Glück haben werden als die ehemalige Schauspielerin Tallulah Bankhead, die sich einmal beklagte: »Die übliche Stellung macht mich klaustrophobisch und von den anderen bekomme ich immer einen steifen Hals oder einen verrenkten Kiefer.«

Verschiedene Stellungen auszuprobieren, erweitert nicht nur die Möglichkeiten der Lust, sondern schenkt auch ein Gefühl von Neugierde, Spaß und Abenteuer – und es verstärkt die positiven Auswirkungen von Sex auf Gesundheit und allgemeines Wohlbefinden.

Eine Lehrerin zeigte dem Gelben Kaiser neun grundlegende Stellungen. Jede davon trug einen Namen, der auf dem Verhalten eines bestimmten Tiers beruhte. Spätere Kommentatoren fügten weitere Stellungen hinzu, von denen einige allerdings die Beweglichkeit eines Akrobaten erfordern.

Im Folgenden sind diese grundlegenden neun Positionen mit ihren einfachen Varianten dargestellt. Befolgen Sie nicht einfach nur die Anweisungen, als würde es sich um die Gebrauchsanleitung für das neueste technische Spielzeug handeln, sondern passen Sie die Techniken Ihren eigenen Vorlieben und Bedürfnissen an. Wenn Sie dazu noch die unterschiedlichen Eindringtiefen, Winkel und Geschwindigkeiten verwenden, wird der Liebesakt zu einem niemals endenden, abwechslungsreichen Abenteuer, begrenzt nur durch Ihre Phantasie und Vorstellungskraft. Hätte all dieses Wissen Groucho Marx zur Verfügung gestanden, wäre er sicher ohne Bedauern gestorben.

1. *Der Drache*. Die Frau liegt auf dem Rücken, die Beine nur ganz wenig geöffnet, die Oberschenkel auf dem Bett. Der Mann liegt auf ihr. Sie erhebt leicht das Becken, um den Jadestängel (Penis) aufzunehmen. Diese Stellung begrenzt die Tiefe des Eindringens, doch sie ist günstig für romantisches Turteln, da beide Partner sich in die Augen sehen, sich streicheln, umarmen und küssen können. Die Frau kann durch leichte Veränderungen ihrer Position unterschiedliche Gefühle und Empfindungen erhalten: Indem sie ihre Beine weiter auseinander oder enger zusammen legt, die Füße gerade nach oben hält oder zu den Seiten fallen lässt. Die Empfindungen können außerdem noch gesteigert werden, indem sie das Schambein anhebt und dabei den Rücken auf das Bett presst, weil sich dadurch die Spannung in Becken und Oberschenkeln erhöht.

Abb. 7   Der Drache

2. *Die Tiger*. Das ist die grundlegende Stellung für das Eindringen von hinten. Die Frau stützt sich dabei auf Hände und Knie, als wollte sie krabbeln. Ihr Kopf hängt herab und der Po ist erhoben. Der Mann kniet hinter ihr, umfasst sie an den Hüften und »dringt tief mit dem Penis ein – bis in ihr innerstes Zentrum«, wie der chinesische Text es beschreibt. Sie bewegen sich vor und zurück, »angreifend und sich zurückziehend wie zwei Tiger«. Dabei gibt es grundsätzlich drei Möglichkeiten: Der Mann stößt, während die Frau still hält; sie bewegt sich vor und zurück, während er still hält; oder sie bewegen sich beide.

Bei der Variante, die *Affen im Frühling* genannt wird, beugt sich die Frau nach vorn, bis ihre Hände den Boden oder einen Stuhl berühren, wobei ihre Beine leicht gebeugt sind. Der Mann steht hinter ihr. Durch die Spannung in Hüfte und Becken ist die Scheidenöffnung enger.

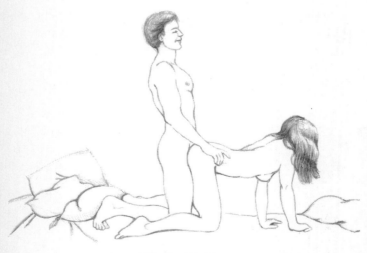

Abb. 8   Die Tiger

Diese Stellung verlangt von der Frau eine gewisse Beweglichkeit. Einfacher ist es, wenn sie auf Händen und Knien am Bettrand kniet, während der Mann hinter ihr steht. Diese Position erlaubt dem Paar, die Tiefe und den Winkel des Eindringens gut zu kontrollieren und zu verändern. Wenn der Mann leicht in die Knie geht, kann er außerdem mit dem Penis die Klitoris stimulieren; wenn er höher steht (z. B. auf Zehenspitzen oder auf einem Telefonbuch), kann er mit flachen Stößen den G-Punkt der Frau stimulieren.

3. *Der Affe.* Die Frau liegt auf dem Rücken, wobei ihre Beine erhoben sind. Der Mann kniet zwischen ihren Beinen und drückt diese nach vorn in Richtung ihrer Brust. Dadurch hebt sich das Becken von der Unterlage ab. (Eine Anweisung rät dem Mann, die Beine mit der linken Hand zu halten, während er mit der rechten den Penis einführt.)

Abb. 9   Der Affe

Dann wird die Beschreibung sehr verlockend: »Er durchbohrt ihre duftende Maus mit seinem Jadestängel und ihre Säfte fließen wie himmlischer Regen.« Während des Stoßens hält er ihr Becken mit seinen Händen. Diese Stellung ist optimal für einen Mann mit dünnem Penis, vor allem wenn die Frau die Beine eng beisammen hält. Um die vaginale Öffnung noch weiter zu verengen, kann sie auch ihre Beine in der Luft überkreuzen.

Eine beliebte Variante dieser Stellung heißt *Wilde Pferde*. Dabei liegen die Beine der Frau über den Schultern des Mannes. Das schränkt ihre Bewegungsfreiheit stark ein und erlaubt es dem Mann, sehr tief und in einem sehr erregenden Winkel zu stoßen. Außerdem kann er mit dem Bauch die Klitoris stimulieren, indem er sich vorwärts lehnt, sodass sein Körper sich vollkommen parallel zu ihrem befindet. Diese Stellung ist besonders günstig, wenn die Frau eine lange Vagina und der Mann einen kurzen Penis hat.

4. *Die Zikade*. Die Frau liegt mit dem Gesicht nach unten und ausgestreckten Beinen auf dem Bett. Der Mann liegt auf ihrem Rücken und »führt seinen Jadestängel

Abb. 10   Die Zikade

ein, wobei er ihr Becken anhebt, sodass er an ihre rote Perle anklopfen kann (die inneren Schamlippen)«. Diese Stellung erlaubt nur recht flaches Stoßen, doch sie kann ein erregendes »Vorspiel« sein und später bei zunehmender Erregung in die Tiger-Position übergehen. Es heißt, dass die Frau in dieser Stellung so erregt werden kann, dass ihre Vagina pulsiert und die Schamlippen sich öffnen.

Hier ist ein Vorschlag für einen anregenden Start in dieser Position: Zu Anfang kann der Mann seiner Partnerin eine zärtliche, erotische Rückenmassage geben. Er kann sie zart auf die Pobacken und die Rückseite der Oberschenkel küssen und dann, ohne einzudringen, »vor der Palasttür tanzen«, das heißt, mit dem Penis immer wieder sanft und leicht die Schamlippen berühren, während seine Hände zärtlich den Rücken streicheln. Dieses Zusammensein wird sie nicht so schnell vergessen.

5. *Die Schildkröte.* Die Frau liegt auf dem Rücken und hebt die gebeugten Beine (im Gegensatz zum *Affen*, wo die Beine gestreckt sind). Der Mann drückt im Knien ihre Füße so weit nach vorn, dass ihre Knie ihre Brüste berühren, und dringt dann in sie ein. Diese Stellung gibt dem Mann großen Bewegungsspielraum. Es wird empfohlen, dass er dabei zwischen flachen und tiefen Stößen wechselt und erst, wenn seine Partnerin »bebt und zittert und reichlich Säfte verströmt«, bis zum tiefsten Punkt in sie eindringt.

Diese Position ist besonders vorteilhaft, wenn die Scheide der Frau von Natur aus sehr eng oder der Penis des Mannes sehr dick ist. In diesem Fall sollte die Frau so entspannt wie möglich sein, während er in sie eindringt. Der Mann kann nachhelfen, indem er die

Abb. 11 Die Schildkröte

Schamlippen oder Pobacken mit seinen Händen auseinander drückt.

Bei der Variante namens *Seemöwen* steht der Mann am Rand des Bettes, hebt die gebeugten Beine der Frau an und dringt dann in sie ein.

6. *Der Phönix*. Die Frau liegt mit ausgebreiteten Armen auf dem Bett und hebt ihre Beine so, dass ihre Oberschenkel senkrecht stehen und die Unterschenkel parallel zur Unterlage verlaufen (im Gegensatz zum *Affen* und zur *Schildkröte*, wo die Beine angezogen werden). Der Mann kniet zwischen ihren Oberschenkeln und stützt sich mit den Händen auf dem Bett ab. Sobald er in sie eingedrungen ist, beginnt sie sich zu bewegen. Diese Stellung funktioniert besonders gut, wenn die Frau die Bewegung kontrolliert und beide heftig stoßen, wobei sich ihre Hüften kräftig gegeneinander bewegen.

7. *Das Kaninchen*. Bei dieser Stellung liegt der Mann auf dem Rücken, seine Beine sind ausgestreckt. Die Frau setzt sich

Abb. 12   Der Phönix

breitbeinig mit dem Rücken zu seinem Gesicht auf ihn. Sie führt seinen Penis in sich ein und »bewegt sich lustvoll«, wobei sie sich nach vorn beugt und ihre Hände ent-

Abb. 13   Das Kaninchen

weder auf dem Bett oder auf seinen Oberschenkeln abstützt. Diese Position ist günstig für Frauen, die sich während des Aktes gerne die Klitoris massieren, aber nicht möchten, dass der Mann dabei zusieht.

Bei der Variante *Bergziege* sitzt der Mann aufrecht (zum Beispiel durch ein Kissen im Rücken abgestützt), mit ausgestreckten Beinen. In dieser Position kann er um die Hüften der Frau herumreichen und Klitoris oder Schamlippen stimulieren. Auch kann er von unten die Vulva auseinander ziehen.

8. *Die Fische*. Auch bei dieser Stellung sitzt die Frau oben, doch diesmal mit dem Gesicht zu ihrem Partner gewandt. Der Mann liegt mit ausgestreckten Beinen auf dem Rücken. Sie setzt sich auf ihn und bewegt sich so in Position, dass sie den Penis einführen kann. Die Texte empfehlen, dass sie sich nicht völlig auf dem Mann niederlässt, sodass der Penis nur flach eindringt. Eine Übersetzung sagt, »der Jadestängel sollte dabei nur leicht in ihr spielen ... wie ein Kind, das mit den Brüsten seiner Mutter spielt«. Die Kontrolle der Bewegungen sollte dabei von der Frau ausgehen.

Abb. 14   Die Fische

Bei der Variante *Schmetterling* hockt die Frau auf den Füßen über dem Mann, lehnt sich dabei nach vorne und stützt sich mit den Händen ab. Dadurch verändert sich der Eindringwinkel. Wenn die Frau beinahe parallel zu ihrem Partner liegt und ihr Becken gegen seines reibt, kann sie die Klitoris stimulieren, ohne dafür die Hände zu benötigen.

9. *Die Kraniche*. Der Mann sitzt entweder im Schneidersitz oder hockt auf seinen Fersen. Die Frau sitzt mit dem Gesicht zu ihm auf seinem Schoss, ihre Füße stehen neben seinen Oberschenkeln oder Hüften. Nach dem Eindringen hält er ihre Hüften oder Pobacken, um ihre Auf-und-Ab-Bewegung zu unterstützen, »während der Jadestängel in ihre Weizenknospe sticht und ihren Samen zu erreichen sucht«. Ein Vorteil dieser Position ist, dass dabei durch das Schambein des Mannes die Klitoris und die empfindliche Vorderseite der Scheide stimuliert werden können. Wenn

Abb. 15   Die Kraniche

die Frau sich zurücklehnt und dabei ihr Gewicht auf den Händen abstützt, kann sie die Stellung auch so verändern, dass dabei ihr G-Punkt berührt wird.

Die Belastung der Knie beim Mann lässt sich reduzieren, wenn er sich mit ausgestreckten Beinen hinsetzt.

Seitliche Positionen

Bei diesen neun grundlegenden Stellungen fehlen ganz offensichtlich jegliche Varianten in der Seitenlage. Einige Jahrhunderte später hat einer der taoistischen Meister dies korrigiert, indem er als neue Position das *Fischauge* einführte. Dabei liegen Mann und Frau nebeneinander, mit dem Gesicht zueinander, sodass sie sich küssen und streicheln können. Sie legt ein Bein über seine Hüfte. Er stützt das Bein mit einer Hand ab, sodass er den Penis einführen kann.

Eine weitere seitliche Position heißt *Mandarinenten*. Hier liegt der Mann hinter der Frau. Sie beugt die Beine und hebt das obere leicht an. Er stützt es mit seinem Bein ab und führt von hinten den Penis ein.

Die Beschreibung der Stellungen in der chinesischen Literatur enthält zahlreiche blumige Ausdrücke für die weibliche Lust wie zum Beispiel: »Ihre Säfte fließen wie ein stetiger Quell.« Sie fordern außerdem den Mann auf innezuhalten, »sobald ihre Freude vollständig ist« oder »wenn sie den Gipfel ihrer Lust erreicht hat«. Das hängt mit der Betonung der weiblichen Lust zusammen und der Empfehlung an den Mann zur Zurückhaltung des Samens. Und da die Chinesen den Liebesakt nicht nur als Quelle der Lust, sondern auch als Quelle von Gesundheit und Vitalität betrachteten, enden die Beschreibungen stets mit dem Versprechen: »Hundert Krankheiten werden sich auflösen« oder »Die sieben Leiden werden geheilt«.

Körperliche Hindernisse

Eine entsprechende Veränderung der Stellung ist die beste Lösung für alle Probleme, die aus Ungleichheiten in Größe, Form und Lage der Geschlechtsorgane entstehen.

Größe

Größer ist nicht unbedingt besser. Die Größe spielt aber trotzdem in *einer* Hinsicht eine entscheidende Rolle: Es ist wichtig, dass Penis und Vagina jeweils gut zusammenpassen. Wenn das nicht der Fall ist, können Probleme entstehen, für die Lösungen gefunden werden müssen.

Im alten China wählten die Eltern die Ehepartner ihrer Kinder aus und ein Faktor, der für sie besonders wichtig war, war das Zusammenpassen der Genitalien. Wenn die Kinder nur fünf oder zehn Jahre alt waren, so verwendeten die Eltern eine traditionelle Methode der Gesichtsanalyse, um die zukünftige Form und Größe der Genitalien ihrer Kinder zu bestimmen.

Wenn der Penis des Mannes dicker ist als die Vagina weit, so braucht die Frau möglicherweise sehr viel Zeit und Stimulation vor dem Akt, damit sich die Scheidenwände genügend ausdehnen, andernfalls kann das Gewebe reißen, was zu Schmerzen und Blutungen führen kann. In manchen Fällen ist der Penisumfang tatsächlich zu groß und ein schmerzloser Verkehr trotz Entspannung und zusätzlicher Gleitmittel nicht möglich. Davon betroffene Frauen riskieren außerdem Blasenentzündungen. Da der Penis das Gewebe rund um die Harnröhre belastet, können Schleim und Bakterien in Harnleiter und Blase gelangen.

Ist der Penis zu lang für die Scheide (oder die Scheide zu kurz für den Penis), bekommt der Muttermund beim Verkehr schmerzhaften Druck ab. Ist der Penis zu dünn für die

Scheide (oder die Scheide zu weit für den Penis), dann ist die Stimulation für beide Partner möglicherweise zu gering. Ist der Penis um einiges kürzer als die Scheide, so fühlt sich die Frau möglicherweise nicht ausreichend gefüllt und die Nerven tief im Innern der Scheide, die besonders empfindlich auf Druck reagieren, erhalten keine ausreichende Stimulation.

In den meisten Fällen können solche Probleme durch die richtige Stellung gelöst werden. Ich empfehle Ihnen, mit den Stellungen in diesem Kapitel zu experimentieren und Ihre eigenen Varianten zu finden, die für Sie beide funktionieren. Hier einige besondere Ratschläge:

1. Ist der Penis dicker als die Scheide, so ist ausreichend Zeit – für das Vorspiel ein Muss. Die Frau sollte vor dem Eindringen bereits zu einem Orgasmus gekommen sein – zum Beispiel durch manuelle Stimulation oder mit einem Sexspielzeug. Das unterstützt die Lockerung der Muskeln. Der Mann sollte nicht schräg, sondern direkt von vorn eindringen und dabei langsam vorgehen, ohne hastige Bewegungen, bis die Vagina weit genug ist. Die Frau sollte sich dabei so gut wie möglich entspannen, indem sie langsam und tief atmet, während er eindringt.

   In manchen Fällen ist der Umfang nicht wirklich ein anatomisches Problem, sondern auf Ängste oder frühere Traumata der Frau zurückzuführen, die eine Anspannung der Scheidenwände bewirken. Ist die Beziehung neu, so braucht die Frau möglicherweise mehr Zeit, um genügend Vertrauen zu ihrem Partner aufzubauen, bevor sie sich vollständig öffnen kann.

2. Ist der Penis länger als die Scheide, kann die Frau mit geraden Beinen, Knöchel aneinander, auf dem Rücken liegen. Der Mann liegt auf ihr, mit den Beinen außerhalb oder auf

ihren. In dieser Position kann der Penis nicht zu tief eindringen. Eine andere Möglichkeit ist, dass sich der Mann auf den Rücken legt und die Frau sich auf seinen Penis setzt. Das erlaubt ihr, die Tiefe der Penetration zu kontrollieren. Lehnt sich die Frau leicht vor, statt gerade auf dem Partner zu sitzen, wird der Effekt noch verstärkt. Am besten setzt sie sich dabei auf die Knie, da eine Hockposition die Beckenbodenmuskeln belasten und die Scheide weiter verkürzen würde.

Auch eine Verlängerung des Vorspiels kann helfen, denn bei starker Erregung verlängert sich die Scheide. Dringt der Mann zu früh ein, ist dieser Effekt möglicherweise noch nicht eingetreten.

3. Ist der Penis im Verhältnis zur Scheide zu dünn, kann die Frau lernen, die Muskeln bewusst zusammenzuziehen. Die Übung am Ende dieses Kapitels kann dabei sehr hilfreich sein. Außerdem sollte sie ihre Beine nicht zu weit öffnen. Der Partner kann in diesem Fall lernen, in unterschiedlichen Winkeln zu stoßen, von der Seite, nach oben oder nach unten.

Zwei Positionen des Eindringens von hinten sind in diesem Zusammenhang besonders zu empfehlen. Einmal stützt sich die Frau auf Hände und Knie, die Beine nahe beisammen. Bei der zweiten liegt die Frau auf dem Rücken, aber mit seitlich verdrehtem Unterleib. Das heißt, der obere Rücken liegt flach auf dem Bett, doch die Hüften sind seitlich gedreht. Das untere Bein bleibt gerade oder leicht gebeugt, während das obere Bein an der Hüfte und ebenso im Knie im 90-Grad-Winkel abgebogen ist. Das drückt den vaginalen Bereich zusammen. Der Mann kniet unmittelbar an ihrer Hüfte, wobei er die Knie so weit spreizt, dass er in sie eindringen kann.

4. Ist der Penis im Verhältnis zur Scheide zu kurz, so sind Positionen hilfreich, die die Vagina verkürzen. Zum Beispiel kann die Frau auf dem Rücken liegen, wobei sie die Knie bis an ihre Schultern hebt. Oder der Mann liegt auf dem Rücken, während die Frau auf ihm hockt. Positionen des Eindringens von hinten, bei denen die Frau sich auf Ellbogen und Knie stützt, sind ebenfalls günstig, vor allem wenn sie ihren Rücken wölbt oder aber die Brust senkt und den Po nach oben streckt. Leichtes Pressen wie beim Stuhlgang kann dabei die Scheide weiter verkürzen.

Form

Genitalien unterscheiden sich nicht nur in der Größe, sondern auch in der Form. Mancher Penis ist im erigierten Zustand nicht gerade, sondern gekrümmt – zum Bauch hin, nach unten oder zur Seite. Wenn der Penis bei der Erektion nicht gerade ist, kann dies für einen oder beide Partner unangenehm oder schmerzhaft sein. Die Lösung liegt in Stellungen, die der Scheide eine natürliche Krümmung geben, sodass sie der des Penis entspricht. Hier zwei hilfreiche Positionen:

1. Die Frau liegt auf dem Rücken auf dem Bett oder einem Tisch, der Mann steht aufrecht vor ihr. Indem sie ihr Gewicht auf Ellbogen oder Hände stützt, kann sie nun ihre Hüften in die günstigste Position manövrieren.
2. Die Frau liegt auf Händen und Knien, der Mann dringt von hinten in sie ein. Durch die entsprechende Stellung des Rückens (gewölbt, durchgedrückt, zur Seite) kann sie ihre Hüften in die bestmögliche Position bringen.

Eine andere Variationsmöglichkeit besteht bezüglich der Proportionen des Penis. Die Chinesen unterschieden drei verschiedene Typen:

1. Zylindrisch, wobei der Umfang der Eichel genauso groß ist wie der der Wurzel.
2. An der Wurzel weiter als an der Eichel.
3. An der Eichel weiter als an der Wurzel.

Der dritte Typ ist beim Eindringen und beim Herausziehen besonders stimulierend. Beim ersten und zweiten Typ entsteht bei manchen Frauen nicht genug Reibung während des Stoßens. Hier einige Vorschläge, die für alle Paare gelten, die beim Liebesakt unabhängig von der Penisform mehr Stimulation wünschen:

1. Verwenden Sie vornehmlich flache Stöße, sodass das äußere Drittel der Scheide durch die Furchen der Eichel maximal stimuliert wird.
2. Wählen Sie extreme Winkel, um direkt gegen die Scheidenwände zu stoßen, also an die obere, untere oder seitliche Scheidenwand (aber nicht so extrem, dass sich der Penis schmerzhaft verbiegt).
3. Benutzen Sie Penisringe. Gummi- oder Plastikringe (erhältlich in Sexshops) halten das Blut im erigierten Penis zurück. Wenn Sie die richtige Größe ausfindig gemacht haben, können Sie den Ring ohne Probleme unterhalb der Eichel platzieren. Dadurch kann sich die Eichel größer anfühlen und beim Stoßen entsprechende Empfindungen auslösen. Anfangs ist es empfehlenswert, langsam zu stoßen, bis Sie wissen, wie der Ring am besten an seinem Platz bleibt.

Die Lage

Auch die Lage der Genitalien kann problematisch sein. Bei manchen Frauen liegt die Vulva weiter vorne am Körper, näher am Schambein, bei anderen weiter hinten, in der Nähe des Afters. Auch der Penis kann sich höher oder tiefer am Körper befinden.

Wenn nun eine Frau mit einer tiefer gelegenen Vulva und ein Mann mit einem relativ hoch gelegenen Penis sich begegnen, so kann es vorkommen, dass die Schambeine beim Liebesakt schmerzhaft zusammenstoßen. Für solche Paare ist es wichtig zu realisieren, dass dies einfach in ihrer Anatomie begründet ist und nicht an einem Fehler oder einer Ungeschicklichkeit ihrerseits liegt. Die Lösung besteht einfach darin, unterschiedliche Stellungen auszuprobieren und herauszufinden, was am besten funktioniert.

Bei manchen Frauen liegt die Harnröhre sehr nah am Scheideneingang. Das macht sie anfällig für Blasenentzündungen, besonders wenn der Partner einen dicken Penis hat. Und eine Frau, die nach jedem Liebesakt eine Blasenentzündung bekommt, wird sehr schnell das Interesse am Sex verlieren. Die Missionarsstellung ist in solchen Fällen besonders ungünstig. Experimentieren Sie stattdessen mit Positionen, in denen die Frau aufrecht auf dem Mann sitzt. Außerdem sollten Sie versuchen, mit dem Penis an die obere Scheidenwand in Richtung des G-Punkts zu zielen, wodurch das Gewebe rund um die Harnröhre weniger belastet wird. Doch das funktioniert nicht bei allen Frauen. Da die Blase direkt über dem G-Punkt liegt, kann die zusätzliche Stimulation die Blase noch mehr belasten. In diesem Fall sollten Sie den G-Punkt lieber manuell stimulieren. Ein weiterer Tipp: Verwenden Sie chinesische Heilkräuter zur Vorbeugung und Linderung von Blasenleiden. Damit lassen sich Antibiotika und ihre ungünstigen Nebenwirkungen vermeiden.

Übung: Den PC-Muskel trainieren

Was tun Sie, wenn Sie Harndrang verspüren, aber nicht auf die Toilette gehen können, weil Sie mitten in einer wichtigen Besprechung sind oder im Kino keine Sekunde verpassen wollen? Sie halten es zurück. Was Sie dabei tatsächlich machen, ist Folgendes: Sie kontrahieren den Pubococcygeus-Muskel, der am Beckenboden sitzt. Das Anspannen des PC-Muskels, wie er auch genannt wird, verschließt die Harnröhre und hält den Harnfluss zurück. Strategisch platziert und stark unterschätzt, hat dieser Muskel noch zahlreiche andere Funktionen. Er beeinflusst die Genitalien von beiden Geschlechtern sowie die Gebärmutter bei Frauen und die Prostatadrüse bei Männern. Wenn Sie den PC-Muskel trainieren und kontrollieren lernen, kann dies für Ihre sexuelle Gesundheit und Vitalität sehr förderlich sein.

Dieser Muskel trat im Westen in den Mittelpunkt der Aufmerksamkeit, als der Gynäkologe Arnold Kegel entdeckte, dass Frauen mit Inkontinenzproblemen lernen konnten, ihren Harnfluss zu kontrollieren, indem sie die PC-Muskeln abwechselnd anspannten und entspannten. Das von ihm entwickelte Übungsprogramm hatte unerwartete Auswirkungen auf die Sexualität der Frauen. Doch das, was Kegel und andere Wissenschaftler hier entdeckt hatten, war bereits von den Chinesen viele Jahrhunderte früher aufgezeichnet worden und die in den alten Texten beschriebenen Vorteile gehen weit über das hinaus, was man bei uns im Westen davon erwartet.

Weil PC-Übungen die Durchblutung des Genitalbereichs verbessern, bekommen Männer durch sie stärkere, zuverlässigere Erektionen. Sie entwickeln mehr Durchhaltekraft, können die Ejakulation länger hinauszögern und haben schließlich einen intensiveren Orgasmus. Die Übungen sollen außerdem die Aktivität der Prostatadrüse und ihren Beitrag zur Sexualität erhöhen, der nach chinesischem Verständnis beträchtlich ist. Studien haben außerdem gezeigt, dass Männer mit schwachen PC-Muskeln mit größerer Wahrscheinlichkeit Probleme mit der Prostata und den Samensträngen bekommen.

Frauen, die ihre PC-Muskeln trainieren, können leichter und zuverlässiger zum Orgasmus kommen und spüren ihn auch stärker. Die Übungen sorgen außerdem dafür, dass die Scheide eng, elastisch und gesund bleibt. Indem sie die Kontrolle über die Scheidenmuskulatur verbessern, ermöglichen sie es den Frauen, sich selbst wie auch ihrem Partner während des Verkehrs eine größere Spanne von Empfindungen zu verschaffen. Forscher haben festgestellt, dass Frauen mit schwachen PC-Muskeln mit größerer Wahrscheinlichkeit sexuell unbefriedigt sein können.

Bei beiden Geschlechtern verbessern PC-Übungen die Fähigkeit, sexuelle Energie bewusst zu kontrollieren. Die chinesische Medizin behauptet nämlich, dass die Genitalien wie Röhren sind, durch die das Qi den Körper während des Liebesaktes betreten wie auch verlassen kann. Ein starker PC-Muskel kann das Qi im Körper zurückhalten, wo es zur Heilung und Stärkung des ganzen Systems dienen kann. Rhythmisches Zusammenziehen des Muskels kann außerdem einen Pumpeffekt erzeugen, der Qi aus dem Beckenbereich nach oben drückt, die Energie im ganzen Körper verteilt und so Störungen durch Blockaden und Stauungen vermeidet.

Einer der großen Vorteile von PC-Übungen ist, dass man sie praktisch überall und jederzeit machen kann – beim Autofahren, beim Fernsehen, sogar während einer Arbeitsbesprechung. Sie sind so unauffällig, dass niemand sie bemerkt, und so einfach und lokal begrenzt, dass sie kaum ablenken. Alles, was Sie tun müssen, ist, den PC-Muskel anzuspannen und wieder zu entspannen.

Probieren Sie einfach beim Urinieren den Harnfluss zwischendurch anzuhalten, jeweils zwei- oder dreimal einige Sekunden lang. Wenn Sie das beherrschen, können Sie auch zu anderen Zeiten anfangen, den Muskel zusammenzuziehen und wieder zu entspannen.

Sie werden feststellen, dass Sie die Anspannung nicht nur im Bereich des Perineums unmittelbar hinter den Genitalien spüren, sondern auch im Afterbereich; dabei werden nämlich im Allgemeinen gleichzeitig auch die Schließmuskeln angespannt. Das ist ganz in Ordnung, solange Sie nicht nur die Schließmuskeln anspannen. Um den Unterschied kennen zu lernen, können Sie den Urin zurückhalten und dann den After entspannen. Wenn der Urin dabei weiterhin eingehalten wird, können Sie sicher sein, dass Sie den PC-Muskel anspannen.

Ich empfehle zwei Arten von PC-Übungen: langsam und schnell. Bei der langsamen Version spannen Sie den Muskel langsam an und halten die Position für drei Sekunden, sobald Sie die maximale Anspannung erreicht haben. Vielleicht fällt es Ihnen anfangs schwer, den Muskel so lange zu halten; wie bei jedem Muskel ist es schwierig, ihn länger anzuspannen, wenn er schwach und nicht in Form ist. Mit etwas Übung werden Sie ihn länger halten können (verlängern Sie dabei die Anspannzeit bis auf fünf Sekunden). Anschließend lassen Sie los, entspannen sich einen Moment und wiederholen dann die gesamte Sequenz. Möglicherweise werden Sie feststellen, dass Sie die Bauch- und Beinmuskeln mit verwenden und auch die Schultern anspannen. Versuchen Sie jedoch bei der Übung, alle übrigen Muskeln möglichst locker zu lassen.

Wenn Sie die langsamen Kontraktionen gut beherrschen, fangen Sie an, sie mit Ihrem Atem zu verbinden: Atmen Sie beim Anziehen ein, halten Sie den Atem an, während Sie die Kontraktion halten, und atmen Sie beim Loslassen aus.

Die schnelle Version ist mehr wie ein schnelles Pumpen. Spannen und entspannen Sie den Muskel in rascher Folge. Beginnen Sie mit einer Fünferfolge, gefolgt von einem Moment der Entspannung. Arbeiten Sie sich bis zu 30 Kontraktionen hoch und beachten Sie, dass die Kraft wie bei jedem anderen Muskel langsam aufgebaut werden muss. Wenn Sie erschöpft sind, legen Sie eine Pause ein.

Beim raschen Anspannen spüren Sie möglicherweise ein Kitzeln oder andere ungewöhnliche Empfindungen in den Genitalien oder anderen Bereichen des Beckens. Vielleicht fühlen Sie auch leichte Erregung. Das sind gute Zeichen. Sie signalisieren, dass mehr Energie und Blut in diesen Körperbereich fließen.

❂

Wenn Sie und Ihr Partner die Informationen in diesem Kapitel ausprobieren und praktisch umsetzen, wird der Liebesakt vielfältiger, intensiver, lustvoller und körperlich wie auch emotional befriedigender sein als jemals zuvor. Doch wenn Sie möchten, können Sie sogar noch weit mehr erreichen. Die Techniken, die Sie hier gelernt haben, machen Sie zu Experten der Liebeskunst. Im nächsten Kapitel können Sie zu Meistern werden.

6.
Den Himmel auf die Erde bringen
Wie das Liebesspiel göttlich wird

Geschicklichkeit lässt Liebe unendlich dauern.
OVID

Die rechte Technik beim Liebesakt kann jede Krankheit heilen und öffnet gleichzeitig die Tür zur Erleuchtung.
TAOISTISCHER MEISTER

SCHON IMMER haben Liebende und Dichter von einer Intimität geträumt, die so tief und so intensiv ist, dass getrennte Individuen zu einem untrennbaren Ganzen verschmelzen, ohne Grenzen, wie zwei Eiswürfel, die sich in eine einzige Wasserfläche auflösen. Diese Idee der Verschmelzung mag der Stoff für Sonette und Liebeslieder sein, auf einer energetischen Ebene jedoch kann dieser Gedanke ganz wörtlich genommen werden.

Die Genitalien beider Geschlechter sind Tore, durch die das Qi den Körper verlässt. Während des Liebesaktes werden die Geschlechtsorgane zu Pforten in beide Richtungen;

durch sie gelangt Qi aus dem Körper des einen Partners in den Körper des anderen. Bei Höherem Sex ist der Austausch nicht einfach nur ein schlichtes Geben und Nehmen wie bei einer geschäftlichen Transaktion, bei der Menschen Güter gleichen Wertes austauschen. Vielmehr erzeugt die sexuelle Leidenschaft einen reichen Strom neuer, frischer Energie, so wie das Verschmelzen von Samenzelle und Ei einen neuen Menschen entstehen lässt. Liebende erfahren dies als Einheit.

Wird der Liebesakt auf seiner höchsten Ebene ausgeführt, so entsteht ein solch vollständiger und kontinuierlicher Austausch von Energie zwischen den Partnern, dass ihr Gefühl von Einheit Höhen erreicht, von der die meisten Romantiker nur träumen können – Höhen, die uns aus dem Animalischen herausheben und unserer göttlichen Natur näher bringen. Es war diese transzendente Qualität der Sexualität, die die alten Taoisten dazu brachte, sexuelle Energie als spirituelle Kraft zu betrachten und sexuelle Intimität als ein heiliges Ritual, einen Weg zu erleuchteten Bewusstseinszuständen, vergleichbar mit Gebet oder Meditation.

Etwas prosaischer ausgedrückt: Durch die Reibung wird beim Liebesakt Wärmeenergie erzeugt, die die Niere stimuliert und das Qi durch das gesamte System fließen lässt. Zusätzliche Lebenskraft gelangt in die Leber und das Herz (vgl. Ernährungszyklus, Seite 91), wodurch starke Emotionen wach werden: Wärme, Zärtlichkeit, Freude, Liebe. Während die physische Erregung zunimmt, erhöht sich auch die Intensität der Gefühle. Bei gewöhnlichem Sex ist diese Erfahrung in der Regel sehr kurz und mit der Ejakulation des Mannes beendet. Bei Paaren hingegen, die mit den hier vorgestellten Techniken arbeiten, kann die Welle dieser Gefühle stärker und umfassender sein und länger andauern. Mit einer fortgeschrittenen Beherrschung der sexuellen Energie vereinigen sich Yin und Yang noch perfekter und das so entstehende Gefühl der Einheit kann das menschliche Paar transzendieren – eine Vereinigung mit dem Leben an sich wird erfahrbar. Aus der Chemie der Liebe wird pure Alchemie, Lust wird zur Ekstase. Auf dieser Ebene der Meisterschaft sind alle der bisher erwähnten Vorteile für Gesundheit und Wohlbefinden um ein Vielfaches verstärkt.

Übung: Der Goldene Kreis

Die sexuelle Energie kann über energetische Kanäle aus dem Beckenbereich, wo sie erzeugt und gespeichert wird, in den übrigen Körper transferiert werden. Das Ziel dieser Übung ist es, Ihnen zunächst ein Bewusstsein für den Pfad zu geben, auf dem sich das Qi natürlicherweise bewegt, und die Fähigkeit zu erlangen, seinen Fluss zu stimulieren und zu kontrollieren. Sobald Sie in der Lage sind, mit dieser Energie zu arbeiten, können Sie sie während des Liebesaktes entsprechend einsetzen, um Ihre Lust zu steigern und Ihren gesamten Körper zu kräftigen.

1. Setzen Sie sich in entspannter Haltung hin, schließen Sie die Augen und lassen Sie die Zungenspitze am Gaumen unmittelbar hinter den Vorderzähnen ruhen.
2. Richten Sie Ihre Aufmerksamkeit auf den Beckenbereich. Er ist wie eine Schale geformt: Das Schambein bildet die Vorderseite, die Hüftknochen sind die Seiten und das Kreuzbein die Rückseite. Ertasten Sie diese Knochen mit den Händen, um zu wissen, wo sie sich befinden, und dann stellen Sie sich die Schale vor.
3. Sehen Sie diese Schale in Ihrer Vorstellung mit warmem, goldenem Honig gefüllt.
4. Stellen Sie sich vor, dass der warme Honig ein Rohr in Ihrer Wirbelsäule hinauffließt, bis zum Scheitel Ihres Kopfes.

5. Stellen Sie sich anschließend vor, dass der Honig im Zentrum Ihres Körpers wieder hinabfließt, einige Zentimeter von der Vorderseite entfernt, und in den Beckenbereich zurückkehrt.
6. Atmen Sie langsam ein, während Sie visualisieren, wie der warme Honig die Wirbelsäule hinauffließt.
7. Halten Sie den Atem für fünf Sekunden an, wenn der Honig den Scheitelpunkt Ihres Kopfes erreicht hat.
8. Atmen Sie langsam wieder aus, während der Honig im Zentrum Ihres Körpers zurückfließt.
9. Halten Sie den Atem einen Moment lang an, wenn der Honig in die Beckenschale zurückgekehrt ist.
10. Vermeiden Sie jegliche Anstrengung bei dieser Übung. Wenn Ihre Aufmerksamkeit abschweift oder Sie Schwierigkeiten haben, den Atem mit der bildlichen Vorstellung zu koordinieren, halten Sie einfach für einen Moment inne und entspannen Sie sich, bevor Sie die Übung von neuem beginnen. Sehr bald wird es sehr einfach für Sie sein, sich den vollständigen Zyklus vorzustellen.

Diese uralte Technik verbindet zwei Akupunktur-Meridiane, das Lenkergefäß und das Konzeptionsgefäß (vgl. Seite 125). Beide beginnen im unteren Becken und führen hinab zum Perineum, dem Bereich zwischen Genitalien und After. Von hier verläuft das Konzeptionsgefäß an der Vorderseite des Körpers nach oben, das Lenkergefäß an der Rückseite. Sie treffen sich wieder an der Oberlippe.

Der Goldene Kreis bewegt das sexuelle Qi durch diese beiden wichtigen Kanäle und verbindet sie zu einem einzigen endlosen Kreis. Das harmonisiert die Yin- und Yang-Energien im Körper. Während das Qi auf diese Art und Weise zirkuliert, nährt es die Organe und stimuliert die Drüsen, verbessert dabei Gesundheit und sexuelle Vitalität und belebt Gefühle, Gedanken und Bewusstsein.

Eines ist dabei sehr wichtig: Ganz offensichtlich geht es ja darum, Qi durch den Körper zu bewegen, nicht imaginären Honig. Und in Wahrheit bewegt sich Energie sehr viel schneller, als wir es uns vorstellen können.

Doch in den Anfangsphasen kann Ihnen Ihre Vorstellungskraft dabei helfen, die Energie zu spüren, die natürlicherweise fließt. Das ist ein sehr wichtiger erster Schritt, um die Energie schließlich allein durch die Absicht ins Fließen zu bringen. Wenn Sie die Übung über längere Zeit hinweg ausgeführt haben, können Sie die visuelle Vorstellung weglassen, da Sie den Fluss der Energie tatsächlich spüren werden.

Ich empfehle, mit drei Kreisen zu beginnen und sich schließlich bis auf neun Kreise hochzuarbeiten. Wenn Sie das gemeistert haben, können Sie so viele Neuner-Sequenzen hinzufügen, bis Sie bei 81 Kreisen angekommen sind.

Sobald Sie mit dem Goldenen Kreis wirklich vertraut sind, können Sie ihn mit PC-Übungen und dem Atem zu einer einzigen Übung verbinden:

1. Setzen Sie sich entspannt mit aufrechtem Rücken hin und richten Sie Ihre Aufmerksamkeit auf die Beckenschale. Atmen Sie tief bis in den Bauch hinein. Beim Einatmen spannen Sie den PC-Muskel an und stellen sich vor, dass der Honig sich aus dem Becken heraus und die Wirbelsäule hoch bewegt.
2. Halten Sie den Atem an, während Sie die Aufmerksamkeit auf die Energie im Kopfraum richten.
3. Während Sie den Atem anhalten, behalten Sie auch die Kontraktion des PC-Muskels bei. Sie können dabei auch die drei Tore schließen (vgl. Seite 153).

4. Beim Ausatmen entspannen Sie den PC-Muskel (und die drei Tore) und lassen Sie die Energie zurück in den Beckenraum sinken.

Die Koordination dieser verschiedenen Faktoren ermöglicht es, die sexuelle Energie immer besser zu kontrollieren. Nachfolgend werden Sie lernen, wie Sie all dies im Zusammenhang mit Höherem Sex einsetzen können.

Die ewige Quelle

Neben den speziellen Techniken zur Lenkung des Qi befähigt die Kontrolle sexueller Energie auch dazu, dass beide Partner das Potenzial ihrer jeweiligen primären Energie vollständig ausleben – Yin bei der Frau, Yang beim Mann.

Männer sind zwar das stärkere Geschlecht, wenn es um die Muskelkraft geht, doch in Bezug auf die Sexualität gewinnt die Frau mit Leichtigkeit. Wie schon die alten Chinesen wussten, ist die Kraft des Mannes beim Sex stark, aber flüchtig – dünn wie Öl auf Wasser und empfindlich wie ein Weidenzweig im Wind. Da die Frauen die Kinder austragen, sind sie dagegen von der Natur mit reichlich sexuellem Qi ausgestattet. Das ermöglicht es ihnen, Sex länger zu genießen, mehr Orgasmen zu haben und ihr sexuelles Qi reichlich zu geben, ohne sich dabei zu erschöpfen oder ihre Gesundheit anzugreifen. Aus diesem Grund haben Herrschende vom Gelben Kaiser bis zu Mao Frauen benutzt, nicht nur um Lust und Intimität, sondern auch Kraft und Vitalität von ihnen zu beziehen.

Wie alle Yin-Kräfte ist die weibliche Sexualität verborgen, manchmal sogar vor der Frau selbst. Ihre Tiefe und Kraft werden leicht unterschätzt. Allerdings ist das sexuelle Qi einer Frau nicht grenzenlos. Es kann sich ebenfalls mit der Zeit erschöpfen, durch Menstruation, Schwangerschaft und Geburten. In einer medizinischen Zeitschrift wurde von einer Studie mit 100.000 Frauen berichtet, die herausgefunden hatte, dass eine Frau mit umso höherer Wahrscheinlichkeit eine lebensbedrohliche Krankheit entwickeln würde, je mehr Kinder sie hatte. Der Verlust an sexuellem Qi bei der Fortpflanzung macht bestimmte Körperteile anfälliger gegenüber Krankheiten. Aus diesem Grund empfiehlt die chinesische Medizin Kräuter, Akupunktur und sonstige Behandlungsformen zur Stärkung des Qi bei Schwangeren und jungen Müttern. Doch insgesamt verlieren Frauen im Alter weniger das Interesse an Sexualität als Männer, und praktisch überall auf der Welt leben sie auch länger.

Die Kraft der Empfänglichkeit

Die Yin-Energie ist verknüpft mit der Fähigkeit zu empfangen und zu transformieren, wie es im Fortpflanzungsmodell vorgesehen ist. Eine empfängliche Frau nimmt das sexuelle Qi ihres Partners auf und vermischt es mit ihrem eigenen, um eine befriedigende und intime Erfahrung für beide zu schaffen. Je empfänglicher eine Frau ist, desto mehr sexuelles Qi steht ihr zur Verfügung. Das macht ihren Körper stärker und lebensvoller und sie hat größere Fähigkeiten, zu heilen und zu nähren.

Eine meiner Patientinnen namens Gina war ein typisches Beispiel für die vielen Frauen in meiner Praxis, bei denen die natürliche Empfänglichkeit blockiert ist. Sie kam zu mir wegen Menstruationsbeschwerden und Zysten an den Eierstöcken. Sie war seit knapp einem Jahr verheiratet. Als ich sie nach ihrem Sexualleben fragte, antwortete sie, dass sie ihren Partner liebe und gern Sex mit ihm habe. Sie wollte noch etwas hinzufügen, hielt aber inne und schaute weg. »Wenn Sie das Liebesspiel beginnen«, fragte ich sie, »möchte da ein Teil von Ihnen lieber woanders sein?« Sie gab zu, dass solche Gefühle zeitweise auftauchten. Manchmal reagierte sie unwillig auf die Avancen ihres Mannes, ohne genau zu wissen, warum. Dann musste sie sich selbst gut zureden und sich überzeugen, dass es okay für sie war, ihm nachzugeben. Im Laufe ihres Liebesspiels verschwanden die negativen Gefühle mit zunehmender Erregung, doch anschließend kehrten sie häufig zurück.

Ich stellte Gina diese Fragen, weil ich auf viele Frauen mit gynäkologischen Problemen treffe, die eine subtile – und manchmal auch weniger subtile – Abneigung gegen Sex haben, sogar mit Männern, die sie lieben. Wenn eine Frau die Energie abblockt, die sie empfängt, dann wird ihre eigene Energie im Geschlechtsakt nicht ausreichend involviert. Das führt nicht nur zu einem unbefriedigenden Sexleben, sondern unter Umständen auch zu Krankheiten. Wenn der Widerstand chronisch ist, wird eine energetische Mauer errichtet. Das Qi, das während des Liebesspiels zwischen den beiden Partnern ausgetauscht werden sollte, fließt dann nicht mühelos, sondern stagniert teilweise. Diese Stagnation kann dann der Grund dafür sein, dass sich Zellen an den falschen Stellen vermehren und wachsen, wo sie nicht wachsen sollten. Die chinesische Medizin behauptet, dass solche Stauungen die Frau anfällig machen für gutartige wie auch bösartige Geschwülste der Brust und der Fortpflanzungsorgane, für Endometriose, Polypen und andere gynäkologische Probleme.

Ein Mangel an Empfänglichkeit kann auch zu Gesundheitsproblemen beim Partner führen, denn wenn die Energie des Mannes keinen aufnahmebereiten Empfänger findet, wird sie bei ihm stagnieren und zu Problemen mit Prostata, Harnröhre und Hoden führen.

Der Widerstand gegen Empfänglichkeit kann viele verschiedene Ursachen haben. Oft stammt er aus Ängsten, die mit alten Erfahrungen zu tun haben, oder hängt mit der Ansicht zusammen, dass Sex unmoralisch oder gefährlich sei. Manchmal entsteht er aus Ärger gegenüber dem Partner oder aus Unzufriedenheit mit dem Liebesspiel. Viele Frauen blockieren ihre natürliche Empfänglichkeit, weil sie sich damit eher schwach als stark fühlen. Es macht sie verletzlich. Das ist zwar verständlich, entspringt aber einem falschen Verständnis, das die essenzielle Kraft des Yin unterschätzt. Yin ist verletzlich, weshalb es auch die schützende Hülle des Yang benötigt. Aber die Verletzlichkeit von Yin bedeutet Offenheit, nicht Schwäche, Passivität oder Hilflosigkeit. Frauen, die zu Märtyrerinnen oder Opfern von Missbrauch werden, sind meist so Yin-schwach, dass sie zu pathologisch Gebenden werden. Starke Yin-Energie ist empfänglich und unterscheidend. Sie ermöglicht es, den richtigen Partner zu finden und zu entscheiden, was von ihm aufgenommen werden kann.

Damit eine Frau wahre Empfänglichkeit erreichen kann, muss sie ihre Sexualität respektieren und stolz auf sie sein. Für viele Frauen bedeutet dies, dass sie die kulturelle Konditionierung überwinden müssen, die offene weibliche Sexualität verdammt und Frauen, die ihre Sexualität genießen, als schlecht bezeichnet.

Die transformierende Kraft des Yin

Frauen übersehen oft die transformatorische Kraft ihrer eigenen Natur. Wenn ihre Liebhaber zum Beispiel etwas tun, was ihnen nicht zusagt, dann sehen sie nur zwei Alternativen: es zu akzeptieren oder zurückzuweisen.

Direkte Zurückweisung führt beim Partner zu Ärger und Groll und häufig zu einem Gegenangriff. Bloßes Nachgeben ist jedoch nicht viel besser: Die Beine zu öffnen, aber nicht das Herz, hat nichts mit wahrer Empfänglichkeit zu tun. Es bleibt ein energetischer Vorhang bestehen und dies kann nicht nur zu den beschriebenen gesundheitlichen Problemen führen, sondern auch dazu, dass der Partner sich auf einer subtilen Ebene zurückgewiesen fühlt. Sein sexuelles Qi wird sich nicht nach oben bewegen, sein Herz bleibt geschlossen.

Anstatt nur nachzugeben oder zurückzuweisen, wird eine wahrhaft empfängliche Frau das, was der Mann ihr gibt, in das verwandeln, was sie wirklich will und annehmen kann. Weil die Yang-Energie durch die enthusiastische Reaktion der Yin-Energie verstärkt wird, hat der Mann mehr zu geben – und wird mehr geben –, wenn die Frau wahrhaft empfänglich ist.

Wie Frauen empfänglicher werden

Hier einige Vorschläge, wie sich die sexuelle Energie durch verbesserte Empfänglichkeit steigern lässt:

1. *Achten Sie auf das Vorhandene.* Vermutlich gibt Ihnen Ihr Partner mehr Aufmerksamkeit, Interesse und Zuwendung, als Sie selbst realisieren. Achten Sie auf die kleinen, subtilen Zeichen seiner Liebe.
2. *Schätzen Sie Ihre Weiblichkeit.* Um mit sexueller Energie effektiv arbeiten zu können, müssen Sie Ihre weiblichen Organe gut kennen und wertschätzen. Es ist erstaunlich, wie viele Frauen nicht wissen, wie ihre Genitalien aussehen, und wie viele glauben, sie seien hässlich und unangenehm. Ich empfehle Ihnen, sich mit einem Handspiegel einmal Ihrer Vulva liebevoll zu nähern und sie etwas genauer zu betrachten. Wenn Sie das nächste Mal sexuell er-

regt sind, reiben Sie sich mit den Fingern und riechen Sie den natürlichen Duft Ihrer Sekretion an Ihrer Hand. Testen Sie dabei auch gleich den Geschmack. Und wenn Sie das nächste Mal zur gynäkologischen Untersuchung gehen, bitten Sie doch Ihren Arzt oder Ihre Ärztin, Sie mit dem Spekulum nach innen schauen zu lassen.

3. *Pflegen Sie Ihre Brüste*. Viele Frauen haben auch ein negatives Verhältnis zu ihren Brüsten, einem weiteren Symbol der Weiblichkeit. Sie sind ihnen zu klein, zu groß, zu schlaff oder zu spitz. Die folgende Übung kann körperlich und emotional sehr heilsam sein, wenn sie liebevoll ausgeführt wird. Diese uralte Methode soll die Sekretion weiblicher Hormone anregen, den Blut- und Lymphfluss verbessern und allgemein die Gesundheit der Brüste erhalten.

Schaffen Sie eine ruhige, entspannte Atmosphäre. Entblößen Sie die Brüste und legen oder setzen Sie sich bequem hin. Reiben Sie die Hände aneinander, bis sie warm sind. Dann legen Sie sie auf den unteren Teil der Brüste, unterhalb der Brustwarzen. Massieren Sie in sanften, kreisförmigen Bewegungen die gesamte Brust, wobei Sie die Brustwarzen aussparen. Bewegen Sie dabei die rechte Hand im Uhrzeigersinn, die linke dagegen. Führen Sie neun Umkreisungen aus, dann wechseln Sie die Richtung. Wiederholen Sie diese Neunersequenz bis zu viermal in beide Richtungen.

4. *Übernehmen Sie Verantwortung für Ihre Lust*. Achten Sie beim Liebesspiel auf Ihre Gefühle und Empfindungen und initiieren Sie Schritte zur Verbesserung. Wenn Sie nicht sicher sind, was Sie antörnt und was nicht, sollten Sie sich darum bemühen, es herauszufinden. Probieren Sie neue Liebesspiele aus oder suchen Sie in Büchern nach Ideen und Vorschlägen. Und verwenden Sie Masturbation als Lernhilfe. Indem Sie sich selbst befriedigen, werden Sie

feststellen, was sich wann am besten anfühlt, und können dann dieses Wissen an Ihren Partner weitergeben.

5. *Benützen Sie Ihre Muskeln.* Der Einsatz der Vaginalmuskeln während des Liebesspiels gibt Ihnen mehr Kontrolle und erhöht die Lust für Sie und Ihren Partner. Am besten legen Sie während des Stoßens eine kleine Pause ein, um die neuen Empfindungen besser wahrnehmen zu können. Spannen Sie Ihre Muskeln sanft an – siehe PC-Übungen im vorhergehenden Kapitel –, um den Penis stärker zu umschließen, und lassen Sie dann wieder los. Spannen und entspannen Sie die Muskeln mehrere Male. Auch wenn Sie dann das Stoßen wieder aufnehmen, können Sie so lange mit den Muskeln weiterspielen, wie es angenehm ist. Vermeiden Sie dabei plötzliche Bewegungen und übertreiben Sie die Spannung nicht, da der zusätzliche Druck Sie beide empfindlicher macht.

Wenn Ihre Muskeln mit der Zeit stärker werden, können Sie die Dauer der Kontraktionen verlängern und sie außerdem vielfältig variieren. Eine lange, sanfte Kontraktion führt zu anderen Gefühlen als kräftige Anspannung oder eine Serie kurzer, schneller Kontraktionen. Manche Frauen können ihre Scheide schließlich sogar vibrieren lassen. Tatsächlich behaupten die chinesischen Texte, dass Frauen lernen können, die unwillkürlichen orgasmischen Kontraktionen der Vagina bewusst auszuführen. Natürlich verlangt das viel Übung, doch es ist den Aufwand wert. Stellen Sie sich einfach vor, die Scheidenwände seien Schmetterlingsflügel, die sich schnell auf und ab bewegen. Anfangs werden Sie nicht viel dabei spüren, doch mit etwas Übung können viele Frauen dabei ein flatteriges Gefühl wahrnehmen. Sie können außerdem mit unterschiedlichen Beckenbewegungen im Zusammenhang mit den PC-Kontraktionen experimentieren.

6. *Nehmen Sie die männliche Energie bewusst auf.* Haben Sie schon einmal festgestellt, dass Sie sich bei der Ejakulation Ihres Partners energetisiert fühlten, so als hätten Sie eben einen Energiestoß empfangen und als ob Sie ewig weitermachen könnten? Dieses Gefühl entsteht durch seine sexuelle Energie, die in Sie eintritt. Der Mann gibt beim Ejakulieren eine gewaltige Menge Qi ab. Indem Sie diese Energie in den Goldenen Kreis aufnehmen, können Sie die darin enthaltene Lebenskraft in Ihr eigenes System einbauen und damit Ihre Sexualität und Gesundheit stärken. Das ist vor allem dann hilfreich, wenn Ihr Partner ejakuliert, bevor Sie voll befriedigt sind; dadurch lässt sich aus einem potenziell frustrierenden Erlebnis maximaler Nutzen ziehen.
7. *Arbeiten Sie mit Ihrem Partner zusammen.* Ihre eigene Fähigkeit zu empfangen und den Energieaustausch zu maximieren, hängt stark von seiner Fähigkeit zur sexuellen Kontrolle und seinem Selbstvertrauen ab. Schenken Sie deshalb den nächsten Abschnitten besondere Aufmerksamkeit und finden Sie kreative Wege, Ihren Geliebten geduldig darin zu unterstützen, sein volles Potenzial zu entfalten.

Die männliche Ausdauer kultivieren

Wie wir bereits gesehen haben, ist der Schlüssel zur männlichen Sexualität die Fähigkeit, angemessen geben zu können. Während des Liebesaktes ist Zeit das Wichtigste, was der Mann einer Frau geben kann. Denn wenn der Augenblick des männlichen Höhepunkts hinausgezögert wird, erreichen beide Partner mehr Befriedigung und einen intensiveren Orgasmus und damit natürlich auch einen stärkeren Austausch sexueller Energie mit all seinen positiven Aspekten.

Wenn ein Mann so lange durchhält, dass die Yin-Kraft seiner Partnerin vollständig erwachen und sich am Liebesakt beteiligen kann, macht er ihr ein wunderbares Geschenk. Heilendes Qi wird dabei freigesetzt und strömt in ihren Organismus. Dadurch können Körperbereiche wieder durchlässig werden, in denen Energie gestaut war. Das vermindert die Wahrscheinlichkeit von Störungen durch blockierte Energie, vor allem von gynäkologischen Problemen wie Tumoren, Myomen und Krämpfen. Natürlich erhöht sich dabei auch die Wahrscheinlichkeit, dass sie einen Orgasmus hat, und zwar nicht nur den üblichen, sondern eine ganze Reihe von Höhepunkten und vielleicht sogar den bereits erwähnten Orgasmus mit Ejakulation. Und je mehr Orgasmen eine Frau hat, desto besser funktioniert auch die Durchblutung ihres Beckens.

Wenn das Qi alle ihre Organe wirksam durchströmt, erlebt sie außerdem auf der emotionalen Ebene eine Welle von Freude und tiefem inneren Frieden. Ihre Muskeln und Sehnen werden geschmeidiger, ebenso ihre Persönlichkeit. Frauen, die Höheren Sex genießen, sind in der Regel weniger rigide, weniger kontrollierend, weniger ängstlich – in Bezug auf das Leben im Allgemeinen ebenso wie in Bezug auf ihre geschlechtliche Identität. Sie können sich in jeder Hinsicht stärker öffnen.

Nach dem Fortpflanzungsmodell sollte ein Mann, der seiner Frau solch ein Geschenk macht, eine wundervolle Gegengabe bekommen, sowie sie das Erhaltene empfangen, verarbeitet und umgewandelt hat. Falls er empfänglich dafür ist, wird das auch so sein: Erstens kann er beobachten, wie sehr er seine Partnerin auf jeder Ebene befriedigt hat. Als Yang-orientierter Mann wird er aus der positiven Reaktion auf seine Handlungen enorme Befriedigung ziehen. Zweitens hat er den Vorteil längerer sexueller Aktivität, was die Durchblutung insgesamt, besonders aber im Beckenbereich stark verbessert, sodass das Gewebe besser mit Sauerstoff und Nährstoffen versorgt wird. Auch die Nerven werden gestärkt, was zu immer mehr Empfindsamkeit und Ausdauer beim Sex führt.

Seine größere Ausdauer führt schließlich zur Produktion von mehr Qi im Körper. Sexuelle Aktivität ist wie ein Vakuum, das umso mehr Energie in den Beckenbereich saugt, je länger es aufrechterhalten bleibt. Diese Welle von Qi verbessert nicht nur die sexuelle Leistungsfähigkeit des Mannes, sondern wirkt auch vorbeugend und lindernd gegen Störungen im Bereich von Blase, Genitalien und Prostata. Spannungen und andere Symptome blockierter Energie im übrigen Körper werden aufgelöst, da die in anderen Organen angestaute Energie zur Unterstützung der sexuellen Funktion abgezogen wird. Durch die Ausschüttung von Endorphinen und den starken Orgasmus, der durch das lange Hinauszögern entsteht, stellt sich schließlich ein außergewöhnlich tiefes Gefühl von Ruhe und Wohlbefinden ein. Je länger der Liebesakt dauert, desto mehr Yin-Qi erhält die Niere, mit der Folge, dass Ängste abklingen und der Verstand und das Nervensystem gestärkt werden. Dazu kommt noch das Qi, das von seiner Partnerin zu ihm zurückfließt, wenn ihre innere Quelle reichlich sprudelt. So erhält er also insgesamt jede Menge lebensspendender Energie, was seine Gesundheit stärkt, ihn jung und vital erhält und seine sexuelle Kraft vermehrt – sodass besserer Sex zu immer noch besserem Sex führen kann.

Die Auswirkungen von erhöhter sexueller Ausdauer des Mannes beschreiben viele Paare, die diese Übungen praktiziert haben, als Wunder in ihrer Beziehung. Wie ich bereits mehrfach erwähnte, haben Hunderte meiner Patienten und Patientinnen erlebt, wie Freude, Liebe, Leidenschaft und

Vertrauen in die gemeinsame Zukunft wieder aufleben, nachdem sie gelernt hatten, sich in verlängerter sexueller Seligkeit zu vereinigen.

Hier sind einige Techniken, die Männern helfen können, ihre Ejakulation hinauszuzögern:

1. *Lernen Sie den Wendepunkt erkennen.* Die Ejakulation ist ein unwillkürlicher Reflex. Sowie die Muskelkontraktionen den Samen in Richtung Harnröhre bewegen, spüren Sie, dass Sie gleich kommen werden. Sehr schnell erreichen Sie dann einen Punkt, an dem es kein Halten mehr gibt und die Ejakulation unvermeidlich ist. Jeder Versuch, die Ejakulation zu vermeiden oder hinauszuzögern, muss also vor diesem Punkt ansetzen. Daher ist es wichtig, dass Sie Ihre Wahrnehmungen und Empfindungen genau beobachten und erkennen lernen, wann Sie sich diesem Punkt nähern und innehalten müssen.
2. *Passen Sie Ihre Bewegungen entsprechend an.* Männer haben in der Regel mehr Möglichkeiten zur Kontrolle, wenn sie sich langsam bewegen und nicht zu tief stoßen. Wenn Sie also spüren, dass Sie sich dem entscheidenden Punkt nähern, ziehen Sie sich zurück und bewegen Sie sich langsamer. Sie können auch auf andere Art und Weise die Stärke Ihrer Empfindungen verändern, zum Beispiel indem Sie den Penetrationswinkel verändern oder sich kreisförmiger bewegen.
3. *Legen Sie eine Pause ein.* Eine Möglichkeit, die Ejakulation hinauszuzögern, besteht darin, mit dem Stoßen ganz aufzuhören. Bleiben Sie dabei entweder in der Frau oder ziehen Sie sich ganz oder teilweise zurück. Wenn Sie schließlich Ihre Bewegungen wieder aufnehmen, wird Ihr Erregungslevel um einiges niedriger sein. Machen Sie sich dabei keine Sorgen um Ihre Erektion. Auch wenn sie

nachlässt, so wird sie doch vermutlich schnell wieder zurückkommen, und falls nicht, so verwenden Sie die weiche Penetration, wie sie auf Seite 163 ff. beschrieben ist.

4. *Nehmen Sie den Atem zu Hilfe.* Verwenden Sie die tiefe Bauchatmung, die PC-Muskel-Übungen und den Goldenen Kreis – einzeln oder in Kombination –, um Energie aus dem Beckenbereich nach oben zu ziehen. Zusammen bilden sie eine sehr effektive Möglichkeit, die Ejakulation hinauszuzögern und gleichzeitig sexuelles Qi nach oben zu ziehen. Wenn Sie spüren, dass Sie sich dem entscheidenden Punkt nähern, stoppen Sie alle Bewegungen und atmen Sie langsam und tief (im bewussten Gegensatz zu den schnellen, flachen Atemzügen, die beim Orgasmus auftreten). Ziehen Sie die PC-Muskeln zusammen und stellen Sie sich vor, dass sexuelles Qi im Goldenen Kreis aus dem Becken nach oben fließt. Wenn Sie das Gefühl haben, dass Sie bereits ziemlich nahe an einer Ejakulation sind, versuchen Sie die Luft heftig einzusaugen. Das verlagert die Energie und die Wahrnehmung abrupt, weg vom Becken und den Genitalien.

5. *Drücken Sie das Perineum.* Wenn Sie den Bereich des Dammes erforschen, werden Sie etwa in der Mitte zwischen Hodensack und After eine kleine Vertiefung finden. Drücken Sie diesen Punkt fest – aber nicht zu fest – mit Zeigefinger und Mittelfinger, sobald Sie spüren, dass Sie sich der Ejakulation nähern. Das kann die Ejakulation wirkungsvoll verhindern, indem es die Kontraktionen stoppt, die den Samen ausstoßen. Es wirkt unterstützend, wenn Sie dabei einige langsame, tiefe Atemzüge machen.

Für diese Technik müssen Sie sich nicht aus der Frau zurückziehen. Allerdings ist es beim Ausprobieren anfangs oft hilfreich, das doch zu tun. Auch kann die Partnerin das Drücken dieses Punktes übernehmen, zum Beispiel wenn

Sie Schwierigkeiten haben, den Damm mit der Hand zu erreichen. Zeigen Sie ihr einfach vor dem Liebesspiel, wo genau sie zu drücken hat, und vereinbaren Sie ein Signal, damit sie weiß, wann sie drücken muss.

Dieser Punkt ist übrigens auch ein wichtiger Akupunkturpunkt, der das Qi im Körper aufsteigen lässt. In meiner medizinischen Praxis behandle ich diesen Punkt bei Männern, die unter Impotenz leiden, da er das Yang-Qi erweckt, das beim Mann für die Erektion zuständig ist.

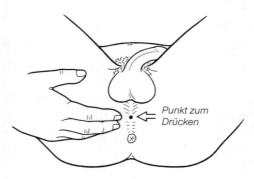

Abb. 15   Bereich des Perineums

6. *Verwenden Sie die Presstechnik.* Dies ist vermutlich die am häufigsten von Sexualtherapeuten vorgeschlagene Methode. Sie wurde von Masters und Johnson eingeführt und eignet sich als eine Art Notbremse, um den Samenfluss noch im letzten Moment zu stoppen. Wenn Sie fühlen, dass die Ejakulation kurz bevorsteht, sollten Sie sich zurückziehen und den Penis entweder an der Wurzel oder am Übergang vom Schaft zur Eichel kräftig drücken. Legen Sie dazu den Daumen auf die Vorderseite und Zeige- und Mittelfinger auf die Rückseite

des Penis. Dadurch wird der Ejakulationsreflex unterdrückt.

Falls es umständlich oder unmöglich ist, eine Hand zum Drücken freizumachen, lassen Sie es von Ihrer Partnerin ausführen. Machen Sie ihr klar, dass der Penis einiges an Druck verträgt, und zeigen Sie ihr vorweg, wie stark sie drücken darf.

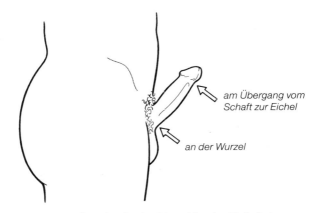

Abb. 16   Druckpunkte für das Vermeiden der Ejakulation

Zusätzliche Hinweise

Wenn Sie diese Techniken zur Verbesserung der Kontrolle üben möchten, sollten Sie Folgendes beachten:

- Üben Sie beim Masturbieren. Wenn Sie schon Erfahrungen sammeln wollen, bevor sie es mit Ihrer Partnerin ausprobieren, oder wenn Sie zurzeit keine Partnerin haben, sollten Sie die Techniken bei der Selbstbefriedigung üben. Bringen Sie sich wie üblich auf ein hohes Erregungsniveau, doch halten Sie rechtzeitig inne, bevor Sie den Punkt erreichen, an dem die Ejakulation erfolgt. Dann beginnen Sie tief zu atmen. Lassen Sie Luft in Ihren Körper einströmen und ihn ganz ausfüllen, bis Sie das Gefühl haben, wie ein Ballon gefüllt zu sein. Atmen Sie dann langsam und gleichmäßig wieder aus. Wiederholen Sie dies mehrere Male, wobei Sie die Aufmerksamkeit ganz auf den Atem konzentrieren.

Sie können sich mehrere Male bis an den Rand der Ejakulation bringen und dann mithilfe tiefen Atmens wieder einen Schritt zurückgehen. Gehen Sie dabei aber jedes Mal näher heran. Beginnen Sie zum Beispiel mit 70% der maximalen Erregung, dann 80%, dann 90% und so weiter, bis Sie selbst bei 99% die Kontrolle behalten und die Ejakulation zurückhalten können.

- Denken Sie daran, dass das Zurückhalten der Ejakulation durchaus nicht als leicht und einfach betrachtet wird. Die alten Chinesen behaupteten, dass ein Mann, der den Liebesakt mit einer orgasmischen Frau zehnmal hintereinander ohne Ejakulation ausführen kann, unsterblich wird. Da jedoch keiner dieser alten Weisen bis heute überlebt hat, können wir davon ausgehen, dass selbst die alten Meister diese Kunst nicht vollkommen beherrschten. Falls durch diese Übungen unangenehme Spannungen in den Hoden entstehen, machen Sie eine einfache Übung, die von Ärzten empfohlen wird: Versuchen Sie, ein unbewegliches Objekt anzuheben. Das soll die Spannung lösen helfen.
- Bitten Sie ihre Partnerin um Unterstützung. Die Kontrolle der Ejakulation ist ein gemeinsames Ziel, da dies für die Frau mindestens genauso vorteilhaft ist wie für den Mann, wenn nicht mehr. Ihre Partnerin sollte genau wissen, was Sie beabsichtigen und wozu, und bereit sein, Sie darin zu unterstützen. Sie kann zum Beispiel die im vorangegange-

nen Abschnitt vorgestellten Techniken mit Ihnen zusammen ausprobieren und anwenden.

- Entspannen Sie sich. Gehen Sie den Liebesakt entspannt an und behalten Sie auch im Sturm der Erregung Ihre innere Ruhe. Ungezügelte Leidenschaft führt zum Verlust von Kontrolle und zu kurzen Ausbrüchen von Lust. Innere Ruhe dagegen ermöglicht mehr Kontrolle und dadurch eine Verlängerung der Ekstase.
- Befriedigen Sie Ihre Partnerin. Achten Sie darauf, dass Ihre Partnerin bei den Übungsphasen nicht frustriert zurückbleibt, indem Sie durch ausgedehntes Vorspiel oder sonstige Techniken für ihre Befriedigung sorgen. Wenn sie glücklich und zufrieden ist, wird sie Sie bereitwilliger unterstützen. Außerdem wird es schwieriger für Sie, wenn Ihre Partnerin sich nach einem Orgasmus sehnt, da ihr Drängen Ihre eigene Erregung steigert. Wenn sie dagegen befriedigt, dabei aber immer noch erregt ist, kann ihre Yin-Energie in Sie einströmen und den Drang des Yang nach Ejakulation abkühlen und besänftigen.
- Machen Sie's öfter. Je länger die Pausen zwischen den Liebesakten werden, desto stärker wird der Drang zu ejakulieren und umso schwieriger ist die Kontrolle.
- Haben Sie Geduld. Wie bei jeder Fähigkeit braucht es Zeit, um sie zu erlernen. Es wird unweigerlich vorkommen, dass Sie in Momenten ejakulieren, in denen Sie eigentlich länger aushalten wollten. Seien Sie dann nachsichtig mit sich selbst, genießen Sie die Erfahrung und versuchen Sie es beim nächsten Mal einfach wieder. Das Leben hält immer wieder neue Gelegenheiten bereit, diese erotische Kunst zu erlernen und zu beherrschen.

Die Essenz des männlichen Samens

Samen ist eine überaus wertvolle Substanz.
Indem der Mann ihn behält, schützt und verlängert
er sein Leben.
Peng-Tsu

Die alten Chinesen gingen sogar noch einen Schritt weiter, über die kontrollierte Ejakulation hinaus: Sie empfehlen, überhaupt nicht zu ejakulieren. Dabei ging es ihnen nicht um ein religiöses Ideal der Entsagung. Im Gegenteil, sie fanden dies vorteilhaft für Ekstase, Intimität und starken Energieaustausch zwischen den Partnern und außerdem diente es aus ihrer Sicht der Gesundheit, Vitalität und Lebenskraft des Mannes.

Das Ejakulat des Mannes enthält große Mengen an Proteinen und Nährstoffen sowie bis zu 500 Millionen Samenzellen. Außerdem ist es Träger einer vitalen Essenz, die *Jing* genannt wird. Nach der Ejakulation ist diese essenzielle Lebenskraft für den Mann verloren, außer er hat eine wahrhaft rezeptive Partnerin, die fähig ist, die Energie umzuwandeln und ihm in irgendeiner Form wieder zukommen zu lassen.

Sportler und andere Männer, die große physische Leistungen vollbringen müssen, stellen oft fest, dass eine Ejakulation ihre Leistungsfähigkeit herabsetzt. Spieler und Boxer werden von ihren Trainern häufig in Trainingslager gesteckt und besonders in der Nacht vor dem Ereignis von ihren Frauen fern gehalten. Viele Menschen halten solche Vorstellungen heutzutage für Ammenmärchen. Aber eines ist nicht zu leugnen: Nach der Ejakulation ist beim Mann das unersättliche Verlangen nach Sex erst einmal verschwunden und er hat eher ein Bedürfnis nach Schlaf. (Vielleicht wäre es daher passender zu sagen: »Er ist gegangen«, statt: »Er ist gekommen.«) Die Frau dagegen hatte möglicherweise ebenfalls einen Orgasmus, eventuell sogar mehrere. Doch sie könnte weitermachen oder kuscheln oder auch tanzen gehen. Warum ist das so? Nun, sie hat keinen Samen ejakuliert und daher nicht so viel sexuelles Qi verbraucht.

Jeder Mann wird mit ausreichend Jing für eine bestimmte Menge von Ejakulat geboren. Wenn er sich dem Ende dieser Menge nähert, wird er zwar noch ejakulieren können, doch er wird die ersten Anzeichen sexueller Schwäche zeigen, wie zum Beispiel verminderte sexuelle Begierde, reduzierte Samenmenge und schwächere Erektionen. In unserer Kultur werden diese Veränderungen als normale Begleiterscheinungen des Alters betrachtet. Für die Chinesen sind dies vermeidbare Symptome, die auf ungenügende sexuelle Aktivität, Verschwendung der Sexualkraft durch übermäßigen Sex oder auf Erschöpfung durch zu viel Kopfarbeit und Stress zurückzuführen sind. Eine bestimmte Menge an sexuellem Qi geht ganz unvermeidlich durch die Anstrengungen des alltäglichen Lebens verloren. Doch jeder Mann, der die Techniken in diesem Buch praktiziert, kann den sexuellen Alterungsprozess ebenso hinauszögern, wie er durch regelmäßiges vernünftiges Training seinen Körper bis ins hohe Alter fit und gelenkig halten kann. Er hat aber nicht nur auf lange Sicht etwas davon, sondern auch kurzfristig, denn die Lebenskraft, die seinen Körper erhält, wird bewahrt. Sie stärkt ihn sexuell und auch in Bezug auf Gesundheit und Wohlbefinden.

Ejakulation verboten?

Geht daraus nun hervor, dass ein Mann sich vollkommen abstinent verhalten sollte? Nein, durchaus nicht. Als der Gelbe Kaiser seine Lehrerin Su Nu fragte, ob er sich jeder sexuellen Aktivität enthalten solle, um sein Qi zu erhalten, antwortete sie ihm: »Nein, das wäre ein schwerer Fehler. Wer sich enthält, gibt seinem Geist keine Gelegenheit, sich zu erweitern, denn Yin und Yang werden blockiert und voneinander abgeschnitten... Wenn der Jadestängel sich nicht bewegt, wird er schwach. Daher sollte der Mann häufig Geschlechtsverkehr haben.«

Die alten Chinesen waren nicht der Ansicht, dass die Ejakulation schlecht ist. Tatsächlich kann zu seltenes Ejakulieren zu ernsthaften Störungen des Qi-Flusses im Nierensystem führen, was wiederum die Ursache sein kann für Tumore, Schwellungen, Infektionen und andere Probleme, vor allem im Bereich der Prostata. Wegen ihrer energetischen Verbindung mit der Niere können auch Leber und Herz geschwächt werden, wodurch dann ein emotionales und spirituelles Ungleichgewicht eintreten kann. Im Allgemeinen werden Männer mit starkem Ejakulationsbedürfnis, die nicht ausreichend Gelegenheit dazu haben, aggressiv, angespannt und gereizt – eben so, wie ein Boxer sich zu Beginn seines Kampfes fühlen sollte. Aus der Sicht der Traditionellen Chinesischen Medizin staut sich dabei die Energie in der Niere, sodass das Herz und die Gefühle nicht mehr beeinflusst werden und Störungen in der geistigen und persönlichen Identität entstehen können.

Die alten Meister der sexuellen Künste wussten, dass es noch eine andere Möglichkeit gibt als Frustration einerseits und übermäßiges Ejakulieren andererseits. »Erregung ohne zu ejakulieren nennt man ›das Jing zurückgeben‹«, erklärte Su Nu. »Wenn das Jing dem Körper zurückgegeben wird, um ihm zu dienen, dann wird das Tao des Lebens erlangt.«

Die Lust und Erleichterung, die mit dem männlichen Höhepunkt einhergehen, sind größtenteils mit dem Orgasmus verbunden, nicht unbedingt mit der Ejakulation als solcher. Wie die moderne Wissenschaft bestätigt hat, besteht zwischen beiden tatsächlich ein Unterschied. Ejakulation bezeichnet das Ausstoßen des Samens durch einen einfachen Reflex. Orgasmus dagegen ist ein neurologischer Vorgang, der mit intensiven Gefühlen von Lust und Auflösung von Spannung einhergeht. Dass diese beiden Vorgänge getrennt voneinander ablaufen, wurde im Labor nachgewiesen: Wissenschaftler können bei Tieren einen Orgasmus ohne Ejakulation hervorrufen, indem sie gewisse Bereiche des Gehirns elektrisch stimulieren. Bei Menschen lässt sich der Unterschied durch zwei Beobachtungen aufzeigen: 1. Männer ejakulieren gelegentlich, ohne die angenehmen Gefühle eines Orgasmus zu empfinden. 2. Männer konnten immer schon – zufällig oder durch Übung – einen Orgasmus ohne Samenausstoß erleben (der aktualisierte Kinsey-Report bemerkt dazu, dass manche Männer einen echten Orgasmus ohne Ejakulation erfahren können und dabei keine Schwierigkeiten haben, diesen als solchen zu erkennen).

Die alten sexuellen Meister der Chinesen lehrten, wie Männer intensive und lustvolle Orgasmen ohne Ejakulation erleben können, wodurch die Lebenskraft im Samen freigesetzt und innerlich verfügbar gemacht wird. Sie kann dann eingesetzt werden, um Körper und Seele zu stärken, wodurch die Vorteile eines guten Sexlebens in Bezug auf Gesundheit, Vitalität und Stärke immens anwachsen. Durch ausgedehntes Üben der Kontrolltechniken kann jeder motivierte Mann dieses Ziel erreichen, ohne unter den Unannehmlichkeiten zu leiden, die einen Anfänger dabei quälen.

Allen anderen Männern wird empfohlen, mäßig, aber regelmäßig zu ejakulieren, wobei individuelles Alter und Gesundheitszustand eine Rolle spielen. Es gab bei den chinesischen Meistern allerdings leicht unterschiedliche Auffassungen über die optimale Häufigkeit. Eine Lehrmeinung besagte, dass die Zahl der Tage zwischen den Ejakulationen sich errechnen lässt aus dem Alter, multipliziert mit dem Faktor 0,2. Ein Zwanzigjähriger könnte dann alle vier Tage ejakulieren (20 mal 0,2), ein Fünfundzwanzigjähriger alle fünf Tage. Mit dreißig Jahren wäre der optimale Abstand sechs Tage, mit vierzig acht und so weiter. Die Taoisten waren der Meinung, dass ein Mann bei Befolgung dieser Formel vermeiden kann, sein sexuelles Qi vorzeitig aufzubrauchen. Er könnte vielmehr eine gewisse Menge verbrauchen und seinen Vorrat anschließend durch Sex ohne Ejakulation (wodurch Qi aufgebaut wird) wieder auffüllen. Andere Texte schlagen ähnliche Formeln vor, wobei einige betonen, dass die Häufigkeit der Ejakulation auch mit der Jahreszeit wechseln sollte: Im Frühjahr häufiger, im Sommer und Herbst seltener und im Winter praktisch nie. Alle Schulen waren sich jedenfalls in einem Punkt einig: Je jünger und stärker ein Mann ist, desto häufiger kann er ohne nachteilige Auswirkungen auf sein sexuelles Qi ejakulieren.

Wie oft sollten nun *Sie* ejakulieren? Ich empfehle Ihnen, Ihre eigenen Erfahrungen zugrunde zu legen. Als grobe Faustregel gilt: Wenn Sie sich nach der Ejakulation müde, lethargisch und schwermütig fühlen, sollten Sie die Häufigkeit vermutlich herabsetzen. Eine Ejakulation unter den rechten Umständen und im passenden Abstand sollte dagegen immer dazu führen, dass Sie sich anschließend leicht, froh und liebevoll fühlen.

Die Freuden der Zurückhaltung

Für die meisten Männer klingt Sex ohne Ejakulation eher nach einer Tortur als nach Lust und Freude. Doch Männer, die die Kunst des orgasmischen Sex ohne Ejakulation erlernt haben, stellen immer wieder fest, dass er vitalisierend und gesundheitsfördernd ist und außerdem zu lang anhaltenden, ekstatischen Orgasmen bei ihnen selbst und ihren Partnerinnen führen kann. Doch dieses Ziel muss auf die richtige Art und Weise angegangen werden, damit es nicht zu unerträglicher Frustration und womöglich sogar zu gesundheitlichen Störungen führt. Ich erinnere mich an einen jungen Mann, der als Patient zu mir kam, weil seine Hoden hart wie Murmeln geworden waren. Er hatte ein Buch über taoistische Sexualpraktiken gelesen und beschlossen, nicht mehr zu ejakulieren. Er war sexuell sehr aktiv und benutzte dazu reine Willenskraft und physische Zurückhaltung, hatte aber nicht gelernt, wie er das beim Koitus erzeugte Qi in Fluss bringen konnte. Dadurch staute sich die Energie in den Geschlechtsorganen und führte zu einer Verhärtung der Hoden. Ich empfahl ihm, erst einmal wieder regelmäßig zu ejakulieren und gleichzeitig auszuprobieren, wie er die Energie wirksam lenken konnte. Andernfalls hätte sein Verhalten zu schwerwiegenderen Problemen führen können.

Diese Unterscheidung – zwischen der reinen Unterdrückung der Ejakulation einerseits und der Vermeidung von Ejakulation bei gleichzeitiger Bewegung des sexuellen Qi nach innen und oben andererseits – kann gar nicht genug betont werden. Außerdem ist es mir wichtig, noch einmal darauf hinzuweisen, dass die Vermeidung der Ejakulation nicht bedeutet, auf die Lust des Orgasmus zu verzichten. Im Gegenteil: Die Orgasmen ohne Ejakulation, die von den Taoisten so betont werden, sind dem üblichen Orgasmus an Lust weit überlegen.

Beim üblichen Sex ist der Mann zunehmend erregt, erreicht dann einen Höhepunkt und hat einen Orgasmus, bei dem Samen ausgestoßen wird. Anschließend zieht er sich zurück, um seinem Körper Gelegenheit zu geben, sich zu erholen. Im Gegensatz dazu kann ein Mann, der die Kontrolle seiner sexuellen Energien gelernt hat, eine ganze

Reihe Orgasmen ohne Ejakulation erleben. Die Chinesen hatten dafür unterschiedliche Bezeichnungen wie »höherer Orgasmus«, »erweiterter Orgasmus« oder »himmlischer Orgasmus«.

Solch ein erweiterter Orgasmus wird im ganzen Körper empfunden, nicht nur als eine kurze Zuckung im Genitalbereich. Er ist intensiv, lustvoll und mit Gefühlen von Freude und Seligkeit verbunden. In seinem Werk *Tao – Yoga der Liebe* (*Taoist Secrets of Love*) hat Mantak Chia, ein führender Lehrer chinesischer Sexualpraktiken im Westen, ihn folgendermaßen beschrieben: »Wenn der Austausch (von Qi) eine gewisse Intensität und Ausgewogenheit erreicht hat, beginnen die Körper der Liebenden zu pulsieren, als wären sie elektrisch geladen. Das Gefühl, einen festen Körper zu besitzen, verschwindet. Plötzlich sind beide nur noch eine Säule vibrierender Energie, die jeweils vom Energiefeld des Partners gehalten wird. Das ist ein vollkommener Orgasmus von Körper und Seele.«

Wie durch das Adjektiv »erweitert« bereits angedeutet ist, dauert solch ein Orgasmus auch zeitlich länger. Während der übliche Höhepunkt wie ein kurzes Hochspritzen gestauter Energie ist, entspricht der erweiterte Orgasmus einem langen Ritt auf Wellen der Ekstase. Und während sich der Mann nach der Ejakulation normalerweise zurückzieht – physisch wie auch emotional –, bleibt er nach einem Liebesakt ohne Ejakulation in liebevoller Verbundenheit mit seiner Partnerin. Weil durch den Akt so viel Qi erzeugt wurde, sind die Nerven nun sehr empfindlich. Jeder Kuss und jede Berührung sind lustvoller als jemals zuvor. Wie der taoistische Meister Peng-Tsu vor Jahrhunderten es ausdrückte: »Die Liebe des Mannes für seine Frau wird immer weiter zunehmen, so als ob er niemals genug von ihr bekommen könnte.«

Praktische Hinweise

Meister der sexuellen Kunst sind in der Lage, den Liebesakt zeitlich enorm auszudehnen, wobei sie die erzeugte Energie zum Kopf hinauf leiten und damit ekstatische Orgasmen erzeugen – mit nur geringer physischer Anstrengung, allein durch mentale Konzentration. Natürlich braucht es viel Zeit und Übung, um es zu solcher Meisterschaft zu bringen. Wenn Sie mit Sex ohne Ejakulation experimentieren möchten, genügt es jedoch, einfach die hier beschriebenen Techniken zur Kontrolle der Ejakulation auszuprobieren und herauszufinden, ob sie Ihnen und Ihrer Partnerin zusagen.

Wenn Sie die Ejakulationskontrolle beim Masturbieren üben, sollten Sie sich bis an die Schwelle zum Orgasmus bringen, dann die Stimulation beenden und eine Kombination aus tiefem Atmen, PC-Kontraktionen und Goldenem Kreis verwenden, um die Energie aus dem Genitalbereich nach oben zu ziehen. Machen Sie jedoch nur den ersten Teil der Übung des Goldenen Kreises. Ziehen Sie die Energie zum Scheitelpunkt des Kopfes und lassen Sie sie dort verweilen – oder maximal bis zum Unterleib herabsinken, nicht bis zu den Genitalien.

Diese Übungen können Sie auch ausführen, wenn Sie mit einer Partnerin Sex haben, und auch nach einer Ejakulation. Tatsächlich ist es für beide Partner ratsam, nach jedem Liebesakt diese Techniken anzuwenden, um das Qi zu verteilen, das Sie vom anderen aufgenommen haben. Sie sind besonders hilfreich für Männer, die gerade mit dem Üben der Ejakulationskontrolle beginnen, da dies anfangs häufig zu Druckgefühlen im Hodenbereich führen kann. Das ist normal und kein Anlass zu Befürchtungen – der Körper benötigt einfach etwas Zeit, um sich daran zu gewöhnen. Wird die aufgebaute sexuelle Energie aus dem Becken in den Kopf geleitet, so lassen sich Qi-Stauungen wie auch leichte Frustrationsgefühle vermeiden, die anfangs eventuell auftauchen. Auch eine sanfte Massage des Dammes und der entsprechenden Muskeln kann dabei hilfreich sein.

Gelegentlich ist es unbefriedigend, nicht zu ejakulieren. Dann wollen Sie vielleicht aufgeben und sagen sich, das Ganze sei sowieso nur der Hokuspokus einer fremden, weit entfernten und längst untergegangenen Kultur. Auch die Begeisterung Ihrer Partnerin lässt möglicherweise nach, da viele Frauen es sehr genießen, wenn sie ihren Partner zur Ejakulation bringen können, und einige Zeit benötigen, um sich an diese neue Variante zu gewöhnen. In solchen Fällen empfehle ich immer, sich nicht auf das momentane Unbehagen zu konzentrieren, sondern darauf, was Sie auf lange Sicht gewinnen können. Die Vorteile bestehen in einer vertieften Intimität, ekstatischerer Lust, besserer Gesundheit und größerer sexueller und physischer Vitalität.

Außerdem sollten Sie nicht vergessen, dass Sie ja beim nächsten Mal wieder ejakulieren können, wenn Sie möchten. Tatsächlich empfehle ich den Paaren gerade für den Anfang, immer einen zusätzlichen Liebesakt mit Ejakulation später am Abend oder am nächsten Tag einzuplanen. Es fällt meist leichter, in der Hitze des Augenblicks die Kontrolle zu behalten, wenn Aussicht auf eine baldige Entladung besteht. Schließlich werden Sie dann irgendwann den Punkt erreichen, an dem die Ejakulation zu einer bewussten Entscheidung wird, nicht mehr zu einer reinen Notwendigkeit, Gewohnheit oder einem Unfall. Und wenn Sie sich frei dafür entscheiden können, wird sie umso genussvoller sein.

Der gemeinsame Ritt auf den Wogen der Leidenschaft

Die bereits vorgestellten Atem- und Visualisierungsübungen können zu Liebestechniken der höheren Art werden, wenn sie gemeinsam mit dem Partner während des Liebesaktes durchgeführt werden. Am besten gelingen sie in einem ruhigen, entspannten Zustand. Sie können gleich zu Beginn des Aktes oder auch erst nach einer etwas heftigeren, leidenschaftlicheren Anfangsperiode eingesetzt werden. Im letzteren Fall ist durch den Liebesakt bereits sehr viel sexuelle Energie entstanden, die dann wirksam im Körper verteilt werden kann.

Bei dieser Form der fortgeschrittenen Liebestechnik geht es nicht darum, auf lineare Art und Weise einen Höhepunkt zu erreichen. Sie ist mehr wie ein Surfen – als würde man auf dem Gipfel einer Welle reiten, wieder hinabgleiten, erneut hochsteigen und hinabgleiten und so weiter, so lange, bis Sie beide – gleichermaßen glücklich und befriedigt – beschließen, den gemeinsamen Ritt am Strand ausklingen zu lassen.

Diese Techniken lassen sich am leichtesten in einer Stellung ausführen, in der beide Partner sich anschauen können. Sie sollten in der Lage sein, sich zu umarmen, sich in die Augen zu sehen, sich zu küssen, wenn Sie das möchten, und den Atem des anderen zu spüren. Eine vorteilhafte Position ist die des Kranichs (siehe Seite 195), bei der die Frau sich auf dem Schoß des Mannes befindet. Die meisten Paare können diese Stellung ohne größere Anstrengung für längere Zeit beibehalten, vor allem wenn der Mann auf einem Stuhl oder einem Kissen sitzt. Ein weiterer Vorteil dabei ist die aufrechte Haltung des Rückens, wodurch die Aufwärtsbewegung des Qi leichter wahrgenommen werden kann. Es geht um eine zeitlich lang dauernde Erfahrung, daher ist es wichtig, es sich möglichst bequem zu machen. Achten Sie darauf, dass keiner dem anderen zu schwer werden kann, und verwenden Sie bei Bedarf Kissen zum Abstützen.

1. *Stimmen Sie den Atem aufeinander ein.* Sobald Sie eine bequeme Stellung gefunden haben, beginnen Sie mit dem synchronen Atmen, wie auf Seite 107 beschrieben. Atmen Sie ruhig und tief und im Einklang miteinander.
2. *Lassen Sie die Energie kreisen.* Sobald Sie einen gleichmäßigen Atemrhythmus gefunden haben, machen Sie zusammen die Übung des Goldenen Kreises, wobei Sie die intensive Energie, die sich im Beckenbereich aufgebaut hat, nach oben ziehen. Kontrahieren Sie den PC-Muskel, während Sie mit dem Einatmen beginnen. Stellen Sie sich vor, wie sich das Qi die Wirbelsäule hoch zum Scheitelpunkt des Kopfes bewegt. Halten Sie den Atem einige Augenblicke lang an und lenken Sie Ihre Aufmerksamkeit auf den Kopfbereich. Während des Ausatmens lassen Sie die Energie wieder hinab zu den Genitalien sinken. Wiederholen Sie diesen Zyklus bei jedem Atemzug. Sie können die Wirkung zusätzlich verstärken, indem Sie sich an der Stirn oder mit den Lippen berühren.
3. *Qi geben und empfangen.* Nun lassen Sie die Energie zwischen sich kreisen, wobei jeder Partner dem anderen sein eigenes sexuelles Qi schenkt. Beim Einatmen stellen Sie sich vor, dass Sie Energie aus den Genitalien des Partners in Ihr eigenes Becken ziehen. Während des gesamten Einatemvorgangs ziehen Sie diese Energie die Wirbelsäule hoch bis in den Kopf. Halten Sie den Atem einen Moment lang an. Legen Sie Stirn oder Mund zusammen und atmen Sie dann langsam aus, wobei Sie sich vorstellen, dass Sie die Energie durch Stirn oder Mund in den

Abb. 17   Qi geben und empfangen

Körper des Partners fließen lassen. Während des Ausatemvorgangs stellen Sie sich vor, wie die Energie sich im Körper Ihres Partners nach unten zu den Genitalien bewegt. Beim nächsten Atemzug wiederholen Sie den gesamten Zyklus.

4. *Variationen.* Statt gleichzeitig ein- und auszuatmen, kann dies auch abwechselnd geschehen. Wenn Sie möchten, kann dabei jeweils einer der Partner die ausgeatmete Luft des anderen einatmen. Dabei gibt es zwei Varianten: Beim Einatmen stellt sich der Mann vor, dass Energie aus der Vagina der Frau durch seinen Penis die Wirbelsäule hoch bis zu seinem Kopf fließt. Beim Ausatmen lässt er die Energie durch seinen Mund oder die Stirn in die Partnerin und dann nach unten in ihre Genitalien fließen. Die Frau nimmt beim Einatmen das Qi Ihres Partners durch Mund oder Stirn auf und lässt sie nach unten ins Becken fließen. Beim Ausatmen schickt sie die Energie durch ihre

Vagina in seinen Penis und stellt sich vor, wie sie von dort aus nach oben fließt. Die zweite Variante verläuft in umgekehrter Richtung: Der Mann lässt die Energie durch seinen Körper hinabfließen und die Frau zieht sie durch ihren Körper wieder hoch. Achten Sie darauf, den PC-Muskel nicht anzuspannen, wenn Sie die Energie nach unten ziehen wollen, da dies einen gegenteiligen Effekt auslösen würde.

Zusätzliche Hinweise

1. Anfangs mag es günstiger sein, die Übung ohne Penetration zu probieren oder sogar voll bekleidet zu bleiben, um erst einmal die Grundlagen der Technik zu erlernen. Auf diese Weise durchgeführt ist dies auch eine gute Übung, um zwei Partner einander näher zu bringen, und kann als Meditation oder für das morgendliche Stelldichein verwendet werden (siehe Seite 75).
2. Bleiben Sie in Erregung, aber entspannt. Dieser scheinbare Widerspruch ist der Schlüssel für lang andauernde Ekstase. Übermäßige Erregung führt möglicherweise dazu, dass der Mann die Ejakulation nicht länger zurückhalten kann.

   Falls dies geschieht, bleiben Sie ruhig und verwenden Sie eine der Techniken auf den Seiten 222 bis 225. Wenn Sie sich dagegen zu sehr entspannen, nimmt die sexuelle Spannung und damit die Konzentration ab. In diesem Fall können Sie die Stimulation durch genitale Bewegungen wieder verstärken.
3. Je besser Sie die Technik beherrschen, desto unwichtiger werden Vorstellungskraft und Visualisierungen, da Sie in der Lage sein werden, die tatsächliche Bewegung der Energie deutlicher wahrzunehmen.

4. Wenn Sie beide zu irgendeinem Zeitpunkt die Übung abbrechen und zu Ihrem üblichen Liebesspiel mit Ejakulation übergehen möchten, so tun Sie das – und genießen Sie es! Mit größter Wahrscheinlichkeit wird es um einiges aufregender sein als zuvor.
5. Paare, die sich regelmäßig auf diese Art und Weise lieben, werden schließlich intensive, ausgedehnte Orgasmen (oder sogar eine Reihe von Orgasmen) erleben, ohne dass der Mann ejakuliert. Dies ist natürlich ein wunderbares Ziel. Doch geben Sie sich dafür viel Zeit und erlauben Sie sich auch Fehler auf dem Weg. Unrealistische Erwartungen führen nur zu Enttäuschungen. Genießen Sie die komplette Reise vom Anfang bis zum Ende. Jeder einzelne Schritt führt bereits zu größerer Liebeskunst und zu Sex, der gesünder, intimer und lustvoller ist.

Übung: Sexuelle Heilung

Bereits vor tausenden von Jahren entwickelten die Chinesen Visualisierungstechniken, die den Körper unterstützen können. Die Wirksamkeit solcher Techniken wurde von der modernen westlichen Medizin bestätigt. Nachdem Sie nun gelernt haben, sexuelles Qi zu mobilisieren und in Bewegung zu bringen, können Sie das Qi in Körperteile leiten, die energetische Unterstützung benötigen. Indem Sie den Qi-Fluss in einem geschwächten Körperbereich verstärken, können Sie die natürliche Selbstheilungskraft des Körpers anregen mit der Folge, dass eine angemessene Versorgung mit Qi wiederhergestellt wird.

Wenn Sie in irgendeinem Körperbereich Schmerzen verspüren oder wissen, dass ein bestimmtes Organ oder ein Körperteil Unterstützung benötigt, können Sie gemeinsam die folgende Übung ausführen. Sie kann in das Liebesspiel eingebaut oder auch unabhängig davon als Technik verwendet werden, wobei Sie sich ohne Penetration eng aneinander legen. Bei ernsthaften Erkrankungen ist dies meist empfehlenswert.

1. Nehmen Sie eine Position ein, die Ihnen angenehm ist und bei der Sie parallel zueinander liegen oder sitzen können.
2. Beginnen Sie mit vier Goldenen Kreisen, wobei Sie PC-Kontraktionen und tiefes Atmen einsetzen, um das Qi in Bewegung zu bringen.
3. Wenn Sie bereit sind, dann erlauben Sie einem Strom von Qi den Kreis zu verlassen und in das Organ oder den Körperteil zu fließen, den Sie stärken möchten. Stellen Sie sich einfach vor, wie die Energie dorthin fließt, wo sie gebraucht wird.
4. Lassen Sie mit jedem Einatmen frisches Qi in die betreffenden Körperbereiche fließen.
5. Atmen Sie durch den Mund aus, wobei Sie sich vorstellen, dass alles Kranke mit der ausgeatmeten Luft den Körper verlässt.
6. Während dieser Übung können sich die beiden Partner jeweils auf ihre eigenen Schwachstellen konzentrieren oder aber gemeinsam auf einen bestimmten Punkt, wodurch die Intensität der heilenden Energie natürlich zunimmt.

Mit folgenden zusätzlichen Möglichkeiten können Sie den Prozess weiter unterstützen:

- Wenn Sie Qi in einen bestimmten Körperbereich ziehen, stellen Sie es sich als Licht vor. Das Licht kann jede Farbe annehmen, die Ihnen angemessen erscheint, und falls sie sich an irgendeinem Punkt verändern sollte, lassen Sie es zu. Atmen Sie gleichmäßig, während Sie sich darauf konzentrieren, wie das Licht den kranken oder verletzten Körperbereich einhüllt.

- Ist der Bereich heiß, so stellen Sie sich vor, dass sich die Energie wie ein Strom kühlen Wassers hindurch bewegt. Heiß bedeutet, dass die Haut entzündlich gerötet ist, dass etwas geschwollen oder berührungsempfindlich ist.
- Ist der Bereich kalt, stellen Sie sich die Energie als warmes Feuer vor. Kalt ist ein Bereich, wenn er Berührung braucht oder wenn es ihm mit Wärme besser geht.

Diese Übung sollte mindestens fünf Minuten lang durchgeführt werden, jedoch nicht länger als zwanzig Minuten. Die besten Erfolge werden Sie mit regelmäßigem Üben erzielen, besonders wenn es sich um chronische Zustände oder ernsthafte Erkrankungen handelt.

7.
Stolpersteine auf unserem Weg

Hindernisse für leidenschaftliche Liebe

> *Das ist das Ungeheuerliche an der Liebe, Madame – dass der Wille unendlich ist und die Ausführung beschränkt; dass die Sehnsucht grenzenlos ist und der Akt ein Sklave der Grenzen.*
> SHAKESPEARE

> *Wer keine neuen Heilmittel anwenden mag, muss sich auf neue Übel gefasst machen.*
> FRANCIS BACON

SIE UND IHR PARTNER sind nun auf dem Weg zu ausgezeichneter Gesundheit und grenzenloser Leidenschaft durch Höheren Sex. Doch so genau Sie sich auch an die Informationen in diesem Buch halten, so hat das Leben doch immer so seine Stolpersteine parat. Krankheiten, Verletzungen oder energetische Störungen können die sexuelle Kraft des Körpers angreifen. Ängste, Ärger und Schmerzen aus der Vergangenheit können auftauchen und die besten Absichten zunichte machen. Dieses Kapitel beschäftigt sich daher mit den häufigsten Hindernissen, die einer gesunden Sexualität im

Weg stehen können, und zeigt neue Wege, damit umzugehen.

Die westliche Wissenschaft hat sehr effizient die verschiedenen sexuellen Störungen, die der erotischen Erfüllung im Wege stehen können, klassifiziert und analysiert. In den meisten Fällen werden sie auf eine physische oder psychologische Ursache zurückgeführt und die entsprechende Lösung besteht dann aus einer Kombination medizinischer, psychotherapeutischer und verhaltenspsychologischer Interventionen. Aus der Sicht der Traditionellen Chinesischen Medizin gibt es fast immer auch eine energetische Komponente, in der Regel einen Qi-Mangel oder -Stau im Beckenbereich. Tatsächlich sind viele Störungen sogar rein energetischer Natur, wobei natürlich das energetische Problem Auswirkungen auf Geist und Körper hat. Unglücklicherweise nehmen die meisten Ärzte im Westen oft eine seelische Ursache an, wenn sie keine medizinische Ursache finden können, sodass die armen Patienten dann das Gefühl vermittelt bekommen, dass sie möglicherweise psychisch krank sind.

In manchen Fällen kann eine sexuelle Störung als eine Botschaft des Körpers verstanden werden. So wie der Körper mit Hunger oder Lust seine Bedürfnisse anmeldet, kann er mit einer sexuellen Störung ein tiefes inneres Gefühl ausdrücken, das nicht bewusst anerkannt wurde, wie zum Beispiel: »Ich fühle mich nicht sicher«, »Ich bin erschöpft und überanstrengt«, »Ich möchte mich nicht auf diese Frau und diese Beziehung einlassen«, »Ich habe Angst davor, diesen Mann in meinen Körper und mein Leben aufzunehmen«.

Viele sexuellen Probleme haben ihre Wurzeln auch in traumatischen Erlebnissen der Vergangenheit. In der Traditionellen Chinesischen Medizin wird ein Trauma als ein energetisches Ereignis mit kürzer- und längerfristigen Auswirkungen betrachtet. Ob der Ursprung nun überwiegend physischer (Krankheit, Verletzung) oder psychischer Natur ist, das Trauma dringt in den Körper ein wie eine Brandwunde, wobei immer tiefere Schichten in Mitleidenschaft gezogen werden. Wie bei einer Narbe bleibt möglicherweise ein energetischer Überrest zurück, nachdem die Wunden offensichtlich längst verheilt sind, gespeichert als Körpererinnerung. Zum Beispiel habe ich schon Menschen in ihren mittleren Jahren wegen Symptomen behandelt, die auf längst vergessene Sportverletzungen aus der Jugend zurückzuführen waren. Das Gewebe war zwar schon zwanzig Jahre oder länger verheilt, doch das Trauma hat sich tiefer in den Körper verlagert und schließlich zu Arthrose oder einer anderen chronischen Störung geführt.

Dasselbe gilt für sexuelle Traumata. Eine Frau, die vergewaltigt oder sexuell missbraucht wurde, mag physisch und psychologisch behandelt worden sein, doch ihr Körper hat möglicherweise eine negative Erinnerung an das Ereignis gespeichert, was ihre Lust am Liebesakt vermindert. Das Gleiche gilt für einen Mann, der als Junge sexuell belästigt wurde. Auch weniger schwerwiegende Traumata wie Zurückweisungen, Demütigungen und Trennungen, die die meisten von uns in Beziehungen bereits erlebt haben, können unsichtbare Spuren hinterlassen, die uns später verfolgen.

Eine Reaktion des Körpers auf Traumata ist unter anderem, den Fluss des Qi zu blockieren. Dies ist eine Schutzeinrichtung, die uns davor bewahrt, neue und möglicherweise schmerzhafte Informationen aufzunehmen, wenn wir überfordert sind. Da sexuelle Aktivität Qi erzeugt und seinen Fluss im Körper verstärkt, kann dieser natürliche Schutzmechanismus unser sexuelles Verlangen blockieren. Aus diesem Grund haben wir unmittelbar nach einem Trauma kaum sexuelle Bedürfnisse. In manchen Fällen kann eine dauerhafte

Beeinträchtigung zurückbleiben und zu den Symptomen führen, die wir im Anschluss diskutieren werden.

Da zu diesem Thema schon viel geschrieben worden ist, werde ich mich auf einige wichtige Punkte beschränken, die Sie anderswo wahrscheinlich nicht finden werden. Je nachdem, wie schwer und dringlich Ihr Problem ist, würde ich Ihnen empfehlen, einen in chinesischer Medizin ausgebildeten Therapeuten aufzusuchen. Akupunktur, chinesische Heilkräuter und individuelle Empfehlungen zu Ernährung und Lebensweise haben schon Millionen von Menschen bei sexuellen Schwierigkeiten und Störungen geholfen (siehe auch Adresse auf Seite 349). Außerdem rate ich Ihnen, sich unbedingt auch qualifizierte medizinische und psychologische Unterstützung zu suchen.

Keine Lust auf Sex

Die medizinischen Bezeichnungen für sexuelle Lustlosigkeit sind Hyposexualität und verminderte Libido. In der Traditionellen Chinesischen Medizin ist dies in der Regel ein Hinweis auf Qi-Mangel in Genitalien, Niere oder Becken.

Wie bereits ausgeführt, erhalten das Gehirn und die Genitalien ihr Qi aus derselben Quelle. Mentale Überlastung und Energie zehrende Lebensgewohnheiten können das sexuelle Qi erschöpfen oder zumindest aus dem genitalen Bereich abziehen. Die Basisbehandlung besteht darin, das Nieren-Qi zu stärken und dafür zu sorgen, dass es sich ungehindert dorthin bewegen kann, wo es gebraucht wird, um das natürliche Verlangen anzuheizen. Neben Akupunktur und Kräutern ist eine Umstellung der Lebensweise entscheidend: Paare haben meist automatisch mehr Sex, wenn sie weniger unter Stress stehen und weniger Alltagsbelastungen an ihnen zehren. Das Qi fließt dann wieder auf natürliche Weise zu den Genitalien zurück, von wo es abgezogen wurde, um für die Anforderungen des Alltags zur Verfügung zu stehen.

Zusätzlich zu den Empfehlungen zur Stärkung der Niere in Kapitel 9 sollten Sie darauf achten, dass Sie stets genügend Bewegung haben. Körperliches Training kann das Verlangen steigern, weil Muskelbewegung den Qi-Fluss in den Meridianen anregt und insgesamt Stauungen löst. Übertreiben Sie es jedoch nicht, sonst benötigt Ihr Körper womöglich sexuelles Qi, um die Muskeltätigkeit zu unterstützen.

Nehmen Sie sich Zeit für Liebesgeturtel, denn auf diese Art und Weise lässt sich das Qi am leichtesten in den Beckenbereich lenken. Denken Sie daran, dem Vorspiel ausreichend Zeit und Beachtung zu schenken (vgl. Kapitel 4, vor allem die erotische Massage). Ihr Körper braucht nicht nur Treibstoff, er benötigt auch Zeit zum Aufwärmen.

Mangelnde Reaktionsfähigkeit

Manche Menschen können einfach nicht in sexuelle Erregung geraten. Andere erreichen Erregung nur bis zu einer bestimmten Ebene. Manche (vor allem Frauen) sind sexuell erregbar, haben jedoch keinen Orgasmus. In der Sichtweise der Traditionellen Chinesischen Medizin sind dies verschiedene Ausdrucksformen desselben grundlegenden Problems: zu wenig sexuelles Qi im Beckenbereich. Entweder ist im ganzen Körper nicht ausreichend Qi vorhanden oder der Lebermeridian (und möglicherweise auch andere Kanäle) ist blockiert, dass das Qi nicht hertransportiert werden kann, oder der Körper braucht das Qi in anderen Bereichen. Wir alle haben gelegentlich weniger sexuelle Gefühle – zum Beispiel bei einer Krankheit oder Verletzung –, weil der Körper das Qi zur Heilung benötigt.

Der Mangel an Gefühlen kann aber auch mit Ängsten zusammenhängen. Angst ist die negative Reaktion der Niere und wie wir gesehen haben, herrscht die Niere über die Sexualität. Viele Menschen unserer Kultur wurden so konditioniert, dass sie glauben, Sex sei schlecht oder gefährlich. Eine Frau zieht daher möglicherweise unbewusst ihr Qi aus dem Becken ab, sobald ihre sexuelle Kraft erregt wird. Ein Mann, bei dem das sexuelle Qi sich zum Herzen bewegt, bekommt möglicherweise Angst vor seiner Verwundbarkeit und zieht sein Qi zurück. Dadurch verringert sich automatisch die Gefühlsintensität – und möglicherweise auch die Erektion.

Ebenso können intensive Emotionen die sexuelle Reaktion abschwächen. Wenn die Leber mit der Verarbeitung starker Gefühle beschäftigt ist, kann sie ihre sonstigen Funktionen nicht mehr so gut erfüllen. Dazu zählen die Regulation des weiblichen Hormonhaushalts und die Leitung von Qi zu den Genitalien (durch den Lebermeridian).

Wenn mangelnde Reaktionsfähigkeit oder Orgasmusunfähigkeit ein chronisches Problem sind, sollten Sie, wie bei anderen Störungen auch, Ihren Arzt aufsuchen oder einen Therapeuten konsultieren. Sie sollten aber auch eine Akupunkturbehandlung in Erwägung ziehen, die den Qi-Fluss zu den Genitalien positiv beeinflussen kann.

Wenn dieses Problem die gesamten sexuellen Erfahrungen einer Frau durchzieht, so hilft möglicherweise ein Wechsel der Perspektive. Nachdem Ihre ersten sexuellen Erfahrungen nicht an Ihre Vorstellungen und Erwartungen heranreichten, dachten Sie vielleicht: »Was ist nur los mit mir? Warum geht es mir nicht wie den Frauen in Liebesromanen? Warum habe ich keine überwältigenden Orgasmen wie meine Freundinnen?« Solche negativen Gedanken hinterlassen eine Spur der Angst – Angst vor dem Versagen, Angst, ungenügend zu sein, Angst vor noch mehr Frustration – und wegen ihrer Verbindung zu der Niere werden solche Ängste das Feuer der Leidenschaft erst recht ersticken.

Einer der Hauptgründe für geringe Reaktionsfähigkeit bei Frauen sind schlechte Anfangserfahrungen mit unerfahrenen Männern. Falls Ihre ersten Liebhaber unwissende Jünglinge oder egoistische Machos waren, denen Ihre Befriedigung gleichgültig war, sind Sie vielleicht zu dem Schluss gelangt, dass *Sie* das Problem sind. Ihr Partner war ja schließlich erregt und hatte seinen Orgasmus. Die Überzeugung, dass etwas mit Ihnen nicht in Ordnung ist, kann schnell zu einer sich selbst erfüllenden Prophezeiung werden. Die Lösung des Problems ist eine zweifache Strategie:

1. Vergessen Sie den Gedanken, dass Sie zu einer sexuellen Reaktion unfähig sind, und beginnen Sie damit, Ihre eigene Sexualität zu erforschen.
2. Suchen Sie sich einen erfahrenen Mann, der bereit ist, Ihnen viel Zeit zu lassen – oder unterstützen Sie Ihren derzeitigen Liebhaber darin, solch ein Mann zu werden. Schon so manche unbefriedigte Frau hat durch die erfahrene, sanfte Berührung des richtigen Mannes ihre sexuelle Potenz entdeckt.

Sie sollten sich mehr Zeit für sich selbst und ihre Sexualität nehmen. Ihre eigenen Vorstellungen haben möglicherweise Ihr sexuelles Selbstbild oder Ihre Einstellung zu Ihren Geschlechtsorganen negativ beeinflusst. Beachten Sie die Ratschläge in Kapitel 6 (Seite 216 ff.), um wieder Achtung und Respekt für Ihre Sexualität zu gewinnen. Masturbation kann ein zentraler Aspekt dieses Prozesses sein. Sie kann Ihnen zeigen, dass Sie tatsächlich zu tiefen und lustvollen Empfindungen fähig sind. Vielleicht möchten Sie auch Ihre sexuellen Ängste an die Oberfläche holen, um sie loslassen zu können.

Dabei kann es sehr hilfreich sein, wenn Sie mit Ihrem Partner oder einem Therapeuten über Ihre Ängste sprechen.

Atem- und Visualisierungstechniken, die mehr Qi in den Genitalbereich fließen lassen, sind ebenfalls Methoden, um die Reaktionsfähigkeit bei beiden Geschlechtern zu erhöhen:

1. Setzen oder legen Sie sich bequem hin, aber so, dass Sie nicht gleich einschlafen.
2. Schließen Sie die Augen und nehmen Sie sich zehn bis zwanzig Sekunden Zeit zum Entspannen. Richten Sie Ihre Aufmerksamkeit locker auf den Genitalbereich. Dann atmen Sie tief ein. Stellen Sie sich dabei vor, dass die Luft wie durch eine Röhre von der Nase bis zu den Genitalien fließt.
3. Visualisieren Sie gleichzeitig die einströmende Luft als einen wunderschönen Strom aus Licht. Dieses Licht kann jede Farbe haben, die gerade auftaucht, und die Farbe kann sich mit Ihren Gefühlen verändern.
4. Lassen Sie das warme Leuchten des Lichts weiter in Ihren Genitalien strahlen, während Sie gleichmäßig ein- und ausatmen. Je mehr Aufmerksamkeit Sie auf diesen Bereich lenken, desto mehr Qi wird sich dort sammeln und desto mehr werden Sie empfinden können.

Sexuelle Hemmungen

Manche Menschen fühlen sich nicht wohl, wenn Sie sich sexuell verhalten sollen. Diese Hemmungen können aus einem früheren Trauma herrühren – wie bereits erwähnt –, aber auch aus ihrer Erziehung und den gesellschaftlichen Konventionen. Vielen Frauen wurde zum Beispiel beigebracht, dass weibliche sexuelle Lust schlecht sei. Junge Mädchen, die sexuell neugierig und aktiv sind, werden häufig kritisiert, während frühreife Jungen mit Nachsicht, wenn nicht gar Bewunderung rechnen können.

Allerdings können auch Jungen unter sexuellen Hemmungen leiden. Viele halten sich zurück, weil der Leistungsdruck im Bett – verstärkt durch Macho-Vorbilder in den Medien und die Prahlereien Gleichaltriger – ihnen Angst macht. Auch wird ihnen oft beigebracht, dass Sex mit einem »anständigen Mädchen« nur dann infrage kommt, wenn sie bereit sind, sich auch ernsthaft zu binden. Daher gehen Heranwachsende oft ungehemmter mit Gelegenheitssex und Prostituierten um als mit einer Partnerin, die ihnen wirklich wichtig ist.

Seien Sie nicht überrascht, wenn Hemmungen scheinbar aus dem Nichts auftauchen, nachdem Sie mit dem betreffenden Partner bereits guten, befriedigenden Sex hatten. Oft entsteht eine gewisse Scheu, wenn die erste Verliebtheit abklingt und eine tiefere Intimität sich einstellt. Gerade die Ernsthaftigkeit der Beziehung und die enge emotionale Verbindung können zu Hemmungen führen.

In der Traditionellen Chinesischen Medizin wird eine sexuelle Hemmung als Qi-Stagnation verstanden. Der Körper empfängt die Botschaft, dass Sie sich mit Ihrer Sexualität nicht wohl fühlen, und legt eine energetische Blockade an. Diese Blockade dient Ihnen, solange die psychologische Barriere vorhanden ist. Falls sich dieser Zustand jedoch verändert, zum Beispiel weil Sie jemanden treffen, mit dem Sie sich sicher und wohl fühlen, kann die Blockade zum Problem werden. Dann bedarf es möglicherweise einiger Anstrengungen und einer relativ langen Zeit, um diese Hemmungen und energetischen Blockaden wieder aufzulösen. Der Prozess lässt sich dadurch unterstützen, dass Sie Ihre Sexualität in einem angenehmen, sicheren Umfeld erforschen, zum Beispiel beim Tanzen, Flirten oder beim Betrachten erotischer

Filme, bevor Sie zu intimeren Dingen übergehen. Im Bett sollten Sie sich zusammen mit dem Partner viel Zeit für ein sinnliches, lustvolles Vorspiel gönnen. Massage und andere Arten von Berührung sind dabei fördernd. Beachten Sie auch die Heilungsübung am Ende dieses Kapitels.

Wichtig ist es in diesem Zusammenhang, die eigenen Gefühle aufrichtig zu erforschen, bestenfalls mithilfe eines Psychotherapeuten. Untersuchen Sie die möglichen Wurzeln Ihrer Hemmungen in Kindheitserfahrungen, religiösen Vorschriften, elterlichen Werten und gesellschaftlichen Einflüssen im Allgemeinen. Denken Sie auch daran, dass Ihre Hemmung das Ergebnis eines sexuellen Traumas – oder einer Reihe von Traumata – sein kann, dem Sie auf der unbewussten Ebene immer noch unterliegen. Vielleicht widerstrebt es Ihnen, die damit verbundenen unangenehmen Gefühle zu untersuchen, doch wenn Sie wieder Zugang zu Ihrer Lust bekommen wollen, müssen Sie sich selbst wahrscheinlich damit konfrontieren; bei einer energetischen Blockade bleibt einem oft nichts anderes übrig, als sich mit Ausdauer einen Weg hindurch zu bahnen.

Unterschiedliche Libido

»Mein Liebesleben ist wie eine Fuchsjagd«, beklagte sich Nina bei mir. »Ich bin der Fuchs und Gregor ist der Hund. Manchmal jagt er mich buchstäblich durch das ganze Haus. Es wäre witzig, wenn ich im Grunde meines Herzens daran interessiert wäre, doch ich laufe tatsächlich vor ihm davon.«

Nina machte sich Sorgen um ihre Ehe, weil Gregor öfter Sex wollte als sie. »Ich möchte ihn nicht enttäuschen oder ihm ein Gefühl der Zurückweisung geben«, meinte sie, »aber ich weiß nicht, wie lange ich noch mitmachen und dabei so tun kann, als würde ich es genießen.«

Bei einer solchen Situation ist es stets mein erstes Anliegen herauszufinden, ob das Ungleichgewicht durch den energetischen Zustand der Partner verursacht wird wie zum Beispiel:

1. Einer der beiden hat konstitutionell bedingt mehr Nieren-Qi und weist daher eine konstant stärkere Libido auf.
2. Einer der beiden leidet insgesamt durch Krankheit oder Überbelastung unter einem Qi-Mangel, was zu einem geringeren sexuellen Verlangen führt.
3. Einer der beiden leidet unter einer Störung des Nieren-Qi, die sich in sexueller Hyperaktivität äußert.
4. Einer der beiden leidet unter einer Störung des Nieren-Qi, die sich in sexueller Inaktivität oder geringem Interesse äußert.

Bei Nina und Gregor bestand keines dieser Probleme. Sie waren nur einfach nicht immer in Übereinstimmung, wenn es um sexuelles Verlangen ging. Mit solchem Ungleichgewicht lässt sich meist gut umgehen, wenn die Partner einfach ihre Einstellung und ihr Verhalten leicht verändern.

Niemand sollte sich verpflichtet fühlen nachzugeben, wenn der Partner Sex möchte und der eigene Körper im Augenblick nein dazu sagt. Liebende sind keine Entertainer oder Sportler, die Leistung bringen müssen, egal wie sie sich im Moment gerade fühlen. Auch wenn Sie die Bedürfnisse Ihres Partners befriedigen möchten, bedeutet das noch lange nicht, dass Sie immer bereit zum Liebesakt sein müssen, wenn der andere das möchte. Der beste Weg, jemandem Sex zu verleiden, besteht darin, ihm dauernd Sex aufzudrängen, wenn er es nicht wirklich will. Selbst wenn Sie Schokoladentorte lieben, werden Sie doch bald Aversionen dagegen entwickeln, wenn sie Ihnen zu häufig in den Mund gestopft wird. Wenn Sie Sex haben, obwohl Ihnen eigentlich gar nicht danach ist, wird der Körper gemischte Signale empfangen. Das kann zu einer Qi-Stauung führen, da Energie in Bewegung gesetzt und gleichzeitig festgehalten wird.

Deshalb sollten Sie in einem solchen Fall die Einladung zum Sex liebevoll ablehnen und dabei auf zukünftige Freuden vertrösten – oder folgende Alternative ausprobieren:

Ich fragte Nina, was sie tun würde, wenn Gregor spät abends hungrig nach Hause käme. Würde sie sich verpflichtet fühlen, mit ihm zu essen, obwohl sie bereits zu Abend gegessen hatte? »Natürlich nicht«, antwortete sie. »Aber Sie würden sich dazusetzen, während er isst, nicht wahr? Und vielleicht noch etwas naschen oder ein Glas Wein trinken?« Als sie dem zustimmte, schlug ich vor: »Nun, warum machen Sie es beim Sex nicht ebenso?« Nina sah ein, dass sie mit Gregors Bedürfnissen kreativer umgehen konnte, als sie dadurch zu befriedigen, dass sie ihre Beine breit machte und die Risse in der Decke zählte, bis er fertig war. Sie konnte ihm sozusagen Gesellschaft leisten, während er seinen Hunger stillte.

Wenn es Ihren Partner nach Sex gelüstet und Sie nicht, können Sie ihn halten oder streicheln, während er sich selbst befriedigt. Sie können ihn berühren, an seinem Ohr knabbern oder ihn küssen. Sie können ihm heiße Kommentare zuflüstern oder erotische Geschichten erzählen. Sie können sich auch mit dem Mund oder den Händen so weit beteiligen, wie Sie möchten. Auf diese Weise fühlt er sich nicht zurückgewiesen und Sie werden keinen inneren Groll gegen ihn aufbauen.

Oftmals ist der Mann sexuell stärker interessiert als die Frau, die Rollen können jedoch auch vertauscht sein. Wenn die Frau sich Sex wünscht und der Mann zu müde oder erschöpft ist, braucht er nicht nein zu sagen und ihr damit ein Gefühl von Zurückweisung und Ablehnung zu geben. Er kann ihr die warme Präsenz seiner Liebe schenken, während sie sich selbst befriedigt.

Es gibt viele Wege, den Partner im Ausdruck seiner Sexualität zu unterstützen. Selbst wenn Ihre physische Beteiligung begrenzt ist, führt echte innere Präsenz zu mehr Intimität als widerstrebendes Nachgeben – und es erspart gleichzeitig dem anderen das Gefühl, zurückgewiesen zu werden.

Auch gibt es dabei noch einen anderen Vorteil: Zeuge der Sexualität des Partners zu werden und seine sexuelle Energie in ihrer ganzen Kraft zu spüren, kann unter Umständen dazu führen, dass die eigene Sexualität angeregt wird. Selbst wenn Sex Ihnen im Moment ganz fern zu liegen scheint, kann Ihr Körper im Innersten durchaus ein Interesse daran haben. Das Verlangen muss dann nur aus seinem Versteck gelockt werden. Sobald es auftritt, kann es leidenschaftlich, dramatisch und überschwänglich zum Ausdruck kommen.

Und diesen Punkt kann ich gar nicht genug betonen. Wenn Paare darüber klagen, dass das sexuelle Verlangen des Mannes stärker ist als das der Frau, liegt das Problem häufig darin, dass die Subtilität der Yin-Kraft nicht genügend gewürdigt wird. Das ist einer der Gründe, warum es für Männer so wichtig ist, die Kunst der Verführung und des Vorspiels zu beherrschen.

Energie zehrender Sex

Eine andere Ursache für ungleiches Interesse kann sein, dass einer der Partner Sex dazu benutzt, um sich vom anderen Energie zu holen. Dies geschieht meist dann, wenn es einem der beiden an Yin- oder Yang-Energie mangelt und der Körper diesen Mangel durch die Aufnahme sexueller Energie beim Liebesakt auszugleichen versucht. Der benutzte Körper schützt sich dann, indem er das Interesse an Sex mit dem Partner verliert. Findet der Mangel keinen anderen Ausgleich, wird es auf die Dauer zu Gefühlen von Feindseligkeit und Groll beim benutzten Partner kommen.

Wird eine Frau mit Yin-Mangel sexuell hyperaktiv, um die nötige Energie von ihrem Partner zu bekommen, kann ihr starkes Verlangen den Mann durchaus erregen. Doch wenn sie ihm dabei sexuelle Kraft entzieht, wird sein Körper nach dem Liebesspiel erschöpft sein und er wird sich irgendwann zurückziehen.

Wie lässt sich feststellen, ob Verlangen aus einem Energiemangel herrührt? Dies sind die wichtigsten Indizien:

1. Das sexuelle Verlangen nimmt bei Müdigkeit zu.
2. Das sexuelle Verlangen nimmt mit dem Alter zu.
3. Bei einem Partner zeigt sich eine dramatische Steigerung des Verlangens innerhalb kurzer Zeit (dies wird oft in der Richtung missinterpretiert, dass der andere Partner das Interesse verloren hat).

Hier sind einige hilfreiche Maßnahmen gegen solch einen Qi-Mangel:

- Nehmen Sie reichlich Flüssigkeit zu sich (möglichst warm, wenigstens auf Zimmertemperatur).
- Meiden Sie kalte Getränke und Mahlzeiten.
- Praktizieren Sie die Übungen zum Zirkulieren des Qi in Kapitel 6.
- Gönnen Sie sich genug Ruhe, um die Auswirkungen des täglichen Stresses im Körper zu reduzieren.
- Beachten Sie die Hinweise in Bezug auf den Lebensstil in Kapitel 9.
- Nehmen Sie es nicht persönlich, wenn sich Ihr Partner

sexuell zurückzieht. Bitten Sie um Klärung und respektieren Sie die Gefühle des anderen. Möglicherweise handelt es sich um ein energetisches Problem, nicht um eine persönliche Zurückweisung.
- Falls Sie nicht monogam leben, sollten Sie die Anzahl Ihrer Sexualpartner begrenzen oder sogar eine Zeit lang abstinent leben.

Was Sie nicht tun sollten:

- Verwenden Sie Sex nicht als ein Überdruckventil bei Stress.
- Vermeiden Sie Sex unter dem Einfluss von Alkohol oder Drogen.
- Wenn Sie müde sind, sollten Sie möglichst keine Ejakulation haben.
- Meiden Sie Sex mit vollem Bauch.
- Sex mit unterschiedlichen Partnern ist in diesem Fall nicht empfehlenswert.

Vaginismus

Unter Vaginismus (Scheidenkrampf) versteht man eine unwillkürliche Kontraktion der Muskeln am Scheideneingang, die den Geschlechtsverkehr erschwert, die schmerzhaft ist und Sex in extremen Fällen sogar unmöglich macht. Aus der Sicht der Traditionellen Chinesischen Medizin ist Vaginismus ein Anzeichen für eine Qi-Stauung im Vaginalbereich. Diese Stauung kann die Ursache des Problems sein oder aber ihrerseits Ergebnis einer körperlichen Störung (z. B. verstärkte Vaginalmuskulatur), eines physischen Traumas (z. B. eine Verletzung) oder einer psychologischen Geschichte, die dazu führte, dass die Penetration durch einen Penis als schmerzhaft gefürchtet wird. Das Ergebnis ist, dass die betroffene Frau energetisch nicht empfangen kann.

Suchen Sie sich kompetente medizinische Unterstützung. Darüber hinaus sollten einige Themenbereiche geklärt werden. Stellen Sie sich folgende Fragen:

- Möchten Sie Ihren derzeitigen Partner (oder jemand anderen) tatsächlich in sich aufnehmen?
- Warum sollte Empfänglichkeit in irgendeiner Weise gefährlich sein?
- Was gibt Ihnen Ihr Partner sexuell, das Ihnen Angst machen könnte?
- Was haben Sie in der Vergangenheit erlebt, das traumatisch auf Sie gewirkt haben könnte?
- Welche Vorstellungen oder Ideen haben Ihnen das Gefühl vermittelt, dass es nicht gut ist, einen Penis in sich aufzunehmen?

Denken Sie daran, dass der Yang-Aspekt der Yin-Kraft die Fähigkeit zur Unterscheidung beinhaltet. Entscheiden Sie, was Sie empfangen möchten und von wem. Wenn Sie sich mit diesen Themen klar und aufrichtig auseinander setzen, werden Sie sich irgendwann vielleicht so sicher fühlen, dass Ihre Vaginalmuskeln Sie nicht mehr schützen müssen.

Wenn Ihr Partner genügend Geduld und Mitgefühl besitzt, können Sie zusammen an dem energetischen Aspekt des Problems arbeiten. Wichtig ist in solch einem Fall, dass das Qi im Beckenbereich in Bewegung kommen kann. Dafür ist es hilfreich, sich viel Zeit für liebevolles Vorspiel zu nehmen und dann spezielle Übungen zu machen, die die Empfänglichkeit verbessern. Setzen Sie sich zum Beispiel auf den Schoß oder zwischen die Beine des Partners, mit dem Gesicht zu ihm, aber ohne Penetration. Drücken

Sie Becken und Genitalien aneinander und machen Sie zusammen mehrere Male die Übung des Goldenen Kreises. Der energetische Austausch dabei ermöglicht die Bewegung des Qi.

Lassen Sie außerdem Ihren Partner mit dem Finger – und einem Gleitmittel, falls nötig – ganz langsam und vorsichtig in Ihre Scheide eindringen. Versuchen Sie das nur, wenn mindestens fünfzehn Minuten Vorspiel vorausgegangen und Sie wirklich bereit dazu sind. Möglicherweise fällt es Ihnen leichter, sich zu öffnen, wenn Ihr Partner gleichzeitig die Klitoris berührt, sodass Sie dabei erregt werden. Vertrauen ist für solch ein Vorgehen ebenso wichtig wie Geduld. Machen Sie deshalb vorher mit Ihrem Partner aus, dass er nur so weit geht, wie Sie zustimmen, und auf keinen Fall gewaltsam eindringen wird.

Vaginale Trockenheit

Bei gelegentlicher Trockenheit kann man sich mit einem Gleitmittel auf Wasserbasis behelfen. Bei chronischer Trockenheit – die verschiedene Ursachen haben kann, von der verwendeten Seife bis zum Eintritt in die Wechseljahre – sollten Sie einen Gynäkologen konsultieren, um körperliche Ursachen auszuschließen. Beachten Sie außerdem die folgenden Hinweise.

Es könnte sein, dass Ihr Körper Ihnen mitteilt, dass er von Ihrem derzeitigen Partner nicht penetriert werden möchte. Wenn eine Frau nicht aufnehmen möchte, wird Ihre Scheide entsprechend reagieren und trocken oder eng bleiben. Möglicherweise sind Sie auch noch nicht ausreichend erregt. Überprüfen Sie Ihr Vorspiel anhand der Hinweise in Kapitel 4 und sorgen Sie dafür, dass Ihr Yin ausreichend Zeit hat, um in Erregung zu kommen. Feuchtigkeit ist Yin; je mehr Yin, desto feuchter. Sie sollten beide die Zeit respektieren, die Sie brauchen, und Ihr Verhalten entsprechend anpassen, falls sich Ihr Reaktionsmuster seit dem Beginn der Beziehung verändert hat. Denken Sie daran: Yang neigt dazu, erfolgreiche Strategien immer zu wiederholen, während Yin mehr Abwechslung braucht.

Die Trockenheit könnte auch auf einen Yin-Mangel zurückzuführen sein. Das ist wahrscheinlich, wenn Sie zu viel und zu schnell arbeiten, zu viel und zu schnell denken, wenn Sie sich nicht entspannen können oder mehr geben, als Sie empfangen. In Kapitel 9 finden Sie Hinweise, wie sich ein Mangel an Yin-Energie beheben lässt.

Die Trockenheit kann auch hormonell bedingt sein. Da Östrogen das Yin-Sexualhormon ist, führt ein Rückgang – während des Klimakteriums oder bei sonstigen Hormonschwankungen – dazu, dass die Frau relativ weniger Yin und mehr Yang im Körper enthält. Sind Sie im Klimakterium, sollten Sie sich medizinisch beraten lassen. Auch hier können Akupunktur und chinesische Heilkräuter sehr hilfreich sein und den Übergang erleichtern.

Vorzeitige Ejakulation

Charles Darwin würde vermutlich amüsiert sein, wenn er wüsste, dass die Menschen heutzutage eine rasche Ejakulation als Problem betrachten. Evolutionär gesehen ist sie eindeutig von Vorteil, denn primitive Männchen, die sich in kürzester Zeit mit einer großen Zahl von Weibchen paaren können, pflanzen sich mit größerer Wahrscheinlichkeit fort. Man könnte es das »Überleben der Schnellsten« nennen. Inzwischen sind die schnellen Ejakulierer jedoch im Nachteil: Die Wahrscheinlichkeit, dass sie ihre Partnerin befriedigen können, ist geringer.

Betrachtet man das Problem der vorzeitigen Ejakulation aus dieser evolutionären Perspektive, wird nicht nur die Ironie deutlich, sondern es wird auch verständlich – für die betroffenen Männer und ihre Partnerinnen –, dass die Natur den männlichen Körper nicht auf Langsamkeit ausgerichtet hat. Und außer der Evolution betont auch unsere Kultur meist die Schnelligkeit. Wenn junge Männer im Badezimmer masturbieren oder sich mit ihrer Freundin in die Büsche oder auf den Rücksitz eines Autos zurückziehen, lernen sie bald, sich zu beeilen und rasch fertig zu sein, bevor jemand kommt. Erst wenn sie sich mit Frauen einlassen, die ihre eigenen sexuellen Bedürfnisse ernst nehmen, müssen sie die Evolution und ihre eigenen Gewohnheiten umkehren. Langsam zu sein, ist eine ganz neue Fähigkeit und in mancher Hinsicht für den menschlichen Körper genauso unnatürlich, wie den ganzen Tag auf einem Stuhl zu sitzen.

Vorzeitige Ejakulation als Krankheit zu betrachten, die geheilt werden muss, statt sie als eine natürliche Gewohnheit zu sehen, die es zu verändern gilt, macht das Problem meist nur noch schlimmer. Ein Mann ist schließlich nicht unzulänglich, nur weil er etwas Neues lernen muss, und er ist auch längst noch kein Versager, wenn er es nicht gleich über Nacht kann.

Die chinesische Medizin kann hier wertvolle Hilfestellung leisten, indem sie energetische Schwächen ausgleicht. Wenn der Mann die Ejakulation selbst mit entsprechendem Training nicht kontrollieren kann, liegt dies meist an einem Yin-Mangel im Nierensystem. Yin dient als Behälter für die Yang-Energie. Wenn das Yin schwach ist, kann es das Yang nicht halten und der Mann schließt den Liebesakt sehr schnell ab. Die chinesische Medizin hat schon zahlreichen Männern geholfen, dieses Problem zu überwinden. Eine entsprechende Behandlung mit Akupunktur und Kräutern gibt dem Körper die notwendige Kraft, um die Ejakulation zu kontrollieren. Doch wie bei allen Yin-Phänomenen braucht es Zeit, bis der Körper die Erektion aufrechterhalten und die Ejakulation hinauszögern kann.

Eine Möglichkeit, sich an eine Penetration ohne Ejakulation zu gewöhnen, besteht darin, einfach nur ohne Bewegung in der Partnerin zu verweilen, sei der Penis nun schlaff oder erigiert. Zwingen Sie sich nicht dazu, die Erektion dabei aufrechtzuerhalten, und versuchen Sie nicht, zu einem Orgasmus zu kommen oder Ihre Partnerin zu einem Höhepunkt zu bringen.

Die Techniken in Kapitel 6 können Ihnen helfen, die Ejakulation hinauszuzögern. Wenn Sie jedoch auch nach längerer Zeit keine Verbesserung verzeichnen können, sollten Sie bei einem kompetenten Therapeuten oder Sexualberater Unterstützung suchen. Er kann Ihnen helfen, mit den emotionalen Themen fertig zu werden, die zu dem Problem geführt haben oder daraus resultieren.

Impotenz

Wie bei anderen sexuellen Störungen werden auch bei der Unfähigkeit, eine Erektion zu bekommen oder aufrechtzuerhalten, in der Regel physische oder psychische Ursachen angenommen. Wenn das Problem chronisch ist – und vor allem wenn es plötzlich aufgetreten ist –, ist es wichtig, einen Urologen zu konsultieren, um medizinische Ursachen auszuschließen.

Aus Sicht der Traditionellen Chinesischen Medizin hat Impotenz drei mögliche energetische Ursachen:

1. Ein Mangel an Yang-Energie, der dazu führt, dass der Penis nicht steif und heiß wird.
2. Eine Qi-Stagnation, die entweder von einem Mangel oder von starken Emotionen herrührt.

3. Ein allgemeiner Qi-Mangel im Beckenbereich, durch den die Empfindungsfähigkeit reduziert ist. Die Nerven benötigen Qi, um ihre Botschaften zu übermitteln, sodass ein Mann mit Qi-Mangel mehr und längere Stimulation braucht, bevor er entsprechend reagiert.

Richard zum Beispiel verlor häufig die Erektion, bevor er ejakuliert hatte. Dabei geriet er unvermeidlich jedes Mal in Panik und dachte, sein »Werkzeug« sei nicht in Ordnung oder er sei psychisch irgendwie gestört. Beides könnte in solchen Fällen zutreffen, doch in seinem Fall war es ein rein energetisches Problem: ein Mangel an Yang-Energie im Nierensystem. Er hatte natürlich auch mit emotionalen Problemen zu kämpfen, doch diese waren das Ergebnis seiner energetischen Störung, nicht die Ursache. Mit anderen Worten: Der Energiemangel führte zu Erektionsstörungen, die wiederum Ängste und Depressionen bei ihm auslösten. Richards Probleme ließen sich leicht lösen – mit Akupunktur, chinesischen Kräutern und folgenden Verhaltensregeln, die ich allen Männern empfehle, die unter Erektionsproblemen leiden:

1. Lassen Sie sich beim Liebesspiel genügend Zeit, um warm zu werden. Häufig ist eine scheinbare Impotenz nur die natürliche Auswirkung von zunehmendem Alter oder von Erschöpfung. Beides führt zu einer Abnahme an Yang-Energie, sodass es einfach länger bis zu einer Erektion braucht als sonst. Mehr Zeit lässt die Yin-Energie ins Spiel kommen. Und es ist Yin, das die Yang-Energie – sowie ihren stärksten Ausdruck, die Erektion – aufrechterhält.
Wenn Ihr Partner Probleme hat, die Erektion aufrechtzuerhalten, sollten Sie das Vorspiel für ihn ganzheitlicher gestalten und ihn am ganzen Körper – außer an den Genita-

lien – berühren und streicheln. Das erweckt die Yin-Energie und da Yin Yang anzieht, ist ein indirekter Weg in diesem Fall am besten, um das zu bekommen, was Sie beide wollen: einen festen, steifen Penis. Sie können die Stimulation des ganzen Körpers als Vorspiel einsetzen oder sogar die Begegnung ausschließlich darauf beschränken, wobei Sie im Vorhinein ausmachen, dass Sie nicht auf den Koitus abzielen.
2. Zwingen Sie Ihren Körper nicht zu Sex, wenn Sie müde sind. Jeder Mann, der Symptome sexueller Schwäche an sich feststellt, sollte verstärkt darauf achten, seine Yang-Energie nicht zu erschöpfen. Zusätzlicher Druck wird in diesem Fall das Problem nur verschärfen. Wie bereits erwähnt kann sexuelles Verlangen ein Symptom für Erschöpfung sein; falls dies ein Ihnen vertrautes Muster ist, sollten Sie besonders auf diesen Hinweis achten.
3. Drücken Sie Ihre Gefühle aus. Wenn der Lebermeridian damit beschäftigt ist, starke Gefühle zu verarbeiten, kann er nicht ausreichend Qi zu den Genitalien transportieren. Wenn die Gefühle ausgedrückt werden, kann dies den Kanal öffnen und es dem Körper ermöglichen, stärker zu reagieren. Sprechen Sie mit Ihrer Partnerin, einem Freund, einem Therapeuten oder schreiben Sie Tagebuch.
4. Praktizieren Sie die Energieübungen und die Techniken zur Zurückhaltung des Samens, wie sie in diesem Buch beschrieben sind. Sie helfen Ihnen, Qi in die Genitalien zu ziehen, ohne es von dort wieder auszustoßen.
5. Geraten Sie nicht in Panik. Weil ihr Gefühl von Männlichkeit auf dem Spiel steht, reagieren Männer oft übermäßig heftig auf Erektionsprobleme. Wie Schlaf und Liebe muss eine Erektion jedoch von alleine kommen, nicht durch Anstrengung. Machen Sie sich keine Sorgen.

Wenn es sich nicht um ein ernsthaftes physisches Problem handelt, werden Sie ganz sicher wieder Erektionen haben.
6. Bleiben Sie sexuell aktiv. Studien zeigen, dass *mehr Sex* die beste Therapie für einen Mann mit Erektionsproblemen ist, denn jeder Liebesakt verstärkt die Durchblutung des Penisgewebes, wodurch die Erektion stärker wird. Die meisten Männer bekommen bei den ersten Anzeichen nachlassender Manneskraft so viel Angst, dass sie anfangen, Sex zu vermeiden. Das verstärkt das Problem jedoch nur.

Depression

Eines der typischsten Symptome einer klinischen Depression ist gehemmtes sexuelles Verlangen. Und die übliche Behandlung macht die Sache nicht besser: Eine der Nebenwirkungen der meisten Antidepressiva ist verminderte sexuelle Leistungsfähigkeit.

Depression entsteht aus einer Stauung des emotionalen Qi in der Leber und möglicherweise auch im Lebermeridian, der durch die Genitalien verläuft. Dadurch können sich die Emotionen nicht auf gesunde Weise durch das ganze System bewegen und das Qi kann nicht im Beckenbereich zirkulieren, wo das Feuer der Leidenschaft entsteht.

Eine gute Methode, um Qi ins Becken zu leiten, ist körperliche Bewegung. Äußere Bewegung wirkt anregend auf die innere Bewegung des Qi. Sorgen Sie also dafür, dass Ihr Puls hochgeht, durch Tanzen, Sport, Aerobics.

Was jedoch am meisten Qi in den Genitalbereich strömen lässt, ist der Liebesakt. Und auch wenn Sie sich überhaupt nicht danach fühlen, sollten Sie es trotzdem versuchen. Es ist anfangs vielleicht etwas seltsam, da Sie während einer Depressionsphase oft nichts von dem genießen können, was Sie normalerweise antörnt. Wahrscheinlich wollen Sie schnell aufgeben, weil Sie das Ganze für Zeitverschwendung halten und nicht glauben, dass Sie in Erregung geraten können. Doch wenn Sie sich die notwendige Zeit dafür nehmen, wird das Qi im Lebermeridian gestärkt und kann möglicherweise die Stauung auflösen, die zu der Depression geführt hat. Denken Sie daran, dass das Problem emotionaler oder energetischer Natur ist; gehen Sie es auf dieser Ebene an und lassen Sie sich nicht durch die Symptome auf der sexuellen Ebene noch mehr deprimieren.

Patienten mit Depression empfehle ich ein häufiges Liebesspiel von relativ kurzer Dauer, wobei das Ziel einzig und allein darin besteht, das Qi in Bewegung zu bringen. Dies ist meist effektiver, als gelegentlich einen Marathon mit zahlreichen Orgasmen zu versuchen. Eine Warnung: Dies sollte nicht als Ersatz für die Behandlung der Depression betrachtet werden. Setzen Sie den Sex nicht ein, um einer Konfrontation mit emotionalen Problemen aus dem Weg zu gehen.

Menschen mit chronischer Depression sollten einen Psychologen oder Arzt für Psychotherapie konsultieren. Ich empfehle darüber hinaus auch einen Besuch bei einem Therapeuten mit Ausbildung in chinesischer Medizin. Akupunktur, chinesische Heilkräuter und individuelle Hinweise, die auf dem energetischen Profil des Betreffenden beruhen, können bei der Behandlung einer Depression sehr wirksam sein. Wenn die Depression durch Beziehungsprobleme verursacht oder verschlimmert wurde, sollten Sie außerdem die Hilfe eines Paartherapeuten in Anspruch nehmen.

Unfruchtbarkeit

Unfruchtbarkeit kann das Liebesleben schwer beeinträchtigen, weil die Gefahr besteht, dass das Paar nur noch Sex hat, um zu zeugen. Der Druck kann so stark werden, dass jede

Spontaneität verloren geht. Und wenn Sie Sex miteinander haben, ohne ihn wirklich zu wollen, so erhält der Körper gemischte Signale. Das Qi staut sich dann, statt frei zu den Genitalien zu fließen. Daneben belastet die zunehmende Frustration durch die vergeblichen Versuche die Leber ebenso wie die Abbauprodukte etwaiger fruchtbarkeitssteigernder Medikamente, die Sie zu sich nehmen. All diese Faktoren können den natürlichen Fluss des sexuellen Qi behindern.

Zwei Dinge sollten Sie grundsätzlich zum Thema Unfruchtbarkeit wissen:

1. Es gibt durchaus Möglichkeiten. Die moderne Medizin hat in dieser Richtung bereits wahre Wunder geleistet. Allerdings ist die Erfolgsquote noch relativ niedrig, die Kosten sind extrem hoch und die emotionale Belastung kann ebenfalls schwerwiegen. Aus der Sicht der Traditionellen Chinesischen Medizin hat dieses Problem verschiedene Ursachen: Der Mann verfügt möglicherweise über eine zu geringe Spermienzahl, verursacht durch einen Yin-Mangel im Nierensystem; die Spermien sind aufgrund eines Yang-Mangels relativ unbeweglich; die Samenflüssigkeit ist aufgrund eines Yin-Mangels zu zäh. Aufseiten der Frau kann die Yin-Energie zu schwach sein, um eine Befruchtung des Eis durch den Samen zu ermöglichen, verursacht zum Beispiel durch einen hektischen Lebensstil oder emotionale Probleme (häufig, wenn Frauen älter werden). Oder ihre Yang-Energie reicht nicht aus, um den Fötus in der Gebärmutter zu halten, sodass Fehlgeburten auftreten können. Indem die Behandlung mit chinesischer Medizin die tieferen Ursachen identifiziert und korrigiert, kann sie bei Unfruchtbarkeit häufig wirksam helfen und gleichzeitig die Sexualität des Paares verbessern.

2. Schützen Sie Ihr Liebesleben vor negativen Belastungen. Wenn Sie versuchen, ein Kind zu zeugen, ist es wichtig, die Bereiche Fortpflanzung und Liebesleben zu trennen. Wenn Sie Sex nur noch als Befruchtungsakt betrachten, kann er auf Dauer so sehr mit Schmerz und Frustration in Verbindung gebracht werden, dass jede Romantik erlischt. Eine Lösung für dieses Problem ist, Zeiten festzusetzen, in denen Sie sich dem Liebesspiel um seiner selbst willen widmen, ohne jeden Gedanken an Fortpflanzung. Sex ohne Ejakulation und Liebesspiel ohne Penetration sind dabei besonders günstig, da sie Lust und Intimität schenken, ohne dass eine Empfängnis dabei möglich wäre.

Schwangerschaft und Sex

Manchmal schwindet das sexuelle Interesse einer Frau während der Schwangerschaft. Der Körper verweigert sich möglicherweise, weil er die Nierenenergie zu bewahren versucht, die für die Schwangerschaft benötigt wird und durch üblichen Sex aufgebraucht wird. Solche Signale sollten in jedem Fall beachtet werden. Andererseits kann die Frau auch sehr viel sexuelles Interesse haben. Für die Schaffung eines neuen Lebens wird viel Qi benötigt und ihr Körper versucht sich dann beim Partner einzudecken. Oder ihre Niere holt sich Energie zur Unterstützung der Schwangerschaft aus den übrigen Organen und dieser Energiezustrom verstärkt ihr Verlangen.

Um herauszufinden, ob eine Veränderung Ihres sexuellen Verlangens eventuell ein Symptom für Energiemangel ist, sollten Sie sich Ihre tägliche Routine genau ansehen. Sind Sie ständig auf Trab? Legen Sie genügend Pausen ein? Fühlen Sie sich häufig überdreht? Wenn Ihr ganzes System auf Höchstgeschwindigkeit läuft, gilt das vermutlich auch für Ihre Sexualität. In diesem Fall sollten Sie sich mehr Ruhe gönnen (empfehlenswert ist ein Mittagsschlaf), mehr Flüssigkeit zu sich nehmen (vorzugsweise ungekühlt) und warme, leicht verdauliche Mahlzeiten essen. Nehmen Sie Vitamin- und Mineralstoffpräparate ein. Akupunktur und chinesische Heilkräuter sind ebenfalls empfehlenswert. Sie können helfen, die Schwangerschaft gesund und ohne Symptome durchzustehen und die Geburt zu erleichtern.

Eine Schwangerschaft ist in der Regel eine gute Zeit für Sex. Die Frau ist noch schöner als sonst, da ihr Reservoir an Nierenenergie für die Schwangerschaft angezapft wird, was ihr dieses ganz besondere Strahlen verleiht. Viele schwangere Frauen sind stolz auf ihren Körper und können daher mehr Selbstvertrauen und weibliche Kraft in das Liebesspiel einbringen. Außerdem lieben sich die meisten Paare in dieser Zeit vorsichtiger und bewusster, um Mutter und Baby zu schützen. Wenn Ihnen Ihr Arzt nicht Sex aus einem medizinischen Grund verboten hat (z. B. wegen zu hohen Blutdrucks), können Sie getrost von dieser Prämisse ausgehen: Wenn Ihr Körper stark genug ist, um ein Baby auszutragen, ist er auch stark genug für Sex, ohne dass es der Schwangerschaft schadet.

Ein großer Vorteil von Sex während der Schwangerschaft – abgesehen davon, dass es keinen Grund gibt, sich über eine mögliche Schwangerschaft Sorgen zu machen – ist die Tatsache, dass die Kreativität dabei angeregt wird. Der Mann und die Frau sind dabei gezwungen, neue Wege und Möglichkeiten für die Lust zu finden und neue Stellungen auszuprobieren.

Positionen, bei denen der Mann von hinten eindringt, während die Frau sich mit Händen und Knien abstützt oder auf der Seite liegt, eventuell mit einem Kissen zwischen den Beinen, sind während der gesamten Schwangerschaft möglich. Empfehlenswert für das mittlere Drittel sind Stellungen, bei denen die Frau auf dem Rücken liegt und der Mann am Fuß des Bettes steht oder kniet, wodurch sie nicht mit seinem Gewicht belastet wird. Im letzten Drittel sind seitliche Positionen günstig. Die Frau liegt dabei auf der Seite und hebt das obere Bein an, während der Mann hinter ihr liegt und von hinten in sie eindringt.

Heilungsübung

Jedes Paar – auch wenn es unter keinem der hier erwähnten Probleme leidet – kann sein Schlafzimmer energetisch aufladen, indem es sich Zeit für sexuelle Heilung nimmt. Wir tragen alle mehr oder weniger Narben von vergangenen Verletzungen, Schmerzen oder Frustrationen im sexuellen Bereich in uns, die unsere Sexualität beeinflussen können, ohne dass wir es wissen. Der Körper speichert diesen Schmerz meist in den Muskeln. Aus diesem Grund können Erinnerungen an frühere Traumata auftauchen, wenn wir berührt werden.

Die Yin- und Yang-Aspekte unserer Sexualität erfahren Schmerz unterschiedlich. Yang ist die initiierende Kraft und daher besonders empfindlich gegen Zurückweisung. Wird ein Angebot abgelehnt oder eine romantische Hoffnung zerstört, ist das Yang-Qi verletzt. Yin-Energie, die empfangende Kraft, wird dagegen verwundet, wenn man sie verlässt. Wenn der Partner sich aus der Beziehung zurückzieht oder die Bedürfnisse des anderen nicht beachtet, wird Yin verletzt.

Verletzungen von Yin und Yang können beide Geschlechter betreffen, doch ist eine Verletzung des primären Wesenszuges wahrscheinlicher. Da Männer vorwiegend Yang-orientiert und gewöhnlich im Spiel der Geschlechter die Aktiven sind, haben sie meist Verletzungen ihrer Yang-Energie erlitten. Yin-Verletzungen tauchen häufiger bei Frauen auf, vor allem, wenn ihre Partner in der Sexualität zu hastig, egoistisch oder nicht unterstützend sind. In beiden Fällen führen die Verletzungen zu Störungen im Fluss des Qi. Dadurch ist weniger Yin bzw. Yang verfügbar und der Mangel zeigt sich in entsprechendem Verhalten. Wird die Verletzung nicht geheilt, möglicherweise sogar weiter vertieft, können körperliche Symptome auftauchen. Sie beginnen im Beckenbereich, zum Beispiel in Form von Prostataschwellungen bei Männern und Myomen oder Menstruationskrämpfen bei Frauen. Die Stauung kann sich später fortpflanzen und zu weiteren Problemen führen, die von Verdauungsstörungen über Verspannungen in Hals und Nacken, trockene Augen und Kopfschmerzen bis hin zu Depression und emotionalen Störungen reichen können.

Eine gute Art, solche Verletzungen zu heilen, ist, wenn Sie über sie sprechen, weil dadurch die gestaute Energie in Bewegung gesetzt wird. Geben Sie einander also Gelegenheit, sich über vergangene sexuelle und erotische Verletzungen auszutauschen – über die größeren und kleineren Wunden aus alten Beziehungen ebenso wie aus der gegenwärtigen. Wenn dies mit Liebe und Vertrauen geschieht, kann es Sie einander sehr viel näher bringen und ganz nebenbei auch zu besserem Sex führen. Ich empfehle, diese Übung abwechselnd zu machen und die Zeit jeweils auf zehn Minuten zu begrenzen. Achten Sie darauf, nicht in Anklage oder Beschuldigung zu verfallen, sondern nur den eigenen Schmerz auszudrücken.

Eine andere Möglichkeit zur Heilung alter Wunden besteht darin, zwanzig bis dreißig Minuten für jeden Partner zu reservieren, in dem er alles erhält, was er oder sie möchte. Das kann von liebevollen Komplimenten über eine Massage bis hin zu besonderen sexuellen Wünschen reichen. Der Gebende sollte seine Aufmerksamkeit ganz auf die Wünsche des Partners richten und sie liebevoll und großzügig erfüllen.

Für die Heilung tieferer Wunden empfehle ich einen Prozess, der den Körper mit einschließt. Die folgende Übung kann

- den Fluss von Qi in die Genitalien erleichtern,
- die körperliche Erinnerung an alte Traumata auslöschen,
- die Muskeln im Beckenbereich entspannen,
- Vertrauen und Intimität zwischen den Partnern festigen.

Denken Sie daran, dass das Ziel die sexuelle Heilung ist, nicht die sexuelle Erregung. Nehmen Sie sich mindestens eine Stunde Zeit, in der Sie und Ihr Partner allein und ungestört sein können. Während dieser Zeit ist einer von Ihnen der Gebende, der andere der Empfangende. Diese Rollen sollten während jeder Sitzung durchgängig beibehalten werden; beim nächsten Mal wird dann getauscht.

Schaffen Sie eine freundliche, angenehme Atmosphäre. Vielleicht möchten Sie leise, entspannende Musik spielen, eine Kerze anzünden, Räucherstäbchen abbrennen oder Blumen neben das Bett stellen. Das Licht sollte nicht zu hell, aber auch nicht zu schwach sein, sodass Sie einander sehen und sich in die Augen schauen können. Der Raum sollte weder zu kalt noch zu warm sein. Vielleicht möchten Sie vorher zusammen duschen oder ein Bad nehmen.

Der empfangende Partner sollte eine Haltung von Vertrauen und Hingabe einnehmen. Ob männlich oder weiblich, dies ist eine Gelegenheit, die Yin-Energie auszudrücken und vollkommen empfänglich zu sein. Wenn Sie Probleme damit haben, Ihrem Partner zu vertrauen, sollten Sie dieses Thema vorher offen und ehrlich ansprechen.

Der gebende Partner sollte eine Haltung von Großzügigkeit und Kraft einnehmen. Lassen Sie die ganze Fülle Ihrer

Yang-Kraft zum Vorschein kommen. Geben Sie reichlich und auf kreative Art und Weise, wobei Sie aufmerksam auf den Partner achten und aus seinen Reaktionen ablesen, wie Sie noch wirksamer geben können.

Der empfangende Partner legt sich nackt hin. Legen Sie eine leichte Decke oder ein Tuch bereit, um sich bei Bedarf zudecken zu können.

Der gebende Partner massiert den anderen sanft und liebevoll. Wenn Sie möchten, können Sie dabei eine duftende Lotion oder ein Massageöl verwenden. Beginnen Sie bei den Füßen und bewegen Sie sich langsam die Beine hoch, wobei Sie die Muskeln entspannen und Blut und Qi in Richtung Becken bewegen, ohne die Genitalien zu berühren.

Dann gehen Sie zu Händen und Armen über, anschließend Gesicht, Brust, Bauch und Unterleib, wobei Sie sich langsam in Richtung Genitalien bewegen (siehe auch Kapitel 4).

Der empfangende Partner kann Worte, Seufzer oder Gesten verwenden, um den anderen wissen zu lassen, wenn etwas schmerzhaft ist oder ein Bereich besondere Aufmerksamkeit benötigt. Denken Sie daran, tief zu atmen und sich Raum für Gefühle zu geben – lassen Sie alle Laute und Geräusche zu, die kommen wollen.

Sowie Sie sich beide ausreichend entspannt fühlen, kann sich der gebende Partner auf den Beckenbereich konzentrieren, vom Unterbauch bis zu den Oberschenkeln. Massieren Sie so fest wie möglich, ohne dass es schmerzhaft wird. Richten Sie Ihre Aufmerksamkeit dabei auf folgende Bereiche:

- das Gewebe unmittelbar über und unter dem Schambein,
- die Innenflächen der Oberschenkel,
- die Leistengegend, dort wo die Beine in die Hüften übergehen,
- das Perineum (der Bereich zwischen Genitalien und After).

Bei den meisten Menschen sind in diesen Bereichen sehr viele Spannungen gespeichert, Gefühle aus alten Erfahrungen sind als Körpererinnerung hier gelagert. Es geht bei dieser Übung darum, alle Spannungen und energetischen Blockaden aufzulösen, die einen vollständigen und gesunden sexuellen Ausdruck verhindern.

Viele Paare empfinden diese Übung als äußerst wohltuend und entspannend, doch es können dabei auch festgehaltene Gefühle aus alten schmerzhaften Erfahrungen freigesetzt werden. Alles Mögliche kann dabei hochkommen – Ärger, Angst, Schmerz, Schuld, Scham usw. Manche dieser Gefühle, positive wie negative, können dabei auf den gebenden Partner gerichtet sein. Wenn dies geschieht, sollten Sie immer daran denken, dass dies eine positive Erfahrung ist. Das Freisetzen aufgestauter Gefühle ist ein wichtiger Aspekt von Heilung. Dabei ist es wichtig, dass der empfangende Partner sich im Ausdruck seiner Gefühle nicht zurückhält, dabei aber nicht in die Anklage geht. Verwenden Sie Formulierungen, die mit »Ich« beginnen, wie: »Ich fühle mich verärgert (verletzt etc.)«, statt zu sagen: »Du bist das Problem.«

Der gebende Partner sollte nichts tun, um den Ausdruck der Gefühle beim anderen zu unterbinden oder zu vermeiden. Seien Sie großzügig. Unterstützen Sie den anderen, indem Sie Sätze flüstern wie: »Es ist gut, ich verstehe dich« oder »Ich bin für dich da«. Gehen Sie nicht ins Argumentieren, Analysieren, Korrigieren, Fragen oder Verteidigen. Und vor allem: Nehmen Sie nichts persönlich, gleichgültig wie persönlich es wird. Wenn die Gefühle sehr intensiv sind, unterbrechen Sie die Massage und halten Sie den anderen einfach nur in Ihren Armen.

Sobald die Emotionen nachlassen, fahren Sie mit der Massage fort und berühren Sie als Erstes sanft die Bereiche, die vermutlich zu dem Gefühlsausbruch geführt haben.

Als Dauer dieser Übung empfehle ich etwa dreißig bis sechzig Minuten. Wenn der empfangende Partner zu irgendeinem Zeitpunkt den Prozess beenden möchte, sollte der Gebende die Massage sofort abbrechen. Am Ende ist es gut, sich gegenseitig zu umarmen und eine Weile ruhig und liebevoll beieinander zu liegen.

Vereinbaren Sie so bald wie möglich den nächsten Termin, bei dem die Rollen dann vertauscht sind. Am besten machen Sie den Prozess zu einem kontinuierlichen Bestandteil Ihres gemeinsamen Lebens. Selbst wenn Ihr Liebesleben befriedigend ist, gibt es immer Möglichkeiten zur sexuellen Heilung.

Zu einem späteren Zeitpunkt können Sie auch die Genitalien in die Massage mit einschließen – mit dem Ziel der Heilung, nicht der sexuellen Erregung. Sie sollten zuvor absprechen, dass Sie die ganze Übung hindurch in Ihren Rollen als Gebender und Empfangender bleiben, gleichgültig wie erregt Sie dabei sind.

Natürlich können Sie *im Anschluss* an den Prozess ohne weiteres zu einem Liebesspiel übergehen. Nach der Intimität einer solchen Übung kann das eine besonders intensive Erfahrung sein. Tun Sie es jedoch nur, wenn beide Partner es wirklich wollen und sich dabei wohl fühlen.

8.
Ein einzelnes Boot auf dem Fluss
Das Leben als Single

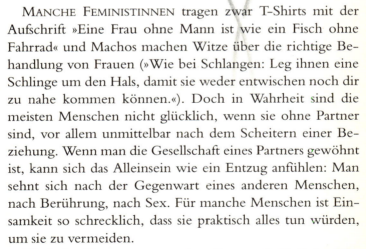

Als Mann und Frau schuf er sie.
GENESIS 1,27

MANCHE FEMINISTINNEN tragen zwar T-Shirts mit der Aufschrift »Eine Frau ohne Mann ist wie ein Fisch ohne Fahrrad« und Machos machen Witze über die richtige Behandlung von Frauen (»Wie bei Schlangen: Leg ihnen eine Schlinge um den Hals, damit sie weder entwischen noch dir zu nahe kommen können.«). Doch in Wahrheit sind die meisten Menschen nicht glücklich, wenn sie ohne Partner sind, vor allem unmittelbar nach dem Scheitern einer Beziehung. Wenn man die Gesellschaft eines Partners gewöhnt ist, kann sich das Alleinsein wie ein Entzug anfühlen: Man sehnt sich nach der Gegenwart eines anderen Menschen, nach Berührung, nach Sex. Für manche Menschen ist Einsamkeit so schrecklich, dass sie praktisch alles tun würden, um sie zu vermeiden.

Nach der Trennung von seiner Frau nach fünfzehn Jahren Ehe machte sich Bert sofort auf die Suche nach einer neuen Beziehung. Er gab eine Bekanntschaftsanzeige auf, noch bevor er eine neue Wohnung gefunden hatte. Schon nach einer Woche hatte er sich mit einer anderen Frau getroffen und war mit ihr im Bett gewesen. Die nächsten vier Monate verbrachte er fast jeden Tag mit ihr, wobei er sie argwöhnisch beobachtete. Die Beziehung endete, als seine neue Freundin ihn wegen eines anderen Mannes verließ. Daraufhin schaltete er Anzeigen in drei verschiedenen Zeitungen, trat einem Single-Club bei und fragte alle Freunde nach allein stehenden Frauen in ihrem Bekanntenkreis.

Zwei Wochen später kam er in meine Praxis. Er fragte sich, warum seine neue Bekannte nicht mit ihm ins Bett wollte. Schließlich hatten sie sich bei ihren drei ersten Treffen doch wunderbar verstanden.

»Bert, warum machen Sie das?«, fragte ich ihn.

»Mache ich was?«

Ich erklärte ihm klipp und klar, dass sein Verhalten mir wie eine Flucht vor dem Schmerz des Alleinseins erschien und dass seine Jagd nach Ablenkung schließlich seiner Gesundheit und seinen Gefühlen schaden würde.

»Ach nee, es geht mir gut«, meinte er. »Ich mag nur lieber mit jemandem zusammen sein als allein.«

»Es gibt aber Zeiten, in denen es wichtig ist, allein zu sein«, antwortete ich ihm. »Und wenn Sie das können, werden auch Ihre Beziehungen besser laufen.«

Natürlich gibt es Ausnahmen, aber die meisten alleinlebenden Menschen sehnen sich irgendwann nach Zweisamkeit. Wenn wir unser Verhalten, unsere Einstellungen und Ideen auch umstellen, so bleibt unser Körper doch vorwiegend Yin- oder Yang-orientiert und braucht die gegensätzliche Energie, um sich vollständig zu fühlen. Es ist schon die spirituelle Disziplin eines Mönchs oder einer Nonne nötig, um in länger dauernder Abstinenz innere Zufriedenheit und Ganzheit zu finden. Und selbst Papst Johannes Paul II. hat zugestanden, dass es schwierig sein kann, das Zölibatsgelöbnis zu halten.

Es ist vielleicht nicht gerade der Himmel auf Erden, aber die Hölle muss es deshalb noch lange nicht sein. Alleinsein kann eine wunderbare Möglichkeit zur Heilung und zum Wachstum sein, eine Gelegenheit, sich selbst so lieben und achten zu lernen, dass es leichter wird, auch andere zu lieben und zu achten. Nach innen zu gehen, ist ein Ausdruck von Yin. Wenn Ihnen dies gut gelingt, werden Sie anschließend besser gerüstet sein, um die Aufmerksamkeit wieder nach außen zu lenken, in die Yang-Richtung, und sie auf einen Partner zu richten, mit dem Sie zusammen ein Ganzes erschaffen können, das größer ist als die Summe der individuellen Teile. Man kennt einen anderen Menschen nur so gut wie sich selbst und wird in das Herz eines anderen nur so tief blicken, wie man in das eigene geschaut hat.

Grob zusammengefasst könnte man die Aufgabe beim Alleinsein in drei Schritte aufteilen: den Schmerz der Vergangenheit zu heilen, eine befriedigende Gegenwart zu schaffen und sich auf eine bessere Beziehung in der Zukunft vorzubereiten.

Heilung nach einer Trennung

Noch nie habe ich Gesellschaft gefunden,
die mich so befriedigt hat wie das Alleinsein.
HENRY DAVID THOREAU

Wenn eine Beziehung zerbricht, ist es wichtig, dass Sie sich selbst Zeit geben, um mental, emotional, körperlich und sexuell zu heilen.

Mentale Heilung

Wie bereits erwähnt werden wir häufig von Menschen angezogen, deren energetische Stärken unsere eigenen Schwächen ausgleichen. Daher besteht eine wichtige Übung darin, die Qualitäten und Eigenschaften aufzulisten, die Sie bei Ihrem Expartner bewundert, gemocht oder gebraucht haben. Stellen Sie sich besonders folgende Fragen:

- Welche Eigenschaften fand ich zu Beginn der Beziehung besonders attraktiv?
- Was sorgte dafür, dass während der Beziehung mein Interesse erhalten blieb?
- Was an ihm oder ihr hat mich inspiriert?
- Was vermisse ich am meisten?

Sinn dieser Übung ist es, Eigenschaften und Qualitäten zu identifizieren, die Sie *in sich selbst* entwickeln können. Indem Sie die Lücken in Ihrer Persönlichkeit füllen, können Sie sich etwas geben, was Sie im Moment noch von jemand anderem zu brauchen scheinen. Das wird Ihnen nicht nur mehr Stärke für die Zeit des Alleinseins geben, sondern Sie auch attraktiver und anziehender machen – für Partner, die stärker und vollständiger sind als die aus Ihrer Vergangenheit.

Emotionale Heilung

Auch wenn es seltsam klingen mag, so ist es doch am leichtesten, über einen Verlust hinwegzukommen, wenn man sich erlaubt, den Schmerz dieses Verlustes voll und ganz zu fühlen. Psychologische Experimente haben gezeigt, dass Menschen, die für eine gewisse Zeit nicht an ein bestimmtes Thema denken sollen, sich später mit größerer Intensität damit beschäftigen als jene, die sich die Zeit nehmen, bewusst darüber nachzudenken. Werden Gefühle verleugnet oder unterdrückt, können sie überproportionale Bedeutung bekommen, sodass man sich am Ende obsessiv genau damit beschäftigt, was man eigentlich vermeiden wollte. Aus der Sicht der chinesischen Medizin ist es wichtig für die Gesundheit, jede auftauchende Emotion auch wirklich zu fühlen und zu leben. Wenn Gefühle ausgedrückt werden, so wird das in ihnen gebundene Qi frei und kann wieder für andere Zwecke verwendet werden.

Möglicherweise können Sie tagsüber nicht weinen, vor Wut schreien oder auch lachen, wenn Ihnen gerade danach zumute ist. Aber wenn Sie eine bestimmte Zeit dafür reservieren, in der Sie sich mit den Gefühlen beschäftigen, die im Alltagsleben unterdrückt werden müssen, kann jeder Liebeskummer leichter geheilt werden.

Es kann sein, dass Sie durch mehrere Zyklen von Gefühlen gehen müssen, bevor Sie sich vollständig gesund fühlen. Auf Trauer, Erleichterung, Angst, Wut, Sorge und Freude kann wieder Trauer, Erleichterung, Angst, Wut, Sorge und Freude folgen, und das mehrere Male. Wenn immer wieder düstere Stimmungen auftauchen, betrachten Sie dies nicht als Zeichen eines Rückfalls oder einer Verschlimmerung. Es ist einfach ein Teil des normalen Trauerprozesses.

Körperliche Heilung

Der Körper ist in Zeiten von emotionalem Chaos sehr verwundbar, da das schützende Qi (die Abwehrkraft) beim Verarbeiten der Gefühle verbraucht wird. Auch braucht der Körper länger zur Heilung als Kopf oder Herz. Deshalb sollten Sie sich nicht etwa in die Arbeit stürzen, um den Schmerz zu vergessen. Seien Sie nachsichtig mit sich selbst.

Behandeln Sie sich so wie Ihren besten Freund, wenn er in einer entsprechenden Situation wäre.

Besonders wichtig ist es, die Atemwege zu schützen. Kennen Sie das Lied »Adelaides Lament« aus dem Musical *Guys and Dolls*? Darin klagt sie, dass man vor lauter Warten auf den Heiratsantrag des Liebsten glatt einen Schnupfen kriegen könnte. Aus der Sicht der chinesischen Medizin ist das sehr klug gedacht, denn Traurigkeit schwächt die Lunge und kann zu Erkältungen, Allergien oder Asthma führen.

Es ist ebenso nichts Ungewöhnliches, wenn Sie während dieser Zeit Heißhunger auf bestimmte Dinge entwickeln, zum Beispiel auf Schokolade. Schokolade wird als bitteres Kraut und als Yang-betontes Herztonikum betrachtet. Sie wärmt das Herz und übernimmt damit die Rolle des einstigen Geliebten. Eine kleine Menge Schokolade kann durchaus gut für das Herz sein – dies haben neuere medizinische Forschungen gezeigt –, aber zu viel davon wirkt eher wie ein Sedativum. Vielleicht haben Sie auch Lust auf Kaffee, Alkohol oder Drogen; sie beeinflussen die Leber, die den Gefühlsbereich reguliert. Menschen greifen manchmal zu diesen Substanzen, um ihren Schmerz zu betäuben. Die Leber ist dann so sehr mit dem Abbau dieser Gifte beschäftigt, dass ihr die Kapazität für die Beschäftigung mit den Gefühlen fehlt. Das führt zwar zu einer vorübergehenden Erleichterung, doch langfristig zu einer Schädigung des Organs und zu einer Verlängerung des Trauerprozesses.

Das Beste ist Maß halten in allem, auch in der Mäßigung. Während des Heilungsprozesses brauchen Sie sich ein gelegentliches Trostpflaster nicht zu verweigern – sei es eine üppige Mahlzeit oder ein großes Stück Schokoladenkuchen –, wenn es Ihnen damit besser geht. Doch übertreiben Sie es nicht. Und suchen Sie gesunde Alternativen. Lassen Sie sich von jemandem umarmen, statt zu rauchen. Sorgen Sie für körperliche Bewegung, statt Alkohol zu trinken. Gerade körperliche Bewegung spielt eine sehr große Rolle, da sie für die Zirkulation von Qi im Körper sorgt.

Zusätzlich zu den allgemeinen Hinweisen in Kapitel 9 mache ich hier einige Vorschläge, wie Sie im Heilungsprozess nach einer Trennung gut für Ihren Körper sorgen können:

- Achten Sie auf ausreichend Schlaf. Gönnen Sie sich so viel Schlaf, wie Sie wirklich brauchen, und nicht die Menge, von der Sie annehmen, dass Sie ausreichend ist. Gehen Sie etwas früher zu Bett, damit Sie genug Schlaf bekommen, und machen Sie ein Nickerchen zwischendurch, wenn Ihnen danach zumute ist. Wenn der Körper mit der Verarbeitung eines Verlustes beschäftigt ist, ermüdet er rasch.
- Sorgen Sie für gesunde Ernährung. Auch wenn Sie keinen Appetit haben, sollten Sie trotzdem regelmäßig etwas essen – wenigstens zwei Mahlzeiten am Tag. Wenn Sie sich jetzt nicht ausreichend ernähren, kann dies möglicherweise später zu Heißhungeranfällen und damit zu einer Gewichtszunahme führen.
- Halten Sie sich warm, besonders im Bereich von Brust, Hals und Rücken. Viele akute Atemwegserkrankungen treten in diesen Bereichen auf und Trauer macht uns anfälliger dafür. Tragen Sie einen Schal, eine Mütze oder einen Hut, wenn es besonders kalt ist, und ziehen Sie sich lieber zu warm als zu kalt an.
- Nehmen Sie öfter ein heißes Bad oder eine ausgiebige heiße Dusche. Das entspannt die Muskeln und beruhigt die Nerven. Halten Sie sich in der Nähe von Wasser auf (Schwimmen, Segeln, an einem See spazieren gehen), denn Wasser hat einen beruhigenden Yin-Effekt.
- Lassen Sie sich massieren und umarmen. Berührung hilft dem Körper beim Übergang von einer Beziehung zum

Alleinsein. Gönnen Sie sich eine professionelle Massage, wenn Sie möchten, regelmäßig einmal im Monat oder öfter. Und suchen Sie sich mindestens einmal am Tag jemanden, der Sie in den Arm nimmt.
- Wichtig sind Körperübungen, die entspannend wirken und dabei Bewegung und Atem koordinieren, wie Yoga, Tai Chi, Rudern, Walking oder Jogging.
- Nehmen Sie sich regelmäßig Zeit, nach Innen zu schauen, sei es durch Meditation oder Gebet.
- Verbringen Sie viel Zeit in der Natur. Genießen Sie die Sonne – ihre Wärme nährt die Yang-Energie im Körper, während das Mondlicht den Yin-Aspekt stärkt.
- Setzen Sie sich mit dem Rücken zu einem offenen Feuer, denn ein warmer Rücken stärkt die Niere.
- Suchen Sie sich ein neues Hobby oder neue Interessensgebiete. Wenn der Kopf zufrieden ist, kann das Qi im Körper besser fließen. Intellektuelle Beschäftigungen ziehen das Qi aus dem Becken in den Kopf.

Sexuelle Heilung

Unabhängig davon, was der Anlass für die Trennung war, ist eine sexuelle Heilung immer hilfreich. Wie bereits erwähnt, hinterlassen sexuelle Wunden – sei es ein starkes Trauma wie Vergewaltigung oder eine emotionale Verletzung wie Zurückweisung oder Demütigung – eine energetische Narbe im Körper.

In Kapitel 6 finden Sie eine Übung, um die Achtung vor der eigenen Weiblichkeit zu stärken (siehe Seite 216 f). Ich empfehle allen allein stehenden Frauen, diese Übung zu praktizieren, besonders wenn ihr sexuelles Selbstvertrauen durch eine Zurückweisung oder Trennung verletzt worden ist. Lernen Sie den Mittelpunkt Ihrer Sexualität kennen und lieben. Wenn Sie die Schönheit dieser Körperbereiche anerkennen können, wird es Ihnen leichter fallen, sie ohne Scham mit dem nächsten Mann in Ihrem Leben zu teilen.

Das Selbstvertrauen eines Mannes hängt ebenfalls damit zusammen, wie er sich sexuell sieht. Ein Mann, der seinen Penis für zu klein hält, wird sich auch als Mensch klein fühlen; wer ihn für unzuverlässig oder unkontrollierbar hält, hat insgesamt wenig Selbstvertrauen. Lernen Sie Ihren Penis kennen. Betrachten Sie ihn im Spiegel. Erforschen Sie seine Falten und Spalten, die Landkarte seiner Venen, seine Topologie und sein Terrain. Berühren Sie ihn mit Respekt. Sehen Sie ihn so an, wie ihn die nächste Frau in Ihrem Leben sehen soll. Je mehr Sie Ihre Genitalien achten und je vertrauter Sie mit ihnen sind, desto sicherer werden Sie sich fühlen, wenn eine Frau Ihnen nahe kommt, und umso mehr werden Sie ihr sexuell geben können.

Erfolgreiche Abstinenz

Unfreiwilliges Zölibat kann eine Qual sein, muss es aber nicht. Mit der richtigen Einstellung und einer entsprechenden Lebensweise kann eine Zeit der Abstinenz eine gute Gelegenheit für Erneuerung und Selbsterkenntnis sein.

Menschen, die nach einer Beziehung plötzlich allein sind, reagieren meist nach zwei unterschiedlichen Mustern: Die einen wollen sofort wieder Sex, egal mit wem; die anderen können sich Sex für die nächste Zeit erst einmal überhaupt nicht vorstellen. Beide Reaktionen sind absolut verständlich. Da die Lunge das Mutterorgan der Niere im Ernährungszyklus ist, fühlen sich Menschen selten sexy, wenn sie traurig sind. Die Lunge verbraucht so viel Qi, um mit der Trauer fertig zu werden, dass nicht genügend für die Niere übrig bleibt, was zu verringertem sexuellem Verlangen führt. Das andere Extrem – sofort nach einer Trennung mit dem oder der Nächstbesten ins Bett zu gehen – entspricht in etwa dem Heißhunger auf Schokolade oder Alkohol. Es ist ein Symptom der Trauer, eine Methode des Körpers, mit einem Verlust umzugehen. Wie bei jedem Heißhunger kann es auch hier ungut sein, ihm allzu sehr nachzugeben.

Gemäß der Lehren der chinesischen Medizin ist es empfehlenswert, nach einer Trennung nicht sofort wieder sexuell aktiv zu werden, und zwar aus verschiedenen Gründen: Wenn Sie sich in einer Beziehung zu früh auf Sex einlassen, wird oft Ihr Urteilsvermögen getrübt und Ihr Sinn für die Realität verzerrt. Das gilt verstärkt nach einer gescheiterten Beziehung und führt dann zu dem bekannten Phänomen, dass Sie sich in jemanden verlieben, der überhaupt nicht zu Ihnen passt. Der Schauspieler Robin Williams hat einmal gesagt, dass Gott den Männern einen Kopf und einen Penis gegeben hat, aber nur genug Blut für eines dieser Organe zur gleichen Zeit. Wenn Sie dies auf Frauen übertragen und dabei Blut durch Qi ersetzen, haben Sie eine ziemlich exakte Begründung dafür, warum die chinesische Medizin eine Zeit der Abstinenz zwischen intimen Beziehungen empfiehlt.

Ein weiterer Grund besteht darin, dass Sex Sie mit dem energetischen Profil des Partners verbindet. Wenn Qi für das emotionale Gleichgewicht benötigt wird – und das ist nach einer Trennung meist der Fall –, sind Sie anfälliger für jedes Ungleichgewicht Ihres Partners. Die körperliche Nähe fühlt sich vielleicht gut an, doch wenn die Verbindung aus einer energetischen Sicht nicht besonders günstig ist, kann es während dieser ohnehin schwierigen Zeit zu zusätzlicher Verwirrung und Instabilität kommen. Das gilt vor allem dann, wenn Ihr früherer Partner Ihre eigenen energetischen Schwächen ausgeglichen hat.

Ein dritter Grund für kluges Abwarten ist die Tatsache,

dass verfrühter Sex dazu führen kann, dass Sie sich anschließend noch schlechter fühlen. Der körperliche Kontakt besänftigt vielleicht zeitweise den Schmerz, doch wenn Ihr Körper noch nicht wirklich bereit ist, von einem anderen zu empfangen, kann es beim Sex zu einer Qi-Stauung kommen, was zu einem leeren, tauben Gefühl und verstärktem seelischem Schmerz führt. Die sexuelle Berührung kann Körpererinnerungen an frühere Erlebnisse wieder hochkommen lassen, die den Trauerprozess erschweren.

Eine Zeit der Abstinenz gibt Ihnen nicht nur Gelegenheit, Ihre Wunden heilen zu lassen, sie hilft Ihnen auch, Ihr inneres Gleichgewicht wieder zu finden und Ihre Energien auf eine neue, unabhängige Dynamik umzustellen. Wie viel Zeit sollten Sie sich dafür nehmen? Das hängt von der Dauer Ihrer vergangenen Beziehung ab, der Größe Ihres Verlusts und der Intensität Ihres Heilungsprozesses. Im Allgemeinen gilt: Je intensiver die Gefühle von Schmerz, Wut, Angst und Verwirrung sind, desto länger dauert die Heilung.

In einer solchen Periode kann es sehr hilfreich sein, Zeit mit Menschen des anderen Geschlechts zu verbringen. Verwandte, Kollegen und Freunde können zumindest teilweise die Yin- bzw. Yang-Energie ersetzen, die Sie vorher von Ihrem Partner erhielten. Sie können Ihnen auch zu Einsichten verhelfen, die Sie von Ihren gleichgeschlechtlichen Freunden möglicherweise nicht bekommen können. Nach einer Weile möchten Sie vielleicht langsam wieder anfangen, sich mit dem Thema Sex auseinander zu setzen. Wenn Sie sich dazu bereit fühlen, können die folgenden Aktivitäten Ihnen helfen, wieder mit Ihrer Sexualität in Berührung zu kommen, auch wenn Sie noch nicht für eine neue Beziehung bereit sind:

- Schauen Sie sich erotische Filme oder Pornos an.
- Lesen Sie romantische oder erotische Bücher und Gedichte.

- Lassen Sie sich in Situationen, in denen Sie sich sicher fühlen, auf harmlose kleine Flirts ein.
- Gehen Sie zu Partys oder in die Disco, um einfach nur Leute zu beobachten – und nehmen Sie wahr, wie es ist, selbst beobachtet zu werden.
- Ziehen Sie sich sexy an und gehen Sie an einen Ort, wo kein Mensch vom anderen Geschlecht Sie sieht.
- Dann gehen Sie mit derselben Kleidung an einen beliebigen anderen Ort und achten darauf, wie das andere Geschlecht auf Sie reagiert.
- Schreiben Sie mehrere Eigenschaften nieder, die Sie sexy an sich finden.

Abstinenz ist kein Kinderspiel

Nach all dem Gesagten muss nun allerdings auch betont werden, dass längere Abstinenz nicht natürlich und ganz sicher nicht einfach ist. Die alten Weisen wussten bereits, dass Abstinenz die sexuelle Energie stark minimieren und möglicherweise sogar mentale Störungen hervorrufen kann, da sie über den Kontrollzyklus Auswirkungen auf das Herz hat.

Natürlich gibt es in vielen Religionen alte und ehrwürdige Traditionen des Zölibats. Auch der chinesische Taoismus kennt eine solche Tradition. Doch nur Menschen, die gelernt haben, sexuelle Energie zu transformieren und für ihr spirituelles Wachstum einzusetzen, können dies auf Dauer erfolgreich praktizieren. Die anderen quälen sich entweder im Kampf gegen die Versuchung oder erliegen ihr.

Zeitweilige Abstinenz ist jedoch nicht mit einem lange andauernden Zölibat zu vergleichen. In Wirklichkeit ermöglicht sie es dem Körper, eine natürliche Spannung durch erhöhte Konzentration an sexueller Energie aufzubauen. Sie erlangen mehr Kraft und Empfindsamkeit, die Ihnen in der

Zeit nützen kann, wenn Sie schließlich wieder sexuell aktiv werden wollen.

Hier folgen einige Ratschläge, wie sich eine Zeit der Abstinenz am besten überstehen und konstruktiv nutzen lässt:

1. Bringen Sie Ihre Energie in Bewegung. Wie wir bereits gesehen haben, können verschiedene körperliche und geistige Störungen auftreten, wenn sich das sexuelle Qi staut. Die Energie in Bewegung zu halten, beugt aber nicht nur Krankheiten vor, sondern hilft auch gegen die Gefühle von Frustration, die bei längerer Abstinenz auftauchen können.
2. Viel körperliche Betätigung ist eine Möglichkeit, die Energie in Bewegung zu bringen. Arbeiten Sie mit Ihrem Arzt oder einem kompetenten Fitnesstrainer ein für Sie passendes Trainingsprogramm aus. Die sanfte chinesische Bewegungskunst Tai Chi ist sehr empfehlenswert, da sie Qi erzeugt und gleichmäßig im Körper verteilt. Ich empfehle Ihnen auch Yoga-Übungen zur Reduzierung von Spannungen und zur Dehnung des Körpers. Konzentrieren Sie sich vor allem auf Übungen, die Muskeln in Unterleib, Oberschenkeln und Hüften dehnen.
3. Vor allem sollten Sie auch die in diesem Buch vorgestellten Atem- und Visualisierungstechniken praktizieren, die dazu dienen, sexuelles Qi zu kultivieren und zu bewegen. Sie werden seit Jahrhunderten von Laien wie auch von zölibatären Mönchen erfolgreich angewandt. Hier ist nun eine spezielle Variation für alle, die nach einer Trennung unter gebrochenem Herzen leiden: Ziehen Sie bei der Übung des Goldenen Kreises das Qi nach oben und binden Sie es in Ihrem Herzen, während Sie den Atem anhalten. Beim Ausatmen stellen Sie sich vor, dass der Schmerz aus Ihrem Herzen abfließt. Dadurch kann sich die Energie

lösen, die im Herzen angestaut ist, wodurch Platz für das Einströmen von heilendem Qi geschaffen wird.
4. Schützen Sie Ihre Leber. Während Zeiten der Abstinenz ist es wichtig, die Leber nicht zu sehr zu beanspruchen, damit sich nicht noch mehr sexuelle Energie im Becken anstaut. Vermeiden Sie möglichst alle Substanzen, die die Leber stimulieren, wie Kaffee, Alkohol oder Partydrogen. Nehmen Sie auch keine Medikamente, die nicht unbedingt notwendig und von Ihrem Arzt verschrieben worden sind, denn die Leber verbraucht sehr viel Energie für deren Abbau.
5. Lassen Sie sich berühren. Lassen Sie sich stärker auf Familie und Freunde ein. Treffen Sie sich mit ihnen, statt nur zu telefonieren. So können Sie berühren und sich berühren lassen, emotional und auch körperlich. Wir nehmen es meist nicht so deutlich wahr, doch unser Körper vermisst oft Berührung mehr als sexuelle Erleichterung. Wenn Sie die Gelegenheit dazu haben, eine Hand zu halten, den Arm um eine Schulter zu legen oder jemanden zu umarmen, so genießen Sie es. Sollten Sie eine Abneigung gegen Berührungen spüren, so ist dies ganz normal, wenn jemand sexuelle Nähe gewöhnt war und nun plötzlich ohne diese Nähe ist. Es ist jedoch wichtig, sich dieser Tendenz bewusst zu sein und daran zu arbeiten, sonst berauben Sie sich auf Dauer der heilenden Kraft der Berührungen.

Solo-Flüge

Sag nichts gegen Masturbation.
Es ist Sex mit jemandem, den ich liebe.
WOODY ALLEN

Tatsächlich entspricht die chinesische Sichtweise beim Thema Masturbation weniger Woody Allen als D. H. Lawrence, der sagte: »Masturbation bringt nichts als Verlust. Es gibt keine Gegenseitigkeit. Es ist nur das Weggeben von Kraft, ohne dass man dafür etwas erhält.« Da sie den Austausch männlicher und weiblicher Energien für äußerst wichtig hielten, empfahlen die alten Chinesen, dass ein Mann nur im Körper einer Frau ejakulieren sollte. Natürlich standen den Männern, für die dieser Rat gedacht war, so viele Frauen zur Verfügung, dass Masturbation für sie absurd gewesen wäre.

Da Frauen mehr sexuelles Qi besitzen, wurde weibliche Masturbation weniger kritisch gesehen. Eine Frau müsste schon über Jahre hinweg mehrere Orgasmen täglich haben, um ihr Yin-Yang-Gleichgewicht wirklich zu stören und ihr sexuelles Qi zu schwächen. Tatsächlich wurde den Frauen am Hof geraten, durch Masturbation ihre Muskeln zu stärken und sich dabei in den Fertigkeiten zu üben, die sexuelle Meisterschaft ausmachen. Viele alte Sexspielzeuge wurden erfunden, um es den Frauen zu ermöglichen, bei der Masturbation alle Teile von Vulva und Vagina zu stimulieren.

Im Einklang mit den Richtlinien der chinesischen Medizin ausgeführt, kann Selbstbefriedigung beiden Geschlechtern die Schönheit ihrer eigenen Sexualität eröffnen, das Selbstvertrauen stärken und bestimmte Fähigkeiten und Fertigkeiten verbessern. Wer sich selbst sexuell besser kennt, kann auch dem nächsten Liebhaber besser mitteilen, was der eigenen Lust und Befriedigung dient. Hier einige Richtlinien:

1. *Nehmen Sie sich Zeit.* Vor allem Männer betrachten Masturbation häufig als reinen Sprint zur Ziellinie, da sie darin nur die Möglichkeit sehen, sexuelle Spannungen loszuwerden. Manche fühlen sich auch schuldig oder schämen sich dabei. Doch Hast verhindert, dass Sie die ganze Fülle Ihrer Sexualität genießen und mehr daraus lernen können. Es ist weitaus gesünder, langsam und mit Genuss vorzu-

gehen. Sich dem sinnlichen Vergnügen hinzugeben, weckt die Yin-Energie, sodass alle Stufen der Erregung (siehe Kapitel 4) erreicht werden. Ich empfehle, sich mindestens fünfzehn Minuten Zeit zu nehmen, auch wenn Sie es in kürzerer Zeit »schaffen« könnten.

2. *Erzwingen Sie nichts.* Versuchen Sie nicht unbedingt zu einem Orgasmus zu kommen. Wenn Sie sich dabei anstrengen müssen, gehen Sie entweder zu hastig vor oder es ist noch nicht genügend sexuelle Energie in den Genitalien vorhanden. Dies führt dazu, dass Sie Muskelkraft einsetzen müssen, um Qi in den Beckenbereich zu drücken. Doch Anstrengung führt zu Spannungen und entzieht dem übrigen Körper Qi. Es ist nicht nur gesünder, sondern auch insgesamt lustvoller, langsamer vorzugehen.

3. *Experimentieren Sie.* Statt immer nur die vertrauten Dinge zu tun, die Sie zum Orgasmus bringen, sollten Sie Masturbation als eine Gelegenheit betrachten, neue Gefühle und neue Techniken der Erregung zu erforschen. Bewegen Sie Ihr Becken auf unterschiedliche Art und Weise. Probieren Sie die Stellungen und sonstigen Vorschläge in Kapitel 5 aus. Berühren Sie sich selbst – und nicht nur die Genitalien – auf neue und unterschiedliche Weise. Das wird Ihnen mehr Fertigkeiten und Variationsmöglichkeiten für zukünftiges Liebesspiel geben.

4. *Halten Sie Maß.* Wie in Kapitel 6 ausgeführt, kann zu häufiges Ejakulieren die sexuelle Energie des Mannes erschöpfen, während zu wenig den Geist beeinträchtigt und den Sinn für die Realität verzerrt. Warnzeichen, dass Sie zu häufig masturbieren, sind Müdigkeit am späten Nachmittag und schwächere Orgasmen als üblich. Eine Frau hat außerdem möglicherweise Empfindungen von Kälte oder Schwäche im Unterleib oder Rücken, ein Mann im Bereich der Hoden und Lendenwirbelsäule.

Männern würde ich empfehlen, solche Zeiten des Alleinseins zum Üben von Ejakulationskontrolle und zum Zirkulieren sexueller Energie zu verwenden, wie in Kapitel 6 beschrieben.

5. *Berühren Sie den ganzen Körper.* Sorgen Sie dafür, dass alle Teile Ihrer Genitalien stimuliert werden. Frauen neigen dazu, sich nur auf die Klitoris zu konzentrieren, Männer auf die Eichel, um möglichst schnell einen Orgasmus herbeizuführen. Doch wegen der Verbindung der genitalen Reflexpunkte mit den Organen ist eine ausgeglichene Stimulation für Ihren Körper am besten.

6. *Schützen Sie Ihre Energie.* Wenn Sie erregt sind, ist es wichtig, die sexuelle Energie in Bewegung zu halten, denn ein Energiestau im Beckenbereich kann zu Frustrationsgefühlen und zu gesundheitlichen Problemen führen. Verwenden Sie die Übung des Goldenen Kreises in Verbindung mit tiefer Bauchatmung, um das angeregte Qi zu zirkulieren, entweder beim üblichen Höhepunkt oder statt eines konventionellen Orgasmus.

Wenn Sie die Genitalien während des Höhepunkts halten, bleibt das Qi im Körper und kann wieder in den Kreislauf geführt werden. Frauen können die linke (Yin-) Hand über die Vulva und die rechte auf Kehlkopf, Herz, Solarplexus oder Unterleib legen. Männer können mit beiden Händen Penis (vor allem die Eichel) und Hodensack bedecken. Auch ist es wichtig, den Samen mit Respekt zu behandeln, da er noch eine Zeit lang lebendig bleibt, nachdem er den Körper verlassen hat. Wischen Sie ihn nicht einfach verächtlich ab, als wäre es ein Abfallprodukt. Im alten China war es nicht unüblich, dass ein Mann seinen Samen als Elixier zu sich nahm, indem er ihn mit Kräuterauszügen mischte und trank oder durch oralen Sex mit der Frau, in die er ejakuliert hatte, wieder aufnahm.

So weit möchten Sie vielleicht nicht unbedingt gehen, doch versuchen Sie Folgendes: Ejakulieren Sie in die Hand und verreiben Sie die Flüssigkeit auf Ihrem Unterleib, wobei Sie sich vorstellen, dass Sie ihr kraftvolles Qi in sich aufnehmen.

Unmittelbar nach einem Orgasmus sollten Sie Ihre Aufmerksamkeit möglichst auf den Scheitelpunkt des Kopfes richten. Das gilt für Männer wie für Frauen, denn dadurch wird das Qi nach oben in diesen Bereich gezogen und kann nicht so schnell durch die Genitalien verloren gehen. Machen Sie das für etwa drei Minuten, reiben Sie dann die Hände aneinander, bis sie kribbeln, und legen Sie sie auf den Unterleib, sodass ihre Wärme in den Beckenbereich einfließen kann.

Die innere Kraft kultivieren

Wenn Sie sich in einer Zeit des Alleinseins auf eine zukünftige Beziehung vorbereiten möchten, besteht Ihre wichtigste Aufgabe darin, Ihren primären Wesenszug zu entwickeln und zu verstärken. Die Übereinstimmung mit der dominanten Energie des Körpers schenkt Kraft und Ausgeglichenheit. Wenn Sie in Harmonie mit der grundlegenden männlichen oder weiblichen Physiologie Ihres Körpers leben, so ist die Wahrscheinlichkeit größer, dass Sie einen passenden Partner anziehen und das Beste in Ihnen beiden zum Vorschein bringen können.

Alleinsein ist eine ausgezeichnete Gelegenheit, das dem primären Wesenszug entsprechende Verhalten zu kultivieren, da Sie nicht gleichzeitig an einer Beziehung arbeiten müssen. Für einen Mann bedeutet es zu geben, auf die Reaktion zu warten und das Feedback zu verwenden, um angemessener zu geben. Für eine Frau bedeutet es, mit guter Unterscheidungsfähigkeit zu empfangen und das Empfangene in das zu transformieren, was sie wünscht und braucht. (Manche Paare trennen sich auch aufgrund von Problemen mit dem sekundären Wesenszug. Prüfen Sie daher die folgenden Abschnitte im Hinblick darauf, was für Sie als Vorbereitung auf die nächste Beziehung am wichtigsten ist.)

Die weibliche Kraft

Als Julia ihren Mann nach neun Jahren Ehe verließ, fühlte sie eine seltsame Mischung von Trauer und Erleichterung. Erleichterung, weil sie nun nicht mehr von ihrem fordernden Partner energetisch ausgesaugt wurde. »Ich bin völlig leer«, meinte sie. »Ich habe ihm alles gegeben, was ich hatte, doch es hat ihn nicht glücklicher gemacht, weder mit mir noch mit sich selbst.«

Eine andere meiner Patientinnen, Ruth, wunderschön und ein erfolgreiches Model, fühlte sich ebenfalls erschöpft, jedoch aus anderen Gründen. Douglas, ein wohlhabender älterer Mann, hatte sie auf ein herrliches Anwesen auf einer tropischen Insel entführt. Doch ihr starker, gut aussehender Prinz erwies sich als kontrollsüchtig und begann langsam und auf subtile Weise ihr ganzes Leben zu bestimmen. Nach drei Jahren Bilderbuchdasein dämmerte ihr langsam, dass es ihr nicht gut ging. Sie fühlte sich innerlich leer, da sie von ihrer Familie, ihren Freunden und ihrer Karriere abgeschnitten war. Sie hatte mehr Luxus, Schönheit und Komfort, als sie sich je hätte träumen lassen, doch auf Kosten ihrer Autonomie und Selbstachtung.

Es wäre nun für Julia und Ruth leicht gewesen, ihre Lage ihren Partnern zum Vorwurf zu machen und sich als Opfer einer schlechten Entscheidung zu fühlen. Doch das wäre zu einfach. In Wahrheit brachten sie in ihre Beziehung nicht die volle Kraft ihres primären Wesenszugs ein. Julia konzentrierte sich aufs Geben, doch das ist nicht die Aufgabe von Yin. Auf der energetischen Ebene ist es Aufgabe der Frau, zu empfangen, was der Partner und die Umstände ihr bieten, es zu beurteilen, zu entscheiden, was gut für sie ist, und das Empfangene entsprechend umzuwandeln. Wer ständig gibt, so wie Julia, vernachlässigt sich selbst. Um ein drastisches Beispiel zu zitieren: Mutter Teresa war jemand, der so aufs Geben konzentriert war, dass ihre Ärzte sie praktisch bitten mussten, etwas zu essen.

Ruth dagegen erlaubte sich, empfänglich zu sein, doch sie wurde geschwächt von dem, was sie empfing. Ihr fehlte die Fähigkeit zu unterscheiden, was gut für sie war und was nicht. Yin ist nach innen orientiert; wenn es stark ist, sorgt es gut für sich selbst.

Wenn es Frauen an wahrer Empfänglichkeit fehlt, neigen sie manchmal dazu, andere zu kontrollieren. Da sie nicht mit dem umgehen können, was ihnen gegeben wird, finden sie im Vorhinein heraus, was sie brauchen, und versuchen sich dies dann zu holen, indem sie es verlangen oder versuchen, andere entsprechend zu manipulieren. Andere werden rigide in ihrem Verhalten. Da sie nicht fähig sind, neue Informationen aufzunehmen, halten sie an alten Mustern fest – genau das Verhalten, das Frauen den Männern schon seit langem und meist zu Recht vorwerfen.

Manche Frauen werden auch zu Märtyrerinnen. Unfähig, zwischen nährend und destruktiv zu unterscheiden, nehmen sie vor allem Letzteres auf. Der daraus resultierende Schmerz verstärkt ihren Glauben, dass es nicht sicher ist, empfänglich zu sein, sodass sie nur noch geben und geben, selbst wenn es sie und ihre Beziehung zerstört.

Eine Frau, deren Yin-Fähigkeiten nicht genügend ausgebildet sind, kann sich unwohl fühlen, wenn sie ein Kompliment oder ein Geschenk erhält. Sie besteht vielleicht darauf, etwas zurückzugeben, weil sie der Meinung ist, dass ihr Partner es sich nicht wirklich leisten kann, oder sie lehnt eine Einladung zum Abendessen ab und kocht stattdessen selbst, obwohl sie eigentlich müde ist.

Ich empfehle Ihnen, alle Aspekte Ihres Lebens im Hinblick auf Ihre Yin-Stärke zu untersuchen. Stellen Sie sich die folgenden Fragen:

- Was gebe und was nehme ich in verschiedenen Situationen?
- Gebe ich mehr, als ich bekomme?
- Bekomme ich, was ich möchte und brauche?
- Sind meine Wünsche angemessen und realistisch?
- Wenn ich nicht genau das bekomme, was ich wünsche und brauche, bin ich dann fähig, die Situation entsprechend zu verändern?
- Lasse ich andere meine Wünsche und Bedürfnisse wissen und mache ich mich dabei verständlich?
- Nehme ich genügend Information auf und verwende ich sie, um zu entscheiden, ob meine Bedürfnisse erfüllt werden können?
- Fühle ich mich bedürftig?
- Erlaube ich anderen, mich zu unterstützen und mir zu helfen?

Sie können auf diese Art auch Ihre letzte Beziehung untersuchen, indem Sie sich dieselben Fragen in der Vergangenheitsform stellen, z. B.: Habe ich meinen Expartner meine Wünsche und Bedürfnisse wissen lassen und habe ich mich ihm dabei verständlich gemacht? Das kann Ihnen helfen herauszufinden, warum die Dinge nicht richtig gelaufen sind, um eine Wiederholung desselben Musters zu vermeiden.

Hier sind einige Vorschläge, wie Sie Empfänglichkeit üben können, wenn Sie gerade nicht in einer Beziehung leben:

- Nehmen Sie großzügiges Verhalten anderer an.
- Lassen Sie sich von Freunden (weiblichen und männlichen) ausführen und zu Unternehmungen mitnehmen.
- Achten Sie darauf, wie gut es sich anfühlt, von männlichen Freunden Komplimente, Bewunderung, Berührungen oder Umarmungen zu empfangen.
- Lassen Sie sich von anderen zum Essen einladen.
- Nehmen Sie Komplimente an (wenn Sie nicht wirklich daran glauben, tun Sie einfach so, als wären sie wahr).
- Hören Sie anderen gut zu, wenn sie Ihnen etwas erzählen; lassen Sie es nicht beim einen Ohr hinein und beim anderen wieder hinausgehen.
- Versuchen Sie, die Sorgen anderer mitzufühlen und die unausgesprochenen Gefühle hinter den Worten zu erspüren.
- Achten Sie darauf, wie gut es sich anfühlt, wenn Ihnen von Freunden oder Familienmitgliedern Liebe entgegengebracht wird.
- Achten Sie auf die Nettigkeiten und Höflichkeiten, die Sie von Kollegen und anderen Menschen erhalten.
- Versuchen Sie, auch für kleine Gesten der Freundlichkeit dankbar zu sein; nehmen Sie sie nicht für selbstverständlich.
- Erwidern Sie das Lächeln anderer Menschen, auch wenn sie Ihnen fremd sind.

Die männliche Kraft

Kevins Frau verließ ihn nach zweiundzwanzig Jahren Ehe. Verständlicherweise war er wütend und fühlte sich betrogen. Doch er war nicht völlig schuldlos daran. Seine Starrheit und seine Unfähigkeit angemessen zu geben, hatten es so weit kommen lassen. Seine Frau war die letzten Jahre ihrer Ehe sehr unglücklich gewesen. Als ihr Sohn zur Universität gegangen war, hatte sie versucht, die Beziehung zu ihrem Mann zu erneuern. Sie wollte mit ihm ausgehen, im Mondschein Spaziergänge machen und übers Wochenende zusammen wegfahren. Sie sehnte sich nach anregenden, vertrauten Gesprächen. Früher hatten sie all dies gehabt, doch Kevin hatte das Interesse daran verloren. Als pflichtbewusster Ehemann arbeitete er hart, um für seine Familie zu sorgen. Es genügte ihm, dass seine Frau das Haus, den Garten und den Innenhof genoss, die er gebaut hatte. Er war der Meinung, dass er gut für seine Frau gesorgt und ihr das gegeben hatte, was sie sich wünschte. Das war jedoch nur sein konventionelles Denken; er hörte nicht wirklich zu, wenn sie ihm etwas sagte. Über die Jahre hinweg hatte sie ihm wiederholt mitgeteilt, dass sie zwar dankbar war für alles, was er getan hatte, doch dass es ihr eigentlich lieber wäre, wenn er weniger Geld verdienen würde und dafür mehr Zeit für sie hätte.

Kevin hatte keine Probleme zu geben, doch er gab, was er geben wollte oder was er dachte, geben zu müssen. Ihm fehlte die Yang-Fähigkeit, das zu geben, was seine Frau wirklich wollte und brauchte. Er war kein guter Zuhörer (Yin in Yang) und konnte nicht kreativ auf die Rückmeldungen und Wünsche seiner Frau reagieren. Damit ist er nicht allein. In zwei Dritteln aller Trennungen ist es die Frau, die die Scheidung einreicht. Die Männer sind dann oftmals völlig überrascht, wenn sie erfahren, dass sie ihren Frauen nicht das gegeben haben, was diese sich wünschten.

Betrachten Sie Ihre letzte Beziehung und stellen Sie sich folgende Fragen:

- Was wünschte sich meine Partnerin am meisten von mir?
- Welche ihrer Wünsche habe ich erfüllt?

- Welche habe ich nicht erfüllt?
- Hatte sie das Gefühl, dass ihre Bedürfnisse erfüllt werden?
- Waren ihre Wünsche fair und realistisch?
- War *ich* fair und realistisch?
- Wie habe ich reagiert, wenn sie mir mitteilte, was sie sich wünscht?
- Wie viel Aufmerksamkeit habe ich den Äußerungen geschenkt, dass sie nicht glücklich ist?
- Habe ich versucht, die Dinge von ihrem Standpunkt aus zu sehen?
- Hätte ich die Situation mit etwas mehr Kreativität und Initiative verändern können?

Nun stellen Sie sich dieselben Fragen im Hinblick auf Ihr gegenwärtiges Leben, z. B.: Versuche ich, die Dinge vom Standpunkt des anderen zu sehen?

Hier sind einige Möglichkeiten, Ihre Yang-Fähigkeiten zu üben, während sie alleine sind:

- Sehen Sie sich jeden Bereich Ihres Lebens genau an und fragen Sie sich, ob Sie angemessen geben.
- Achten Sie genau auf die Reaktionen anderer, auf das, was Sie beitragen; nehmen Sie nicht automatisch an, dass das, was Sie geben, dem entspricht, was die anderen wollen oder brauchen.
- Zahlen Sie öfter mal eine Rechnung, wenn es nicht erwartet wird, zum Beispiel für Freunde oder Kollegen.
- Übernehmen Sie ehrenamtliche Aufgaben, ohne etwas dafür zu verlangen.
- Spenden Sie an Organisationen für Bedürftige.
- Laden Sie Freundinnen oder Kolleginnen ein und behandeln Sie sie höflich und mit Aufmerksamkeit.
- Ermutigen Sie andere, Ihnen ihr Herz auszuschütten, und

versuchen Sie aufmerksam ihre Gedanken und Gefühle zu verfolgen.
- Wenn Sie Kinder haben, verbringen Sie so viel Zeit mit ihnen wie möglich. Achten Sie besonders auf ihre emotionalen und nicht nur auf ihre materiellen Bedürfnisse.
- Verbringen Sie Zeit mit Nichten und Neffen oder den Kindern von Freunden.
- Fragen Sie sich am Ende jeden Tages: »Was habe ich heute gelernt, indem ich mehr darauf geachtet habe, was zu mir gesagt wurde?«
- Fragen Sie sich morgens beim Aufwachen: »Was kann ich heute für andere tun?«

Wenn Sie die Ratschläge in diesem Kapitel befolgen, können Sie sich leichter und zufriedener in Ihrem Leben als Single einrichten. Außerdem wird es Ihnen leichter fallen, einen passenden neuen Partner zu finden und eine befriedigendere Beziehung aufzubauen als beim letzten Mal. Ich wünsche Ihnen, dass Sie dann das erreichen werden, was das nächste Kapitel verspricht: ein Leben voller Leidenschaft.

9.
Bis die Sonne untergeht
Ein Leben der Leidenschaft führen

> *Lust ist das A und O eines glücklichen Lebens.*
> EPIKUR

> *Ein Leben ohne Liebe und Leidenschaft ist es nicht wert, gelebt zu werden.*
> RUMI

WIR NEIGEN DAZU, sexuelle Leidenschaft als etwas zu betrachten, was entweder da ist oder eben nicht, so wie Sonne oder Regen. Wir nehmen an, dass sie kommt und geht, unabhängig davon, was wir tun, so wie das wechselnde Wetter. Tatsächlich kann Leidenschaft aber geweckt, ermöglicht, erleichtert und gestärkt werden. Wie andere Talente im Leben kann sie wachsen und gedeihen oder nachlassen und verschwinden, je nachdem wie viel Aufmerksamkeit, Energie und Zeit Sie ihr widmen.

Rezepte für romantische Liebe

Arbeit, Kinder, Haushalt, Besorgungen. Sie haben kaum genug Zeit für einen Gutenachtkuss, geschweige denn für ein langes, ausgedehntes Liebesspiel. Die Lösung? Gute Planung. Das klingt vielleicht unromantisch und unspontan, doch wenn Sie sich lebenslange Leidenschaft wünschen, müssen Sie sich Zeit dafür nehmen. Andernfalls werden Ihnen andauernd eine Million weniger wichtige Dinge dazwischenkommen.

Ich empfehle, feste Termine und Zeiten für Romantik und Intimität einzuplanen – und sie auch einzuhalten. Richten Sie Ihr Leben so ein, zum Beispiel mithilfe eines Babysitters, dass Ihnen genügend Zeit für die Leidenschaft bleibt.

Ein perfekter Abend zu zweit

Ein Laib Brot, ein Krug Wein und…

Ich weiß nicht, wer die romantische Idealvorstellung von einem leidenschaftlichen Liebesabend im Anschluss an ein gutes Essen erfunden hat, doch sicher verstand derjenige nicht viel vom menschlichen Körper und von gutem Sex. Für die Liebe müssen bestimmte körperliche Voraussetzungen erfüllt sein, ebenso wie für einen sportlichen Wettkampf oder eine anstrengende Prüfung. War das Mahl auch noch so elegant und der Champagner noch so spritzig – wenn Sie müde, satt und leicht angeheitert sind, wird das Liebesspiel dem hohen Standard des Abends nicht entsprechen, denn ein Körper kann dann einfach nicht mehr sein volles Potenzial entfalten.

Wie wir bereits festgestellt haben, ist die grundlegende Voraussetzung für sexuelle Aktivität, dass ausreichend Blut und Qi im Beckenbereich vorhanden ist. Sonst kommt es zu keiner vollständigen Erektion, keiner feuchten Vagina und nur zu verminderter Empfindungsfähigkeit, Sensibilität und Ausdauer. Sich bei Kerzenschein tief in die Augen zu schauen, sorgt sicher für die richtige Stimmung, doch der Körper kann nicht gleichzeitig ein umfangreiches Mahl verdauen und sich einem leidenschaftlichen Liebesspiel widmen. Er kann nicht zur selben Zeit zwei verschiedene Körperbereiche mit den notwendigen Mengen an Blut und Qi versorgen, ohne dass beide dabei zu kurz kommen. Es ist schon schwierig genug, nach einer umfangreichen Mahlzeit klar zu denken, geschweige denn, sich in heftige körperliche Aktivität zu stürzen. Wenn Sie nach einem guten Essen schon einmal versucht haben zu joggen oder Fußball zu spielen, wissen Sie, wovon ich spreche.

Wenn Sie einen romantischen Abend zu zweit mit allem Drum und Dran planen, beachten Sie folgende Ratschläge:

1. Der gemeinsame Genuss eines köstlichen Mahls ist wunderbar, um zwei liebende Seelen zu vereinen. Doch wenn Sie sich auch sexuell vereinigen wollen, sollten Sie Ihrem Körper ausreichend Zeit für die Verdauung geben. Essen Sie zu Beginn des Abends und lassen Sie mindestens zwei Stunden zwischen dem letzten Bissen des Mahls und dem ersten Knabbern an den Lippen des oder der Liebsten verstreichen. Beginnen Sie also möglichst früh.

   Achten Sie darauf, möglichst wenig Fett und tierisches Eiweiß zu sich zu nehmen, da beides langsam verdaut wird. Es ist also empfehlenswert, die Fleischportion zu reduzieren oder ganz entfallen zu lassen. Bevorzugen Sie stattdessen Fisch oder Gemüse.

2. Essen Sie zu Abend, bevor Sie ausgehen, und treffen Sie sich zu einem Dessert – am besten nicht zu üppig und schwer, sondern eher fruchtig und leicht. Das ist eine gute Möglichkeit, die Gesellschaft des Partners zu genießen

und etwas Köstliches miteinander zu teilen, ohne den Magen zu überfrachten oder viel Zeit aufs Essen zu verschwenden. Dies lässt Ihnen viel Zeit für ein langes, entspanntes Gespräch oder einen Spaziergang, bevor Sie zum sexuellen Teil des Abends übergehen.

Wenn Sie schon wissen, dass der Nachtisch üppig und süß werden wird, sollten Sie beim Essen vorher auf ausreichend Eiweiß achten. Dadurch sinkt ihr Blutzuckerspiegel weniger ab, sodass Sie bei der Liebe ausdauernder sind.

3. Oder verlegen Sie das Liebesspiel vor das Essen. Statt nach der Vertrautheit eines gemeinsamen Mahls intim zu werden, können Sie sich auch durch ein intimes Beisammensein Appetit auf ein gutes Essen machen. Dehnen Sie die Wärme und Nähe Ihrer Zeit im Bett aus, indem Sie anschließend gemeinsam etwas essen. Selbst ein Schnellgericht aus der Tiefkühltruhe kann zum Schlemmermahl werden, wenn Ihnen dabei die Befriedigung aus den Augen strahlt.

4. Trinken Sie nur mäßig Alkohol. Da Alkohol Hemmungen beseitigt, kann er hilfreich sein, wenn einer der Beteiligten nervös oder schüchtern ist. Er blockiert den Leberkanal und erhöht das sexuelle Interesse, da die Qi-Stauung so wirkt, als sei der Meridian übervoll. Doch im Grunde behindert Alkohol sexuelle Aktivität, da er das Nervensystem sediert und die Empfindungsfähigkeit herabsetzt. Und da die Niere die Leber im Ernährungszyklus zu unterstützen hat, kann zu viel Alkohol die Niere überfordern. Wir haben bereits gesehen, wie sich dies auf die Sexualität auswirkt. Für manche Menschen ist ein kleiner Drink vor dem Sex entspannend und hat keinerlei negative Nebenwirkungen. Für andere ist selbst das schon zu viel.

5. Vermeiden Sie Kaffee nach dem Essen. Wenn Sie das Gefühl haben, einen Kaffee zu brauchen, um genügend Energie für das Liebesspiel zu haben, sollten Sie im Moment vermutlich besser auf Sex verzichten. Die Energie, die Sie durch Koffein scheinbar bekommen, ist falsches Qi. In diesem Fall ist es besser, ein Nickerchen einzulegen.
6. Das Zimmer für die Liebesnacht sollte gemütlich und warm sein. Wenn die Haut kalt ist, verbraucht der Körper Qi zum Aufwärmen, sodass weniger für Sex verfügbar ist. Achten Sie besonders auf die Füße. Nieren- und Lebermeridian beginnen in den Füßen. Wenn die Zehen kalt sind, bewegt sich die Kälte durch diese Kanäle nach oben in die Genitalien und mehr Energie ist notwendig, um Sie sexuell warm werden zu lassen. Versuchen Sie es in diesem Fall mit Socken.
7. Wenn Sie sich auf eine leidenschaftliche Nacht gefreut haben, aber am Abend erschöpft oder gestresst sind, dann übertreiben Sie es nicht. Versuchen Sie nicht um jeden Preis, einen Orgasmus zu erreichen. Geben Sie Ihre Müdigkeit ehrlich zu und machen Sie sich keinen Druck. Nutzen Sie Ihre sexuelle Energie dann lieber für ruhige, sanfte Intimität. Oder gönnen Sie sich etwas Schlaf, um dann für einen leidenschaftlichen Morgen gerüstet zu sein.
8. Trinken Sie nach dem Liebesspiel etwas Warmes. Sexualität verbraucht Yang-Qi und durch Wärme geben Sie Ihrem Körper etwas davon zurück. Grüner Tee, Kräutertee oder heißer Apfelwein sind ideal. Kaffee, schwarzer Tee und Kakao sind weniger gut, da der Körper nach dem Sex nicht mit Koffein stimuliert werden sollte. Harte alkoholische Getränke sollten Sie meiden; da der Körper sie als Gift behandelt und auszuscheiden versucht, kann dadurch das Qi weiter geschwächt werden.

Ein romantisches Wochenende zu Hause

Hier ein Vorschlag für ein leidenschaftliches Wochenende, bei dem Sie die Familienpflichten nicht vernachlässigen (wenn Sie keine Kinder haben, können Sie den Zeitplan entsprechend abwandeln):

1. Verbringen Sie den Freitagabend zu Hause mit der ganzen Familie.
2. Am Samstag gegen zehn Uhr vormittags schicken Sie Ihre Kinder zu Freunden oder Verwandten, wo sie bis Sonntagnachmittag gegen vier Uhr bleiben können.
3. Sie können dann noch alle Arbeiten erledigen, die im Haushalt oder Büro anstehen, aber nicht länger als bis ein Uhr.
4. Sorgen Sie dafür, dass die Kinder Sie im Notfall erreichen können, doch stellen Sie ansonsten alles ab, was Sie stören könnte.
5. Wenn alles getan ist, entspannen Sie sich mit einer Aktivität, die Ihnen beiden Spaß macht: Tennis, Frisbee oder Golf spielen, ein Museum oder eine Kunstgalerie besuchen, Pflanzen oder Blumen einkaufen, einen Fortbildungskurs besuchen, ein Picknick, einen Spaziergang oder ein Nickerchen machen. Es sollte etwas sein, das wenig Energie kostet und aufbauend wirkt.
6. Gehen Sie an diesem Abend zusammen aus und unternehmen Sie etwas, das Sie an glückliche Zeiten erinnert oder das Sie schon immer einmal gemeinsam tun wollten. Verbringen Sie einen romantischen und verführerischen Abend. Doch noch ist es nicht Zeit für den Sex. Lassen Sie zu, dass sich immer mehr Spannung aufbaut, und geben Sie Ihrem sexuellen Qi reichlich Zeit zum Aufwärmen. Vor allem für Paare, die schon lange zusammen sind, kann dies sehr romantisch sein. Vermeiden Sie an diesem Abend

Diskussionen über die Familie und die Kinder und treffen Sie sich auch nicht mit Freunden. Nehmen Sie sich stattdessen die Zeit, über Dinge in Ihrem Leben zu sprechen, für die Sie sonst keine Gelegenheit haben.
7. Gehen Sie nicht zu spät zu Bett.
8. Nehmen Sie sich am Sonntagmorgen Zeit zum Ausschlafen. Und auch jetzt ist es noch nicht Zeit für Sex. Machen Sie sich erst ein kleines, gemütliches Frühstück – wenn möglich, im Bett – und kuscheln Sie dann ein bisschen. Geben Sie sich etwa eine Stunde zum Verdauen. Wenn Sie vor dem Liebesspiel etwas essen, haben Sie anschließend mehr Ausdauer. Es ist leichter, den Rest der Welt zu vergessen, wenn Ihr Magen Sie nicht ständig daran erinnert, dass Sie noch kein Frühstück bekommen haben.
9. Und dann starten Sie. Widmen Sie die restliche Zeit, bis die Kinder zurückkommen, ausgiebigem, sinnlichem Liebesspiel.

Dieser Zeitplan sorgt dafür, dass Sie ausgeruht sind und es wirklich wollen, wenn Sie zum Liebesspiel übergehen. Wenn Ihre Kinder dann nach Hause kommen, finden sie zufriedene, glückliche Eltern vor, die wieder bereit sind, sie und einander zu lieben.

Männer betrachten solch einen Zeitplan unter Umständen als weiblichen Traum, frustrierend aus männlicher Sicht. Doch ich schlage vor, dass Sie es einfach mal ausprobieren. Es wird Ihnen sicher gefallen, wenn das Yin in Ihnen beiden viel Zeit zum Aufwärmen hat. An anderen Wochenenden können Sie dann Ihrer Yang-Aggressivität auch wieder freien Lauf lassen und ins Bett hüpfen, sobald die Kinder aus dem Haus sind.

Solch ein Wochenende sollten Sie sich mindestens viermal im Jahr gönnen. Betrachten Sie diese Termine als höchste Priorität und planen Sie Ihre übrigen Aktivitäten darum herum. Variieren Sie den Vorschlag nach Ihren Bedürfnissen, doch denken Sie an die drei Hauptzutaten: zuerst Ruhe, dann Romantik und schließlich Sex.

Trennung macht die Sehnsucht stärker

Das Leben erhält sein Gleichgewicht durch den Fluss der Gegensätze. So wie es die Nacht nicht ohne den Tag, Hitze nicht ohne Kälte, Yin nicht ohne Yang geben kann, so gibt es auch nicht Nähe ohne Distanz. Einige Zeit getrennt zu verbringen, ist wichtig für die Leidenschaft.

Partnerschaften bewegen sich im Lauf des Lebens durch emotionale Zyklen von Gemeinsamkeit und Trennung. Es gibt Zeiten, in denen die Partner aneinander kleben, und andere, in denen sie Abstand brauchen. Diese Zyklen sind ein natürlicher Ausdruck paradoxer menschlicher Bedürfnisse: nach Autonomie und Unabhängigkeit einerseits und nach Partnerschaft und Intimität andererseits. Zu lange Zeiten der Trennung bedrohen die Verbindung. Doch zu viel Streben nach Nähe kann dazu führen, dass man sich gegenseitig erstickt und die Individualität zerstört.

Jeder Mensch hat natürlich ein unterschiedliches Bedürfnis nach Alleinsein, doch wir alle haben es. Wir brauchen Zeiten, in denen wir uns mit uns selbst beschäftigen, um herausfinden, wer wir sind, und um unsere einzigartige Identität zu bestätigen. Wenn Sie also möchten, dass Ihre Partnerin verrückt nach Ihnen ist, dann lassen Sie sie ruhig öfter am Wochenende mit ihren Freundinnen wegfahren. Und wenn Sie möchten, dass Ihr Partner sich in Ihren Armen wohl fühlt, dann lassen Sie ihn öfter mit seinen Freunden ausgehen.

Wann Sex nicht angebracht ist

Wie Hamlet schon sagte: »Bereitschaft ist alles.« Es bringt nichts, eine Liebesnacht in Angriff zu nehmen, wenn Ihre Zeitplanung nicht stimmt. Das würde garantiert zu einem Fehlschlag führen und gemäß der chinesischen Medizin zehren Fehlschläge an der Lebenskraft.

Obwohl ihre grundsätzliche Regel lautete: »Mehr ist besser«, so hatten die alten chinesischen Weisen doch auch genaue Vorstellungen davon, wann Sex angebracht ist und wann nicht. Geschlechtsverkehr öffnet das Energiesystem des Körpers. Das ist ideal für Intimität, doch es macht auch verwundbar, körperlich wie emotional. Daher ist es oft nicht gut, Sex zu haben, wenn Sie empfänglich für Krankheiten oder emotionale Störungen sind.

Solche verwundbaren Zeiten treten den traditionellen Lehren gemäß immer dann auf, wenn in der Natur Instabilität vorherrscht. Da sich beim Geschlechtsverkehr Yin und Yang vereinigen, ist es am besten, ihn zu vermeiden, wenn die Interaktion dieser beiden Kräfte in der Natur chaotisch oder turbulent ist, zum Beispiel bei Stürmen, bei Sonnen- und Mondfinsternissen, in der Nacht vor dem Neumond und bei Sonnwenden.

Wie die meisten modernen westlichen Menschen werden Sie solche Empfehlungen wahrscheinlich nicht so ganz ernst nehmen können. Doch auch die folgenden Umstände wurden als Anlass für sexuelle Zurückhaltung empfohlen:

- während der Rekonvaleszenz,
- wenn Sie getrunken haben oder unter Drogeneinfluss stehen,
- unmittelbar nach dem Essen,
- bei Müdigkeit,
- wenn Ihnen sehr heiß oder kalt ist,

- wenn Sie schmutzig sind,
- wenn Sie mit starken Gefühlen konfrontiert sind.

Sowohl vom medizinischen wie auch vom romantischen Standpunkt aus sind diese Vorschläge absolut sinnvoll. Wenn der Körper mit lebenswichtigen Aktivitäten beschäftigt ist wie mit Verdauung, Erholung oder Ausscheidung toxischer Substanzen, fließen Blut und Energie in Bereiche außerhalb des Beckens. Sie können dann sexuell nicht optimal agieren und auch nicht das volle Vergnügen und das volle gesundheitliche Potenzial der sexuellen Lust ausschöpfen. Verlangen Sie von Ihrem Körper beide Tätigkeiten zugleich, so wäre das, als würden Sie von einem Auto erwarten, dass es Sie auf eine Spritztour begleitet, während es in der Werkstatt gewartet wird.

Was den letzten Punkt der Liste betrifft, so stimmt es, dass der Körper sehr viel Energie benötigt, um intensive Gefühle zu verarbeiten, seien es negative wie Ärger und Trauer oder positive wie Überschwang und Freude. Die Emotionen müssen sich erst wieder beruhigen, bevor die sexuelle Leidenschaft wieder auf den Plan treten kann. Verführung ist durchaus möglich, doch wenn die Gefühle intensiv bleiben, ist es besser, sich zuerst mit ihnen auseinander zu setzen. Erst wenn sie sich beruhigt haben, kann das Liebesspiel auf einer stabilen Basis beginnen.

Wachstum durch Konflikte

Konflikte können die Leidenschaft zerstören, doch das muss nicht sein. Sie sind unvermeidbar und sogar wichtig für den Erfolg einer Partnerschaft. Die gegensätzliche Natur von Yin und Yang garantiert, dass männliche und weibliche Energien sich aneinander reiben. In der Natur sorgt das Spiel von Yin und Yang für Zerstörung, damit Platz für Neues geschaffen wird. Ein Waldbrand (Yang) öffnet zum Beispiel die harten Samenhülsen, sodass sie beim nächsten Regen (Yin) keimen können. Auch in Beziehungen kann ein scheinbar zerstörerisches Ereignis ein Katalysator für neues Wachstum sein. Konflikte zu akzeptieren und richtig mit ihnen umzugehen, sorgt auf Dauer für Harmonie und Leidenschaft.

Wie man mit Konflikten nicht umgehen sollte

Wenn die Partner in einem Konflikt jeweils extremes Yin- oder Yang-Verhalten zeigen, so ist dies keine gute Reaktion.

Eine unangemessene Yin-Reaktion wäre zum Beispiel, einfach nachzugeben und sich der Kontrolle und Herrschaft des anderen zu beugen. Oder die Gefühle hinunterzuschlucken, statt sie auszudrücken. Äußere Unterdrückung führt immer zu unangemessenem Ausdruck im Innern, wobei die Organe übermäßig viel Wärme abbekommen und emotionale und energetische Störungen entstehen können. Das kann gesundheitliche Probleme verursachen und kann auch Störungen in der sexuellen Beziehung hervorrufen.

Extreme Yang-Reaktionen wie Dispute, heftige Auseinandersetzungen, verbale oder physische Attacken sind noch problematischer. Wenn die Yin-Energie von den Yang-Kräften zweier aggressiver Gegner überwältigt wird, kann keiner von beiden zuhören und aufnehmen. So wird es nicht zu einer Verständigung kommen. Wut verursacht die Ausschüttung von Adrenalin in Rahmen einer Kampf-oder-Flucht-Reaktion, was uns Schnelligkeit und Stärke liefert, jedoch auf Kosten des Denkvermögens und des Bewusstseins. Schließlich sagen oder tun wir Dinge, die gewalttätig, rachsüchtig oder geradezu dumm sind. Das kann sehr tief gehen und die innere Yin-Ebene erreichen, auf der wir sehr verletzlich sind und wo Wunden langsamer heilen. Der heftige Schmerz, der dabei entsteht, kann Liebe und Leidenschaft auf Jahre zerstören.

Johanna, eine meiner Patientinnen, hatte sich bei einem Fahrradunfall schwer an der Hand verletzt. Da ihr Mann während dieser Krise sehr liebevoll und hilfreich war, wollte sie ihm etwas Besonderes zum Geburtstag schenken. So häkelte sie ihm während ihrer Genesungszeit eine Decke, auch wenn sie wegen ihrer Verletzung immer nur kurze Zeit daran arbeiten konnte. Nach Monaten der Arbeit schenkte sie ihm ihre Liebesgabe. Ihr Mann schien sich darüber zu freuen. Doch bei einem Streit einige Wochen später kritisierte er ihre Arbeit und deutete an, dass er sich über ein paar neue Golfschläger mehr gefreut hätte. Anschließend entschuldigte er sich zwar. Doch drei Jahre später, als Johanna bei mir in Behandlung war, erinnerte sie sich an den Vorfall mit der Decke, als wäre es erst tags zuvor geschehen. Obwohl ihre Ehe im Grunde in Ordnung war, hatte sich ein Teil von ihr seither zurückgezogen. Im Bett war sie nicht mehr so spontan und leidenschaftlich wie früher, denn oft musste sie an die Verletzung von damals denken, wenn sie gerade dabei war, in Erregung zu geraten. (Dies ist das Beispiel einer Frau, doch auch Männer können in ihrem Yin-Aspekt verwundet werden.)

Wie man mit Konflikten umgeht

Um Konflikte wirksam zu klären und extreme Reaktionen dabei auszuschließen, sollten Sie die Qualitäten von Yin und Yang gleichermaßen einsetzen. Wenn Sie feststellen, dass Sie oder Ihr Partner auf einen Konflikt mit übermäßigem Yin-Verhalten reagieren, mit der Unterdrückung von Gefühlen oder komplettem Rückzug, dann sorgen Sie dafür, dass auch

Yang ins Spiel kommt: Suchen Sie nach kreativen Lösungen, lassen Sie mit körperlicher Betätigung Dampf ab und drücken Sie Ihre Gefühle aus, wenn nicht voreinander, dann in einem Tagebuch, einem Freund gegenüber oder an einem einsamen Platz, wo Sie auch gegebenenfalls laut schreien können.

Um das Feuer einer übertriebenen Yang-Reaktion einzudämmen, sollten Sie Yin-Qualitäten einsetzen. Setzen Sie sich schweigend zusammen oder gehen Sie sich für kurze Zeit aus dem Weg, solange bis Sie wieder dazu bereit sind, sich zuzuhören und vernünftig miteinander zu sprechen. Verschieben Sie die Diskussion, wenn nötig. Wenn Sie im Moment beide nicht zuhören können, akzeptieren Sie einfach, dass Sie noch etwas Zeit benötigen, bevor Sie den Konflikt lösen können. Seien Sie geduldig und denken Sie daran, dass Yin langsam wirkt. Man darf es nicht drängen, also versuchen Sie nicht, Empfänglichkeit schnell zu erzwingen.

Um die Leidenschaft im unvermeidlichen Auf und Ab des Lebens aufrechtzuerhalten, braucht es mehr Yin- als Yang-Qualitäten. Nach der Traditionellen Chinesischen Medizin tritt der Tod ein, wenn die Yin- und Yang-Energien des Körpers sich trennen. Auch die Liebe stirbt auf diese Weise – wenn Männliches und Weibliches sich unwiderruflich trennen. Manche Beziehungen enden in einer Explosion von Yang, mit Gewalt, Missbrauch oder Verlassenwerden. Die meisten sterben aber an einem langsamen Verfall des Yin. Das entspricht den körperlichen Gegebenheiten: Wenn wir keine Luft mehr bekommen (Yang), sterben wir rasch; wenn wir keine Nahrung mehr erhalten (Yin), sterben wir langsam. Wenn Yin abnimmt, werden die Partner unfähig zu empfangen. Und so großzügig jemand auch sein mag, so ist diese Großzügigkeit doch verschwendet, wenn der andere nicht empfänglich ist.

In den meisten Konfliktsituationen ist es hilfreich, dem Verhaltensmuster des Fortpflanzungsmodells (siehe Seite 42) zu folgen: Geben/Warten/Empfangen und Empfangen/ Transformieren/Zurückgeben. Das führt zu neuem Leben in einer Beziehung – im buchstäblichen wie auch im übertragenen Sinn. Partner A beginnt dabei den Klärungsprozess, indem er Gefühle ausdrückt und Informationen mitteilt. Partner B empfängt dies, nimmt es auf und verwandelt es, indem er neue Gedanken, eine neue Perspektive oder Mitgefühl und Verständnis hinzufügt. Hilfreich für solch einen Austausch ist folgende Kommunikationstechnik: Nachdem Partner A sich ausgesprochen hat, fasst der andere das Wesentliche seiner Aussagen zusammen. Das lässt Partner A wissen, dass er gehört wurde, und er kann so auch feststellen, ob er verstanden wurde. Dann trägt Partner B seine Sichtweise bei, der andere hört zu und führt den Prozess entsprechend weiter. Falls an irgendeinem Punkt Yang-Energie auftaucht und möglicherweise übermächtig wird, sollten Sie daran denken, Yin-Energien zu Hilfe zu nehmen: Machen Sie eine Pause oder gehen Sie eine Zeit lang auseinander, um sich Zeit zum Beruhigen zu geben.

Voraussetzungen für ein leidenschaftliches Leben

Nach all dem Gesagten dürfte es nicht weiter überraschend sein, dass die chinesische Medizin körperliche Gesundheit als Grundlage für ein gutes, glückliches und erfülltes Sexleben betrachtet. Kunstvolle Techniken und romantische Verzierungen sind wenig wert, wenn der Körper müde oder krank ist oder wenn energetische Störungen verhindern, dass sexuelles Qi dorthin gelangen kann, wo es gebraucht wird.

Die nun folgenden Ratschläge beruhen auf grundlegenden westlichen und chinesischen Konzepten und sind darauf ausgerichtet, die sexuelle Energie aufzubauen und zu erhalten.

Gut essen, gut lieben

Ernährung ist ein entscheidendes Element bei der Vorbeugung und Behandlung von Krankheiten und auch für die lebenslange sexuelle Vitalität ist sie von überragender Bedeutung. Denn wenn wir uns nicht richtig ernähren, muss der Körper seine Reserven an sexuellem Qi angreifen.

Hier einige grundlegende Ernährungsrichtlinien:

1. *Setzen Sie sich zum Essen.* Wenn Sie das Essen im Stehen oder Gehen hinunterschlingen oder essen, während Sie mit Ihrer Aufmerksamkeit ganz woanders sind, vielleicht noch gestresst oder belastet vom Alltag, kommen Blut und Qi nicht vollständig dem Verdauungsprozess zugute. Wenn Sie sich dagegen ruhig hinsetzen, langsam essen, gründlich kauen (wenigstens zehnmal pro Bissen) und ihre Aufmerksamkeit vollständig auf das Essen richten, steht mehr Energie für die Verdauung zur Verfügung. Die chinesische Medizin schlägt außerdem vor, nur bis 70% der Sättigungsgrenze zu gehen. Das verhindert die Müdigkeit nach dem Essen, die häufig auftritt, wenn wir zu viel gegessen haben.
2. *Bevorzugen Sie warmes Essen.* Die Nahrungsmittel sollten zumindest Raumtemperatur haben und vermeiden Sie, eisgekühlte Getränke zu sich zu nehmen. Damit Nahrung verdaut werden kann, muss der Körper sie erst auf seine eigene Temperatur erwärmen. Die Energie, die hier verbraucht wird, geht anderen Körperfunktionen wie auch der Sexualität verloren.

3. *Achten Sie auf weniger Kalorien und mehr Nährstoffe.* Ernährungswissenschaftler empfehlen, weniger Kalorien zu sich zu nehmen, wobei diese reich an Nährstoffen sein sollten. Reduzieren Sie also Fett, Zucker und Auszugsmehlprodukte, denn ihr hoher Kaloriengehalt wird nicht durch hohe Nährwerte ausgeglichen. Bevorzugen Sie dagegen nährstoffreiche Lebensmittel wie Vollkornprodukte, Hülsenfrüchte, Obst und Gemüse, Fisch, fettarmes Fleisch und fettarme Milchprodukte.
4. *Nehmen Sie ausreichend Ballaststoffe zu sich*, mindestens 25 Gramm pro Tag. Diese sind enthalten in Vollkorn- und Kleieprodukten, ungeschältem Reis, Hülsenfrüchten, Obst sowie in rohem oder nur leicht gedünstetem Gemüse. In diesem Zusammenhang ist es interessant zu wissen, dass Verstopfung auch mit eine Ursache für unangenehmen Genitalgeruch sein kann.
5. *Essen Sie viel Gemüse.* Die chinesische Tradition ist zwar nicht vegetarisch, doch sie betrachtet Gemüse als Grundnahrungsmittel und Fleisch als Beilage. Eine typische chinesische Mahlzeit besteht vorwiegend aus Gemüse und etwa hundert Gramm Fleisch, ein Verhältnis, das auch von westlichen Ernährungsexperten befürwortet wird.
6. *Nehmen Sie reichlich Flüssigkeit zu sich.* Westliche Ärzte empfehlen 1,5 bis 2 Liter am Tag (Kaffee, schwarzer Tee und koffeinhaltige Erfrischungsgetränke zählen dabei nicht mit, da sie harntreibend wirken und dem Körper tatsächlich mehr Flüssigkeit rauben, als sie zuführen). Die chinesische Medizin stimmt damit überein: 1 bis 2 Liter am Tag, vorzugsweise reines, klares Wasser. Sie empfiehlt aber auch Mäßigung, denn die Niere filtert die aufgenommene Flüssigkeit, und zu viel davon würde das Organ unnötigerweise belas-

ten, wodurch weniger Energie für die Sexualität zur Verfügung steht. Die Traditionelle Chinesische Medizin empfiehlt außerdem, vor, während und unmittelbar nach einer Mahlzeit möglichst wenig zu trinken, damit die Verdauungssäfte nicht verdünnt werden. Wenn Sie während der Mahlzeiten trinken möchten, sollten Sie kleine Mengen warmer oder heißer Flüssigkeit bevorzugen.

7. *Essen Sie am Abend nicht zu viel.* Das alte Sprichwort empfiehlt: Morgens wie ein König, mittags wie ein Bürger, abends wie ein Bettelmann. Untersuchungen in Bezug auf Gesundheit und Gewichtsreduzierung zeigen durchgängig, dass die erste Mahlzeit des Tages auch die wichtigste ist. Verzichten Sie auf Zucker zum Frühstück und greifen Sie möglichst zu komplexen Kohlenhydraten (z. B. Müsli, Getreideprodukte, Toast) und Eiweiß. Das hält Ihr Energieniveau stabil, sodass Sie während des Tages nicht auf die Reserven des Nieren-Qi zurückgreifen müssen. Abends nicht zu spät und leicht essen (die letzte Mahlzeit einige Stunden vor dem Zubettgehen) sorgt für guten Schlaf, ausreichend Zeit zur Verdauung und Appetit am Morgen.

8. *Nehmen Sie alle fünf Geschmacksrichtungen zu sich.* Die Chinesen teilen Nahrungsmittel in fünf Geschmacksrichtungen ein, die jeweils stärkend auf ein spezifisches Organsystem wirken: Salzig (Niere), bitter (Herz), scharf (Lunge), süß (Milz), sauer (Leber). Eine gut zusammengestellte Mahlzeit sollte alle oder wenigstens die meisten dieser Geschmacksrichtungen enthalten.

9. *Kaufen Sie biologisch angebautes Gemüse.* Wenn Sie die Möglichkeit haben, sollten Sie frische, biologisch angebaute Produkte verwenden. Untersuchungen haben gezeigt, dass Pestizidrückstände aus konventionellen Pro-

dukten ungünstige Auswirkungen auf die Gesundheit haben, besonders bei Kindern.
10. *Verzichten Sie auf Kaffee.* Wenn Ihr Körper Ihnen meldet, dass Sie müde sind, und Sie ihm daraufhin Koffein zuführen, rauben Sie ihm die Ruhe, die er benötigt, und zwingen ihn, auch noch mit den Auswirkungen einer stimulierenden Droge fertig zu werden. Langfristig können daraus unter anderem Erschöpfung und sexuelle Lustlosigkeit resultieren. Ich rate meinen Patienten zu folgendem Vorgehen, wenn sie müde sind und sich nach einer Tasse Kaffee sehnen (wenn Sie sehr erschöpft sind, brauchen Sie diese Übung möglicherweise zwei- bis dreimal täglich):

- Nehmen Sie sich drei bis fünf Minuten Zeit, um sich wirklich müde zu fühlen.
- Setzen Sie sich dafür irgendwo hin, wo Sie ungestört sind.
- Legen Sie die Füße flach auf den Boden, schließen Sie die Augen, lassen Sie die Schultern sinken und die Hände schwer herabhängen.
- Fühlen Sie sich so erschöpft, wie Sie tatsächlich sind. Je mehr Sie das zulassen können, desto weniger müde werden Sie sich im Anschluss an die Übung fühlen.
- Wenn die Zeit um ist, strecken Sie sich oder gehen Sie kurz ein paar Schritte, um die Durchblutung anzuregen, bevor Sie sich wieder an die Arbeit machen. Sie werden sich dann um einiges besser fühlen.

11. *Tun Sie nichts, was sich nicht gut anfühlt.* Hören Sie auf die Signale Ihres Körpers. Wenn Sie etwas nicht mögen, sollten Sie es auch nicht essen – unabhängig davon wie gut es angeblich ist.

Die Niere stärken

Die Traditionelle Chinesische Medizin kennt seit langer Zeit Aphrodisiaka. Doch alle Substanzen, die für eine rasche Erregung sorgen, werden als ungesunde künstliche Stimulantia betrachtet. Ärzte der Traditionellen Chinesischen Medizin bevorzugen langfristige Ergebnisse und stehen der falschen, illusionären Energie, die durch solche Stimulantia hervorgerufen wird, sehr skeptisch gegenüber. Sie können jedoch Ihre sexuelle Energie und Ausdauer mit Kräutern und Akupunkturbehandlungen stärken, die das System als Ganzes ausgleichen und geschwächte Bereiche stärken, sodass der Körper mit seiner eigenen natürlichen Kraft reagieren kann. Eine solche Methode benötigt längere Zeit, doch die Ergebnisse sind gesünder und langfristiger als die rasche Wirkung eines Aphrodisiakums.

Der Zustand der Niere bestimmt über die sexuelle Vitalität und Kraft. Zusätzlich zur allgemeinen Gesundheitsvorsorge empfehle ich daher, nierenstärkende Nahrungsmittel in den Speiseplan aufzunehmen – wenn auch nicht unbedingt jeden Tag. Das erhöht langsam und nachhaltig Ihre sexuelle Energie und erhält sie auf lange Sicht. Wenn Ihre sexuelle Energie im Moment schwach ist, sollten Sie mehr von diesen Nahrungsmitteln zu sich nehmen, aber nur in kleinen Mengen. Wenn Sie ein Stärkungsmittel im Übermaß nehmen, kann dieses leicht einen gegenteiligen Effekt haben. Nierenstärkende Lebensmittel sind unter anderem:

- Nahrungsmittel mit salzigem Geschmack (nicht durch Kochsalz, sondern von Natur aus, wie Sellerie, Algen und Fisch)
- schwarze, graue und dunkelblaue Nahrungsmittel (zum Beispiel schwarze Bohnen, blauer Mais, Brombeeren, Miso, Oliven, bestimmte Pilze)

- Fisch (Süßwasser-, besser noch Salzwasserfische)
- Lammfleisch
- Rindfleisch
- Meeresfrüchte (Krabben, Hummer, Muscheln, Austern etc.)
- Eier
- Tofu (gekocht)
- Knochenmark (für Suppen)
- Reh
- Innereien (vor allem Niere)
- Wachteln und Wachteleier
- Walnüsse
- Melasse (ein Teelöffel in einer Tasse heißem Wasser ist ein gutes Stärkungsmittel für Niere und Milz und schmeckt hervorragend an kalten Tagen)

Neben der Ernährung können folgende Maßnahmen eine geschwächte Niere unterstützen:

- Sorgen Sie bei Müdigkeit für ausreichend Schlaf, vor allem am Nachmittag zwischen drei und sieben Uhr.
- Trinken Sie mindestens vier Gläser nicht zu kaltes Wasser pro Tag.
- Halten Sie die Füße warm.
- Halten Sie den Rücken warm und geschützt.
- Vermeiden Sie Lärm und laute Musik.
- Praktizieren Sie die in diesem Buch vorgestellten Übungen zur Stärkung der sexuellen Kraft.

Energetische Mangelzustände ausgleichen

An verschiedenen Stellen in diesem Buch wurden Fälle von Yin- oder Yang-Mangel erwähnt. Um das sexuelle Interesse zu erhöhen, ist es wichtig, ein energetisches Ungleichgewicht auszugleichen, indem die entsprechende Qualität verstärkt wird. Wenn Sie mehrere der folgenden Symptome aufweisen, liegt bei Ihnen möglicherweise ein Mangelzustand vor (manche können auch auf ernsthafte Störungen hinweisen; machen Sie Ihren Arzt auf alle diese Symptome aufmerksam).

Zeichen für Yang-Mangel
- blasse Gesichtsfarbe
- Neigung zu Kältegefühl
- kalte Hände und Füße
- geringe Energie
- übermäßiges Schlafbedürfnis
- Appetitmangel
- trinkt zu wenig
- leichtes Übergewicht
- häufige Blähungen oder Sodbrennen
- sanfte oder schwache Stimme
- Schwindelgefühle
- Wassereinlagerungen
- Mangel an Aggressivität
- Faulheit oder mangelnde Motivation
- geringe emotionale Ausdrucksfähigkeit
- selbstsüchtig und egozentrisch
- schlechter Zuhörer
- vernachlässigt die äußere Erscheinung
- Verlust sexuellen Verlangens
- (beim Mann) abnehmende Erektionsfähigkeit

Zeichen für Yin-Mangel
- übermäßiges Schwitzen
- häufiges Hitzegefühl
- trockene Haut
- Haarausfall (am Kopf)

- übermäßiger oder reduzierter Durst
- häufige Hungergefühle
- Verstopfung
- scheint häufig viel Energie zu haben
- Muskelverspannungen
- leicht untergewichtig
- erscheint aufgedunsen
- dominierende Persönlichkeit
- übermäßig aggressiv
- Tendenz, laut zu sprechen
- emotional expressiv
- oft leicht zu irritieren
- Schlaflosigkeit
- kein sexuelles Verlangen
- bevorzugt schnellen, intensiven Sex mit wenig Vorspiel
- fühlt sich vom Partner im Bett oder im Alltag verlassen
- gibt zu viel und vernachlässigt eigene Bedürfnisse
- bekommt nicht genug Schlaf und Erholung
- kann nicht gut Komplimente oder Geschenke annehmen
- scheut Verpflichtungen
- ist ein Einzelgänger oder hat viele oberflächliche Beziehungen
- (bei Frauen) hat nie oder aber sehr schnell einen Orgasmus
- (bei Frauen) trockene Scheide
- (bei Männern) Probleme, die Erektion aufrechtzuerhalten
- (bei Männern) vorzeitiger Samenerguss

Was Yin und Yang stärkt

Eine Möglichkeit zum Ausgleich solcher Energiemängel ist die Behandlung durch einen in chinesischer Medizin ausgebildeten Arzt. Akupunktur und Kräuter werden bereits seit Jahrtausenden zu diesem Zweck eingesetzt. Doch ich möchte Sie davor warnen, einfach kommerzielle Produkte zu verwenden, die als Yin- oder Yang-Stärkungsmittel in Apotheken oder Naturkostläden verkauft werden. Kräuter sind sehr wirksam und sollten nicht ohne professionelle Diagnose eingesetzt werden; nur so kann festgestellt werden, welche in welcher Kombination und Dosis für Sie angemessen sind.

Doch eines können Sie auch alleine tun. Essen Sie mehr Yin- bzw. Yang-Nahrungsmittel, je nachdem was Sie benötigen. Übertreiben Sie es jedoch nicht. Eine kleine Menge kann zu einer Stärkung führen, eine große Menge wird den jeweiligen Aspekt eher noch mehr schwächen. Erhöhen Sie also den Verzehr über längere Zeit auf etwa 20% Ihres Gesamtkalorienverbrauchs oder für nur einige Tage auf 30%.

Wenn Sie die Yang-Energie stärken möchten, sollten Sie rohe und kalte Nahrungsmittel reduzieren und folgende verstärkt zu sich nehmen:

- schwarze Bohnen
- grünes Blattgemüse
- Chilis
- Schalotten
- Zimt
- Knoblauch
- Ingwer
- Pfeffer (Cayenne ist besser als schwarzer Pfeffer)
- Curry und Currygerichte
- Wild
- Rindfleisch
- Geflügel
- Lammfleisch

Wenn Sie viel Fleisch essen (mehr als einmal täglich oder mehr als 100 Gramm pro Mahlzeit), sollten Sie dies eventuell reduzieren, um das Yang zu stärken. Die typische westliche Ernährungsweise kann häufig zu Yang-Mangel führen, weil der Körper das Yang-Qi bei der Verdauung der großen Fleischportionen verbraucht.

Aktivitäten, die Yang stärken, sind all jene, die aufregend und stimulierend wirken, sowie alles, was mit Sonne, Licht, Wärme und Feuer zu tun hat wie zum Beispiel:

- Sonnenbaden
- Sport im Freien
- Sauna und Dampfbad
- vor dem Feuer sitzen

Um Yin zu stärken, sollten Sie scharf gewürzte Speisen sowie die eben erwähnten Yang-betonten Nahrungsmittel meiden und Folgendes zu sich nehmen:

- Süßwasserfische
- Schalentiere
- Sellerie
- gekochte Wurzelgemüse
- Algen (Spirulina etc.)
- frisches Obst und Säfte
- grünes Gemüse
- Pilze
- kalt gepresste Öle (nicht erhitzt)
- Sprossen
- Zucker und Honig (nur in kleinen Mengen)
- mageres Schweinefleisch
- Milchprodukte

Falls Sie bei einem dieser Nahrungsmittel Probleme mit der Verdauung haben, sollten Sie einen Arzt, Ernährungsberater oder Akupunkteur nach Enzymen oder sonstigen Mitteln fragen, die ihre Verdauung unterstützen.

Aktivitäten, die Yin stärken, sind solche, die beruhigend auf Sie wirken, sowie alles, was mit Wasser, Erde, Nacht und Mondlicht zu tun hat, wie zum Beispiel:

- Schwimmen
- Baden
- Fischen
- am Strand oder an einem Fluss spazieren gehen
- sich in der freien Natur aufhalten
- im Garten arbeiten
- nachts im Freien sitzen
- Spaziergänge bei Mondschein
- dem Rauschen eines Wasserfalls oder des Windes lauschen

Den Stress begrenzen

Ein chronisch stressgeplagter Körper wird mit der Zeit anfällig für Schwächen und Krankheiten – wie auch für sexuelle Lustlosigkeit und verringerte Leistungsfähigkeit. Das kann zum Teil an der Überlastung der Nebennieren liegen (zuständig für die Adrenalinproduktion), denn diese sind ein Teil des Nierensystems, das für die Sexualität zuständig ist.

Es würde hier zu weit führen, die zahlreichen Techniken und Methoden zur Stressreduzierung anzuführen. Meinen Patienten rate ich in der Regel, eine für sie passende Kombination aus körperlicher Bewegung, angemessener Ernährung, Entspannung, Gebet oder Meditation, Psychotherapie und sonstigen Elementen zu finden. Denken Sie daran, dass auch die erotische Liebe beruhigend auf Körper und Seele wirkt.

Früh zu Bett

Schlafmangel erschöpft die Yin-Energie und verbraucht Qi aus dem genitalen Bereich, um die Körperfunktionen aufrechtzuerhalten. Die alten Chinesen behaupteten, dass jede Stunde Schlaf vor Mitternacht so viel wiegt wie drei Stunden danach. Schlaf ist eine grundlegende Yin-Funktion, dunkel, ruhig und still. Als solche ist er am wirksamsten, wenn der Yin-Aspekt der Erde am stärksten ist, nämlich von Mittag bis Mitternacht, wenn sich die Erde in die Dunkelheit bewegt. Yang dagegen wirkt verstärkt nach Mitternacht, wenn die Helligkeit wieder zunimmt.

Wenn Sie Probleme mit dem Einschlafen haben, sollten Sie daran denken, dass Schlafmittel zwar das Symptom kurieren – sodass Sie in dieser einen Nacht schlafen können –, aber nicht die Schlaflosigkeit beseitigen. Außerdem können sie abhängig machen und den natürlichen Schlafrhythmus zerstören. Es gibt zahlreiche Alternativen, wie zum Beispiel ausreichende körperliche Bewegung, Entspannungstechniken, Hypnotherapie, Ernährungsumstellung und verschiedene Maßnahmen der chinesischen Medizin. Ich habe festgestellt, dass Akupunktur, chinesische Kräutermedizin und ein entsprechender Lebensstil sehr wirksam sind, wenn es um besseren und tieferen Schlaf geht.

Körperliche Bewegung

Für sexuelle Vitalität müssen Blut und Qi im Körper ungestört fließen, denn nur so können die Genitalien bei Bedarf ausreichend versorgt werden. Regelmäßige körperliche Bewegung erleichtert diesen Fluss. Untersuchungen bestätigen, dass durch ausreichendes Training die Blutversorgung von Genitalien und Extremitäten beim Sex verbessert wird, ebenso wie die vaginale Durchblutung und die Verteilung der

Sexualhormone im Körper. Eine Studie zeigte, dass 40% der Frauen, die ein Trainingsprogramm absolvierten, stärkere sexuelle Erregung aufwiesen und 31% häufiger Sex hatten.

Ein gutes Trainingsprogramm sollte Folgendes umfassen:

1. Aerobicübungen, die den Kreislauf anregen, den Blutdruck niedrig halten und den Cholesterinspiegel senken.
2. Kraftübungen, die körperliche Stärke, Muskeln und Knochen fördern.
3. Dehnübungen, die Muskeln und Sehnen flexibel und beweglich halten und Spannungen verringern.

Achten Sie darauf, dass das Programm Ihrer Kondition angemessen ist, damit Sie sich nicht übernehmen und möglicherweise sogar dabei verletzen.

Übung: Feuer im Bauch

Das Körperzentrum liegt aus chinesischer Sicht etwa zwei Finger breit unter dem Nabel und heißt Tau Tien. Es wird als die Quelle des Feuers betrachtet, das unseren Metabolismus antreibt. Wenn die Energie im Tau Tien stark ist und gut fließt, können auch die Organe gut funktionieren, sodass die Wahrscheinlichkeit einer Störung gering bleibt.

Aus dem Tau Tien beziehen wir unsere Energie für alle Aktivitäten und hier wird auch die durch Sex erzeugte Energie gespeichert. Wenn es dem Tau Tien aufgrund von Alterungsprozessen, energetischem Ungleichgewicht oder Krankheit an Energie fehlt, wird der Bereich kalt und der betroffene Mensch braucht länger, um sexuell erregt zu werden.

Die folgende Übung konzentriert Ihr Bewusstsein auf diesen wichtigen Bereich des Körpers, facht das Feuer in der Niere an und erhöht damit die sexuelle Energie.

1. Nehmen Sie eine der folgenden drei Positionen ein: Leicht breitbeinig stehend mit etwas gebeugten Knien; mit aufrechtem Rücken sitzend (Männer sollten dabei auf der Stuhlkante sitzen, sodass die Genitalien frei hängen können); auf der Seite liegend, wobei das untere Bein ausgestreckt und das obere leicht angewinkelt ist.
2. Der Unterleib sollte nackt oder nur leicht bekleidet sein, sodass Sie ihn leicht mit der Hand spüren können.
3. Reiben Sie die Hände aneinander, bis sie sehr warm sind.
4. Nun streichen Sie mit der linken Hand im Uhrzeigersinn über das Tau Tien, wobei Sie einen Kreis bilden, der zwischen Nabel und Schambein liegt. Führen Sie neun vollständige Kreise aus.
5. Reiben Sie erneut die Hände aneinander.
6. Nun streichen Sie mit der rechten Hand neunmal entgegen dem Uhrzeigersinn über das Tau Tien.
7. Erhöhen Sie im Laufe der Zeit die Zahl der Kreise jeweils um neun (also achtzehn, siebenundzwanzig usw. bis maximal einundachtzig). Führen Sie dabei immer die gleiche Anzahl von Kreisen in beiden Richtungen aus.

Durch das Reiben der Hände wird Energie in Form von Hitze erzeugt. Wenn diese über das Tau Tien in den Körper aufgenommen wird, erhöht sich der Vorrat an sexuellem Qi. Diese Übung ist hilfreich für alle, die sich mehr sexuelle Empfindsamkeit, stärkere Orgasmen und insgesamt eine bessere Gesundheit wünschen. Außerdem ist sie günstig bei sexueller Frustration, da sie überschüssiges Qi aus den Genitalien ableitet.

Um die Wirkung der Übung noch zu verstärken, können Sie die freie Hand auf einen anderen Körperteil legen. Dadurch wird Wärme dorthin geleitet. Frauen können die freie Hand zum Beispiel auf Vulva, Brust oder Herz legen. Männern wird empfohlen, den Hodensack zu halten und dabei eventuell sanft die Hoden zu massieren. Viele taoistische Lehrer verwenden diese Übung, um das Nieren-Yin zu stärken, die Spermienzahl zu erhöhen und eine schwache sexuelle Energie zu steigern. Ebenso kann auch der Penis gehalten werden, doch nicht, wenn er erigiert ist.

Wenn Sie die Hand lieber im Schoß behalten möchten, sollten Sie dabei die Spitzen von Daumen und Zeigefinger aneinander legen. Diese Haltung wird seit Jahrtausenden in Asien angewandt, denn dabei kann die Energie der Hand im Körper zirkulieren.

Der Feuer-Atem

Diese Übung erhöht die sexuelle Vitalität, indem sie Qi aus der Luft in die Genitalien leitet. Wird sie täglich praktiziert, sollten Sie nach etwa zwei Wochen die ersten positiven Auswirkungen verspüren.

Anleitung für Männer

1. Tragen Sie wenig oder gar keine Bekleidung (lockere Hose oder Boxershorts).
2. Stellen Sie sich entweder ganz entspannt und leicht breitbeinig hin oder setzen Sie sich auf eine Stuhlkante, sodass die Genitalien frei hängen können.
3. Nehmen Sie einen tiefen Atemzug durch die Nase und stellen Sie sich vor, Sie würden die Luft schlucken, als wäre sie eine Flüssigkeit. Fühlen Sie einen Ball aus Luft durch die Kehle und in den Brustraum gleiten.
4. Wenn der Ball im Solarplexus angekommen ist, ziehen Sie die Bauchmuskeln zusammen und drücken ihn hinab ins Becken.

5. Pressen Sie ihn weiter nach unten in den Dammbereich. Stellen Sie sich dabei vor, die Luft würde Ihre Hoden ausfüllen.
6. Halten Sie möglichst lange den Atem an. Mit etwas Übung können Sie es bis zu einer Minute bringen.
7. Atmen Sie aus und entspannen Sie sich dann vollständig, wobei Sie ein paar tiefe Atemzüge nehmen können.
8. Wiederholen Sie diese Übung anfangs neunmal und arbeiten Sie sich dann langsam hoch bis auf sechs Neunersequenzen.

Anleitung für Frauen

1. Tragen Sie lockere Kleidung und vermeiden Sie alles, was Sie von der Taille abwärts beengen könnte.
2. Setzen Sie sich bequem hin, mit aufrechtem Rücken, die Füße flach auf dem Boden.
3. Atmen Sie durch die Nase ein, wobei Sie die Luft schlucken, als wäre sie ein Ball, der sich durch die Kehle in den Brustraum bewegt.
4. Lassen Sie den Ball hinab zum Solarplexus gleiten, dann spannen Sie die Bauchmuskeln an und drücken die Luft ins Becken.
5. Pressen Sie nach unten, sodass sich die Vagina anfühlt, als würde sie von innen wie ein Ballon aufgeblasen.
6. Spannen Sie die Vaginalmuskeln an und halten Sie möglichst lange den Atem an, ohne sich dabei zu verkrampfen.
7. Atmen Sie aus und entspannen Sie sich dann vollständig, wobei Sie ein paar tiefe Atemzüge nehmen können.
8. Wiederholen Sie diese Übung anfangs neunmal und arbeiten Sie sich dann langsam hoch bis auf sechs Neunersequenzen.

Übung des heilenden Atems

Sie können Ihren Atem benutzen, um Qi in jeden Körperteil zu senden, der heilende Energie benötigt. Krankheit wird durch zu viel oder zu wenig Qi sowie durch unangemessenes Qi verursacht. Wenn der Energiefluss in den Organen verstärkt wird, so hat der Körper die Möglichkeit, den Energiehaushalt wieder ins Gleichgewicht zu bringen.

Die Lunge verwandelt unsere Atemluft in eine Form von Qi. Wenn Sie Schmerzen haben oder das Gefühl, dass ein bestimmtes Organ schwach oder krank ist, können Sie direkt in diese Stellen hineinatmen:

- Schließen Sie die Augen und richten Sie Ihre Aufmerksamkeit auf die betreffende Stelle.
- Stellen Sie sich vor, dass der Atem sich dorthin bewegt und dabei heilendes Qi mit sich transportiert.
- Halten Sie den Atem an und verweilen Sie dabei mit Ihrer Aufmerksamkeit auf dem Körperbereich, den Sie heilen möchten.
- Visualisieren Sie dabei, dass sich der ganze Bereich mit Licht anfüllt.
- Atmen Sie langsam durch den Mund aus.
- Beim Ausatmen stellen Sie sich vor, dass alles Kranke entweicht und nur Licht und strahlende Gesundheit im Körper zurückbleiben.

Wie Sie aus Monogamie das Beste machen

Sex ist das Einzige, was Sie in einer monogamen Beziehung nicht von anderen bekommen können. Andere Leute können sich um Ihre Kinder kümmern, das Essen zubereiten oder das Haus bauen, Ihr Geld investieren, Ihren Urlaub planen oder Ihnen zuhören, wenn Sie traurig sind oder ein Problem haben. Doch wenn Sie in einer monogamen Beziehung leben, gibt es nur einen einzigen Menschen, mit dem Sie Ihre Sexualität und Leidenschaft teilen und der für Sie die Quelle von sexueller Heilung und Gesundheit ist.

Ich schlage vor, dass Sie sich einmal die Zeit nehmen – allein und auch gemeinsam mit Ihrem Partner –, genau herauszufinden, was Monogamie für Sie bedeutet. Häufig ist Monogamie eine negative Verpflichtung, definiert durch etwas, was Sie *nicht* tun wollen: Nämlich keinen Sex mit anderen Partnern zu haben. Doch sollte nicht auch ein positiver Aspekt dabei sein? Etwas, das über das »Treubleiben« hinausgeht? Sollten sich Partner nicht versprechen, einander sexuelle Erfüllung zu schenken, so wie sie auch geloben, sich gegenseitig in allem anderen zur Seite zu stehen?

Viel Schmerz und Enttäuschung können entstehen, wenn zwei Partner sich dessen nicht bewusst sind, dass sie dabei ganz unterschiedliche Vorstellungen haben. Wenn sie dagegen positiv und offen an das Thema herangehen, können beide genau erfahren, wozu der andere bereit ist und was er gern unterlassen möchte. Idealerweise können sie auf dieser Basis entscheiden, wie sie sich gegenseitig innerhalb ihrer körperlichen und emotionalen Grenzen größtmögliche Lust und Befriedigung schenken.

Die Sexfrage

Es ist ein großer Schritt in Richtung lebenslanger Leidenschaft, wenn Sie gemeinsam mit Ihrem Partner anhand der folgenden Fragen Ihre Einstellungen klären und überprüfen. Wenn Sie eine positive Verpflichtung eingehen können, bei einer ehrlichen und realistischen Einschätzung Ihrer Grenzen, ist dies ein sehr guter Auftakt für die gemeinsame Zukunft. Wenn Ihre Beziehung noch ganz neu ist, ist es möglicherweise zu früh für diesen Prozess. Verlassen Sie sich auf Ihr Gefühl und warten Sie ab, bis der richtige Moment gekommen ist. Wenn Sie zurzeit solo sind, kann die Beantwortung der Fragen Ihnen helfen, sich besser auf Ihre nächste Beziehung vorzubereiten.

- Was ist für Sie der Sinn und Zweck Ihres Liebeslebens, abgesehen von der Fortpflanzung?
- Welche sexuellen Aktivitäten gehören für Sie zu einem dauerhaften und befriedigenden Liebesleben?
- Wie oft hätten Sie idealerweise gerne Sex? Welche Faktoren könnten die Antwort darauf beeinflussen?
- Was wären mögliche Kompromissvorschläge, falls Sie und Ihr Partner bei der vorangegangenen Frage unterschiedliche Antworten gegeben haben?
- Was würden Sie tun, wenn einer von Ihnen Sex will, der andere nicht?
- Wären Sie daran interessiert, neue sexuelle Aktivitäten und Techniken auszuprobieren? Falls nicht, wären Sie bereit, sie Ihrem Partner zuliebe zu testen?
- Fänden Sie es gut, wenn Sie sich gegenseitig Ihre Phantasien mitteilen, oder sollten diese lieber verschwiegen werden?
- Erlauben Sie es sich gegenseitig, sofort eine Rückmeldung zu geben, wenn der andere beim Sex etwas unternimmt, was Sie nicht mögen?
- Was würden Sie tun, wenn einer der Partner eine Aktivität mag, die der andere verabscheut?

Selbst wenn Sie schon längere Zeit zusammen sind, können Sie durch diesen Frageprozess möglicherweise noch Überraschendes erfahren. Und wenn Sie gerade eine neue Beziehung eingehen, kann diese Klärung Ihnen vielleicht viel

Enttäuschung ersparen – und Wege zu mehr Lustgewinn aufzeigen.

Anleitung für die Diskussion

Um Gefühle und Gedanken über solch intime Fragen ehrlich austauschen zu können, braucht es Feinfühligkeit und Vertrauen. Folgende Hinweise sollten Sie dabei beachten:

1. Denken Sie daran, dass es keine richtigen oder falschen Antworten auf diese Fragen gibt. Es ist auch nicht notwendig, dass Sie und Ihr Partner immer übereinstimmen. Wichtig dagegen ist, dass Sie die Einstellungen des anderen gut kennen und dazu bereit sind, die Unterschiede zu achten und Kompromisse einzugehen. Es ist bei weitem besser, die Differenzpunkte zu akzeptieren, statt zuzulassen, dass sie die Beziehung unbewusst unterminieren. Nach meiner Erfahrung gelingt es den meisten Paaren, befriedigende Kompromisse auszuarbeiten. Sollte sich dies als zu schwierig herausstellen, dann empfehle ich Ihnen, eventuell einen Paartherapeuten oder Eheberater zurate zu ziehen.
2. Intensive Gefühle sollten bei diesem Prozess nur ausgedrückt werden, wenn der Partner ausdrücklich zustimmt. Das Ziel der Übung ist nicht, Ärger, Groll oder Frustration loszuwerden, sondern persönliche Informationen über Vorlieben mitzuteilen.
3. Die Formulierung »Du solltest« darf nicht verwendet werden. Bleiben Sie bei der Diskussion bei dem, was jeder von Ihnen glaubt, mag und braucht.
4. Formulierungen wie »Ich fühle mich…«, »Ich möchte…«, »Ich mag es, wenn…« sind hilfreich.
5. Setzen Sie sich ein Zeitlimit. Ich empfehle mindestens zehn und höchstens vierzig Minuten pro Diskussions-

runde, wobei Sie jeder Frage maximal zehn Minuten widmen sollten. Wenn sich einer von Ihnen zu irgendeinem Zeitpunkt dabei unwohl fühlt und nicht weitermachen möchte, sollten Sie die Diskussion abbrechen und einen neuen Termin festlegen. Verwenden Sie einen Wecker, um die einzelnen Zeitabschnitte zu messen. So können Sie sich voll aufeinander konzentrieren, ohne ständig auf die Uhr schauen zu müssen.
6. Jeder Partner sollte seine Antworten vollkommen abschließen, bevor der andere beginnt. Wechseln Sie sich ab und lassen Sie jeden einmal zuerst an die Reihe kommen.
7. Richten Sie nach der Diskussion Ihre Aufmerksamkeit erst einmal auf etwas anderes. Sie brauchen Zeit, um das Gesagte zu verarbeiten, vor allem wenn sich dabei Diskrepanzen gezeigt haben. Unternehmen Sie gemeinsam etwas, was Sie anregt und ablenkt. Wenn jedoch einer von Ihnen im Anschluss Zeit für sich alleine benötigt, sollten Sie dieses Bedürfnis achten.
8. Falls Sie diese Übung nervös macht, können Sie auch Ihre Antworten aufschreiben und im Vorhinein austauschen oder sie mit einem Freund, einem Therapeuten oder einem Berater vorab diskutieren. Oder Sie führen das Gespräch insgesamt in Gegenwart eines Therapeuten oder Eheberaters.
9. Da Einstellungen sich ändern können, sollten Sie diesen Prozess in regelmäßigen Abständen (z. B. einmal pro Jahr) durchführen.

Vorschläge für Vereinbarungen

Manche Paare legen die Ergebnisse dieser Übung schriftlich nieder. Folgende Auszüge aus Vereinbarungen meiner Patienten können Ihnen vielleicht Anregungen dazu geben:

- Ich will unser Liebesleben zu einem dauerhaften Quell der Freude in unserer Ehe machen. Ich werde mir mindestens dreimal pro Woche Zeit für sexuelle Intimität nehmen und immer neue Wege suchen, dich zu erfreuen und zu befriedigen.
- Auch wenn ich nicht bereit bin, deinetwegen meine Terminpläne umzuwerfen, will ich doch unser Liebesleben immer angenehm und befriedigend für dich gestalten. Wenn ich mir sexuelle Intimität mit dir wünsche, werde ich alles tun, damit auch du möglichst viel Genuss und Befriedigung daraus ziehst.
- Unser Liebesleben hat für mich hohe Priorität und ich verspreche, alles mir Mögliche zu tun, um dir Lust zu schenken. Es ist jedoch deine Verantwortung, mich wissen zu lassen, was du brauchst und willst.
- Ich habe keine ausdrücklichen sexuellen Verpflichtungen dir gegenüber. Aber ich stehe zu unserem Ehegelöbnis und werde treu bleiben, auch wenn es mir einmal schwer fallen sollte.

Hören Sie nie auf zu lernen

Ärzten der chinesischen Medizin wird geraten, zwanzig Jahre lang alles dazu Verfügbare zu lesen und sich genau an die Vorschriften zu halten. Anschließend sollen sie die Bücher beiseite legen und das Wissen intuitiv anwenden.

Ich schlage vor, dass Sie sich in Bezug auf die Sexualität ähnlich verhalten, jedoch ohne die Beschränkung auf zwanzig Jahre. Für alle großen Künstler ist es wichtig, ständig ihre Technik zu verbessern, ihre Fertigkeiten zu üben und ihr Repertoire zu erweitern. Dasselbe gilt auch für die Kunst der erotischen Liebe.

Lesen Sie von Zeit zu Zeit dieses Buch durch und versuchen Sie sich an den Techniken, die Sie beim ersten Mal nicht ausprobiert haben, weil Sie sich noch nicht bereit dazu fühlten. Lesen Sie auch andere Bücher. Belegen Sie Seminare und Workshops. Nehmen Sie einige Sitzungen bei einem Sexualtherapeuten in Anspruch – nicht, weil Sie irgendwelche Probleme haben, sondern einfach, um mehr zu lernen. Schauen Sie sich Videos an. Greifen Sie Vorschläge aus Zeitschriften auf. Und mischen Sie das Gelernte großzügig mit viel Kreativität und Phantasie.

Machen Sie aus dem Studium der erotischen Kunst ein lebenslanges Anliegen.

Eine Vision des Möglichen

ZUM ABSCHLUSS möchte ich ein Gedicht anfügen, das ich geschrieben habe, um die Heiligkeit und das Wunder der erotischen Liebe zwischen zwei liebenden Partnern zu feiern und zu ehren. Ich hoffe, dass es die Freude und Seligkeit widerspiegelt, die Sie und Ihr Partner gemeinsam erleben.

Die Erfüllung unserer Träume

Sein Traum

Meine süße Geliebte
Du fließt stromab
Mit geschlossenen Augen
Haare auf dem Kissen verteilt.

Du lässt mich dich streicheln
Meine Finger schmelzen in weicher Wärme
Heldenhafte Finger
Die dich retten aus der Stille der Einsamkeit.

Und ich
Demütig vor deiner Lust
Vor deinem Schrei
Dem Feuer unter deiner Haut
Das mich zur Wahrheit meines eigenen Lebens ruft.

Ah…
Der Mann einer befriedigten Frau zu sein
Gibt es größere Seligkeit?
Eine stärkere Identität?

Ich schenke dir mein Herz für deine Verletzlichkeit
Und atme tief
Ich kenne meinen Platz im Leben durch deine rückhaltlosen
  Seufzer
Ein Drachentöter, ein Zauberer, Sternenlicht in deinen Augen,
  Vater deiner Kinder
Deine Wange wird immer sanft sein an meiner Haut
Und ich immer der großartigste unter den Männern.

Feucht vom Schweiß
Berauscht von deinem Duft
Öffne ich mich dem Schlummer
Lass uns zusammen träumen.

Ihr Traum

Kerzenlicht und Sonnenschein beleuchten dein Gesicht am Morgen
  danach
Ich habe die Kerzen nicht bemerkt gestern Abend
Nichts habe ich bemerkt

Aber all die Jahre haben sich gelohnt wegen letzter Nacht
In einem wilden Ritt auf dem Karussell
Unsere Geschichte wie Musik im Hintergrund.

Was würde ich dir nicht geben dafür, dass du mich gehalten
Und dich mir ganz geschenkt hast
Wie diamantenes Mondlicht auf wilder See

Leuchte ich heller, wenn du mich liebst
Welcher Tag, welches Jahr, welche Zeit es auch sein mag.

Sternenäugig und kichernd
Wie ein kleines Mädchen neben dir
All meine Frechheit
Vergraben so lang
Kam zum Vorschein und ich weckte dich wieder und wieder.

Du brummtest, drehtest dich um und griffst nach mir
Grinsend zogst du mich an dich und liebtest mich von neuem
Du Tier
Ich liebe dieses Spiel.

Während du nun schläfst, denke ich über unsere Zukunft nach.
Es wird eine Zeit kommen, mein Geliebter, diesen Ort zu verlassen, dieses Leben
Und ein letztes Lebewohl zu sagen.

So will ich dir nun sagen, jetzt und für immer,
Dass ich durch deine Liebe
Tief gelebt
Und durch deine Hände
Den Himmel bereits gespürt habe.

Danksagung

DAS EINZIGE wirklich Wertvolle im Leben ist menschliches Engagement. Folgende Menschen haben diesem Buch ihr Engagement zukommen lassen und ich bedanke mich von Herzen für ihr Geschenk:

Phil Goldberg dafür, dass er meinem innersten Anliegen immer treu blieb und die richtigen Worte fand, um die Konzepte der chinesischen Medizin für Laien verständlich auszudrücken.

Meiner Agentin Lynn Franklin dafür, dass sie dieses Werk während seiner langen Entstehungsphase begleitet hat.

Meiner Lektorin Amy Hertz für ihre ausdauernde Unterstützung, vom ersten Exposé über die verschiedenen Überarbeitungsphasen bis zu ihrer einfühlsamen Bearbeitung.

Allen meinen Patienten und Patientinnen, die bereit waren, ihre Ansichten über erotische Liebe zu verändern und ihre persönlichen Hemmungen hinter sich zu lassen. Ihre Erfahrungen haben die Weisheit der Traditionellen Chinesischen Medizin bestätigt und immer wieder gezeigt, wie wertvoll es ist, durch Freude zu heilen.

Meinen Lehrern, die mir den Weg wiesen und mich weiterhin führen.

Deepak Chopra, der bei einer Tasse Tee meinen Ideen lauschte und mir Lynn Franklins Telefonnummer auf eine Serviette schrieb, dafür, dass er mir trotz seines knappen Zeitplans seine Unterstützung schenkte.

Meinem Bruder Jedd für seine zwei Cents sowie für kontinuierlichen Optimismus und Unterstützung.

Dan Pine für seine Hilfe beim Anfang und Ende des Textes. Jennie Belise-Bienenfeld und Erika Shickle für ihre hilfreichen Kommentare und ihre Unterstützung im Büro.

Lori Deutsch, die bei der Bearbeitung half und dazu beitrug, dass so manche Unklarheiten beseitigt wurden.

Und vor allem meiner Tochter Elannah für mehr Geduld, als die Mutter eines Teenagers üblicherweise erwarten kann. Dieses Buch ist mit ihr zusammen herangewachsen. Niemand war von den Herausforderungen, die es in mein Leben brachte, mehr betroffen als sie. Als sie einmal von Zuhörern nach einem Vortrag gefragt wurde, wie es sei, eine Mutter zu haben, die Menschen in aller Welt die Liebeskunst lehrt, antwortete sie: »Ich weiß mehr über das Thema als die meisten Erwachsenen, aber auch wenn ich nicht naiv bin, habe ich mich doch entschieden, unschuldig zu sein.« Danke, mein Schatz, dass du solch eine moralische junge Frau und solch eine liebevolle Tochter bist. Ich hoffe, dass du dich immer entscheiden wirst, unschuldig zu sein, wenigstens, bis du dreißig bist.

Weitere Informationen

Wenn Sie mehr Informationen über Seminare, Bücher und Kassetten von Dr. Felice Dunas wünschen, können Sie sich an folgende Adresse wenden:

Felice Dunas
P.O. Box 328
Topanga, CA 90290, USA
E-Mail: fdunas@ix.netcom.com
Internet: www.passionplaypage.com

Adressen von Therapeuten in Deutschland, die Akupunktur und Traditionelle Chinesische Medizin anwenden, erhalten Sie unter folgender Anschrift:

Arbeitsgemeinschaft für Klassische Akupunktur
und Traditionelle Chinesische Medizin e.V.
Wisbacher Straße 1
D-83435 Bad Reichenhall
Tel.: 0 86 51-69 09 19
Fax: 0 86 51-71 06 94
www.agtcm.de

Natürlich gesund

Sven-Jörg Buslau
Corinna Hembd
**Kombucha, der Tee
mit großer Heilkraft**
Die Wiederentdeckung eines
alten ostasiatischen Heilmittels
08/5131

Brigitte Neusiedl
**Heilfasten - Harmonie von
Körper, Geist und Seele**
Krankheiten vorbeugen,
Körper, Geist und Seele
erneuern, überflüssige
Pfunde abbauen
08/5105

Mechthild Scheffer
Bach-Blütentherapie
Theorie und Praxis
Das Standardwerk
mit den ausführlichsten
Blütenbeschreibungen
08/5323

Mechthild Scheffer
**Selbsthilfe durch
Bach-Blütentherapie**
Blumen, die durch
die Seele heilen
08/5048

Dr. Wolf Ulrich
**Schmerzfrei durch
Akupunktur und Akupressur**
Ein Ratgeber für die
Selbstbehandlung
08/4497

Jean Valnet
Aroma-Therapie
Gesundheit und Wohlbefinden
durch pflanzliche Essenzen
08/5041

Dr. med. Leonhard Hochenegg
Anita Höhne
Vorbeugen und Tee trinken
So stärken Sie Ihre Immunkräfte
08/5303

Paul Uccusic
Doktor Biene
Bienenprodukte – ihre Heilkraft
und Anwendung
08/5311

Susi Rieth
Yoga-Heilbuch
Schmerzen besiegen
ohne Medikamente
08/5310

HEYNE-TASCHENBÜCHER

fit & schön

Elsye Birkinshaw
Denken Sie sich schlank
In 21 Tagen abnehmen
ohne Diät
08/9414

Stephanie Faber
**Das Rezeptbuch
für Naturkosmetik**
300 Rezepte zum
Selbermachen
08/4688

Jay Kordich
Fit durch Säfte
Schlank, gesund und
leistungsfähig mit
frisch gepressten Obst-
und Gemüsesäften
08/5326

Miranda Llewellyn
**Gymnastik mit dem
Flexaband**
Das 9-Stunden-Programm
für Schlankheit, Schönheit,
Fitness und Gesundheit
08/5135

Stephanie Faber's
Kräuterkosmetik
200 Schönheitsrezepte zum
Selbermachen
08/5289

Chao-Hsiu Chen
**Feng Shui für Schönheit
und Wohlbefinden**
Das chinesische Geheimwissen
um Harmonie und Alterslosigkeit
08/5320

Ditta Biegi
**Makellose Schönheit durch
kosmetische Eingriffe**
Was Sie wissen müssen über
Erfolge und Risiken, Dauer
und Kosten der Behandlung,
Praxen und Kliniken
08/5257

08/5120

HEYNE-TASCHENBÜCHER

Gesunde Ernährung

Earl Mindell
Die Vitamin-Bibel für das 21. Jahrhundert
08/5301

Earl Mindell
Die Nährstoff-Bibel
08/5282

Ingeborg Münzing-Ruef
Stefanie Latzin
Gesund mit der Kreta-Diät
08/5297

Anita Höhne
Medizin am Wegesrand
07/4700

Eleonora De Lennart
Gesund und schlank durch die Neue Trennkost
08/5329

Roland Possin
Vom richtigen Essen
08/5264

Guy-Claude Burger
Die Rohkosttherapie
08/5124

Jay Kordich
Fit durch Säfte
08/5326

Prof. Hademar Bankhofer
Gesundheit aus dem Kochtopf
07/4742

Anita Höhne
Dr. Leonhard Hochenegg
Brainfood
Power-Nahrung fürs Gehirn
07/4748

Corinna Hembd
Trennkost-Tabelle
48/46

08/5301

HEYNE-TASCHENBÜCHER